广播原理

一种融媒体传播的视角

孟　伟◎等著

RADIO STUDIES

in the Age of Media Convergence

中国广播影视出版社

图书在版编目（CIP）数据

广播原理：一种融媒体传播的视角／孟伟等著. --
北京：中国广播影视出版社，2018.11
ISBN 978-7-5043-8183-5

Ⅰ.①广… Ⅱ.①孟… Ⅲ.①广播—传播媒介—研究
Ⅳ.①G22

中国版本图书馆 CIP 数据核字（2018）第 215208 号

广播原理：一种融媒体传播的视角
孟　伟　等著

责任编辑　王丽丹
封面设计　文人雅士

出版发行　中国广播影视出版社
电　　话　010-86093580　010-86093583
社　　址　北京市西城区真武庙二条 9 号
邮　　编　100045
网　　址　www.crtp.com.cn
电子信箱　crtp8@sina.com

经　　销　全国各地新华书店
印　　刷　天津顾彩印刷有限公司

开　　本　710 毫米×1000 毫米　1/16
字　　数　238(千)字
印　　张　14.75
版　　次　2018 年 11 月第 1 版　2018 年 11 月第 1 次印刷

书　　号　ISBN 978-7-5043-8183-5
定　　价　55.00 元

自序：媒体融合发展中探寻广播音频传播的本原

什么是广播原理？姑且用“本原”替代“原理”。这意味着可以对广播音频传播的本质进行思考。

有人说，需要回到口语传播的层面，从历史性的表述与交流初始目的中，发现声音与文化之间的关联；有人说，从生理、心理、物理层面开始，循着音乐传播的路子，找到声音介质的传播特性；有人说要基于人的角度，从心理声学入手，找到大工业化、数字化、智能化中潜藏的人本与现代性之间的张力，明确当代广播音频传播的独立价值以及广阔前景……

探寻广播音频传播本原的必要性

就大众媒体——电视以及互联网的视频传播而言，虽然用“声画”或者“视听”媒体用以强调除视觉要素外对于声音要素的重视，但依旧未改变对于“声音”要素作为辅助地位的潜台词。“声画”传播的提法可能是电视媒体诞生的早期和中期阶段，出于对电视节目内容较多借鉴于当时电子媒介的先行者——广播媒体的尊重（并非是由于广播资历老或者是比电视高明到哪里，仅仅因为广播诞生得更早）。彼时电视节目内容还未充分到可以找到其独有的属性和规律，只是一些源自广播声音 + 画面的节目被创制出来。到了电视发展繁荣时期，要彻底摆脱“声音 + 画面”的简单节目模式，才开始有意识地断开与广播之间的关联。电视诞生之初的年代，英国最初歌剧电视转播中，老百姓收看电视画面，听的却是广播的声音，因为二者加起来的视听享受效果最佳。当时老百姓的选择权和文化需求排在了节目创制追求的第一位，至于媒体形态之间因发展成熟而形成的壁垒与区隔，那时候还没有顾及到。“视听”媒体叫得响亮，是在互联网发展的早期阶段。彼时互联网视频分享与交互远远比基于声音介质的播客崛起更快，现身露脸更干脆和响亮。在最近十年的互联网发展中，从文字介质，到听觉介质，再到视觉介质，视频媒体的发展速度、体量、效果远远超过了互联网音频媒体。两年前，随着知识付费的兴起，互联网音频付费课程、听书以及网易云等音乐平台涌入人们的视线，而在此之前互联网视听媒体主要指称的是互联网视频媒体，把可有可无的互联网音频放到了忽略不计的地位，这种情况持续了较长一段时间。所幸抑或不幸，终归带着一个“听”字。

对于业界而言，叫音频还是视频，抑或视听媒体，没有什么终极意义，毕竟行业是用行业影响力和实际运营效果说话的。对于学界而言，因为音频的业界发展，特别是在互联网音频发展较长一段时间内一直处于一种非强势状态，研究的人也不多，广播媒体的研究亦非显学，寥寥无几的研究者无暇在意是不是叫视频媒体、音频媒体或视听媒体，就算在意和有心，亦尚形不成理论探讨的热潮。如果说视听媒体中包含视觉媒体和听觉媒体，二者是独立个体之间的并列关系，对于学界而言，未尝不可。只是这个：“听”字在实际表征中，有点模糊不清、若隐若现。但业界若想发展音频业，单列并强调音频媒体研究势在必行，亦为将来争取主管部门颁发互联网音频媒体许可证，走出积极行动的第一步。

在此背景下，专门探讨广播音频媒体的基本原理，在特定的媒体融合趋势下的广播音频传播本原，就显得很有必要。并研究声音作为核心要素的音频媒体的独立传播价值、意义和前景。

媒体融合发展中重新强调广播音频传播本原的意义

既称之为“本原”，则需要从实用主义突破到文化和哲学的思考层面。这意味着思考的角度必定不是仅有实用主义的。实用主义层面的理解尽管现时正确、管用，但哲学上的持久性正确却很难保障。从我国国情看，广播声音本体的发展和研究是滞后的，过去业界虽然长提，但是很少真正重视，因为缺少危机感，那时候广播可以过一个温饱不饥甚至不错的日子。现在危机感有了，甚至还很强烈，因此对于声音本体的价值开始重视起来，各地电台都在实际探索，并做出了一些突出成绩，这个补课的需求不是广播自救的关键，因为补课是一种本能。换句通俗的话说，重视广播声音本体地位的发展，实际上救不了广播；但是针对声音媒体本体价值的开发，则是一种历史的必然。我们现在需要尊重这个必然，而不是回避或者视而不见。有了这个底子或者基础，广播才有家底去讨论未来在于多大程度上与互联网融合，或者在多大程度上自身成长为互联网的一分子。今天的广播媒体对于发展中国家政治生活、社会治理，应急传播等均具有战略意义；明天的广播或者音频媒体形态完全有理由设想在未来传播格局中拥有独特的存在价值和意义。但如果传统广播自身不从根本上解决发展的基础问题，只是出于本能自救式讨论而非战略意义上的考虑，则会加剧被不断更新的媒体形态和媒体事件所遮蔽或吞并的过程，有可能造成广播声音传播的全面萎缩。

互联网传播时代，音频媒体内容的发展远没有视频媒体内容那么烈火烹油，鲜花着锦，但这亦不能成为弱化广播内容独特性的一个理由。

从广播本体角度出发，需要突破多媒体异彩纷呈的表象，看到音频介质支持下的成功市场范例。当代越来越多的各种新旧形态的媒介激烈争夺着用户，满足或者创造着用户的刚性需求。重新探究广播媒体的基本传播特性，发掘其在重建个体与社会关系中的作用，具有基础而深邃的媒介社会学意义，这是探究声音媒体传播力的一个方向。布鲁斯·伦索尔（Bruce Lenthall）的《广播中的美国：大萧条与美国现代义化的升起》，以 20 世纪 20 年代末的经济危机为背景，剖析了广播与美国现代化的关系，讨论广播在文化规范、民主制度、身份认定等领域发挥的社会作用和影响，分析广播声音传播对于现代化的推动作用，其根基正是声音媒体之于社会个体的建构方式和意义。

今日广播音频媒体不仅需要解决电台基本的生存问题，亦隐隐担忧作为一类媒介形态独立存在的前景。从未来科技的发展来看，满足人的需求的程度是媒体存在地位的重要依凭，人的需求有短期和长期、精神与物质、高层次和低层次的分别，人们对声色和新鲜的追求是短暂的和容易厌倦的，当表层需要不断被满足后，更多的是寻求精神上的交流与共鸣。精神需求始终是重要的、不可或缺的。现代人迫切要解决的是如何避免被异化。今天对知识的渴望和学习过程也变成了机械化时代的一个标志，接近流水线上的工业品。异化的突破在于人的主动自觉性的选择，而不是被摆布、同化和淹没。

媒体融合的要义是重塑而不是要让广播消亡

德国语言学家威廉·冯·洪堡特（Williamvon Hongbaote）在谈到语音对精神活动的适宜性时说："发音器官发出的声音恰似有生命体的呼气，从人的胸中流出，即使在未使用语言的情况下，声音也可以传达痛苦、欢乐、厌恶和渴望。"这意味着，声音源出于生命，并且也把生命注入了接受声音的感官；就像语言本身一样，语音不仅指称事物，而且复现了事物所引起的感觉，通过不断重复的行为把世界与人统一起来……

当前我国处于全球化和信息化高速发展阶段，加上社会转型期的叠加，社会价值观呈现出颠覆和重组的过渡性特征，社会理性精神的确立和壮大显得格外重要。媒介发展是科学发展的必然，也是历史哲学和文化发展的必然。我们需要理性考察新技术对当下社会性格和文化形态产生的影响，以及传统广播媒体所具有的价值和意义。考察我国和欧美广播发展的历史和现状：在媒介承载社会理性精神方面，广播声音传播具备一些特殊的优势，且未见全球范围内有影响力国家对于广播媒体的关停。

媒体融合的要义不仅在于广播媒体自身的生存发展，也在于重塑新型主流媒体，不断提高新闻舆论传播力、引导力、影响力、公信力，占领网络舆论阵地，把握主动权。

今天媒体融合时代，内容表达的媒介介质本身再不具有绝对的"一票否决权"，因为决定传播效果、传播效率的要素越来越复杂。声音、文字、影像等单一介质成为传播内容入门级别的一种呈现，更多的媒介形态依从于"场景"进行任意的融合与混搭，目标是受众的便利和传播效果最大化。我们尝试回到声音传播的本源，目的在于发现单一介质形态被遮蔽的传播优势和传播特性，以期达成更为深度有效的媒体融合和媒介独具个性的保留。

本书从听觉传播的价值、广播声音内容创制法则、广播新闻与宣传、广播互动法则、广播运营法则、广播边界的融合六个章节，试图描述媒体融合背景下，广播作为一类媒介，或者是声音作为一类传播介质，所独有的基本构成要件、核心环节、完整的理念体系。此项研究仅为广播人和广播研究学者抛砖引玉，仅为试图了解广播或者音频传播的朋友们提供讨论的素材，共同探究新技术推动下、媒体融合大潮下广播音频传播的本原、价值及其未来。

孟伟

2018 年 7 月 17 日夜

于北京紫竹桥寓所

目 录

第一章　听觉传播的价值

听觉与视觉一样，是人类获取外界信息的一种主要感官渠道。我们无法用哪一种感官渠道获取的信息量多寡来衡量这种感官的重要性，毕竟缺一不可。作为一类大众媒介形态的声音传播，广播是其代表。广播诞生之初，其鲜活地还原现场、迅捷传递新闻和信息的能力，在大众传播历史上谱写辉煌。随着电视的崛起，广播退居为“第二媒介”，其非视觉的传播特性，有时候比较电视媒介而言，会被当作一种弱点来看待。但是从艺术的角度看，音乐对于声音的唯一依赖性，一直未曾动摇。朗格说，“一种专供耳朵而不是眼睛，从而是一种可听而不可见的形式的运动，这便是音乐的本质。因此，尽管后来随着视觉艺术的发达，视觉要素对于音乐而言，却始终未曾做到喧宾夺主”。“音乐作为一门听觉艺术，听觉器官的特点以及音乐存在的物质条件，决定了音乐的穿透性、抽象性、程式性和开放性。”①

音乐之于声音，广播之于声音的本质不同，在于人们使用大众媒介，目标是获取新闻、信息，达到观测社会、与人交流、发布信息、娱乐自我等实用的目标，至于通过哪一种媒介形态并不重要，仅在于这种媒介形态是否适宜人们使用的场合、获取信息付出的代价是否可以承受（包括媒介价值、接近性便利程度等）、获取信息的效果和质量，等等。麦克卢汉把现代媒介看作是人类中枢神经系统的延伸，是我们对世界感知的主要手段和与他人交往的重要方式。②

从声音介质角度，审视广播这一大众媒体形态，在互联网时代有助于严

---

① 方丽晗．音乐作为听觉艺术的特性［J］．美于时代．2002（3）．

② Hugh Chignell. *Key Concepts in Radio Studies*，London：SAGE Publications，2009：79.

肃思考声音传播的可能疆域、价值、效果、前景，不仅有助于当前传统广播主流媒体的深度转型，更有利于从社会、文化等角度思考媒介形态、媒介性质本身对于人和社会的影响作用，亦有助于从一个学科的角度对媒介形态的本质进行观察和研究。

第一节　声音作为传播的媒介

一、听觉传播与人类感知①

欧美自19世纪开始，针对声音传播的周边研究得以展开。1881年声学专家约翰·布罗德豪斯（John Broadhouse）在他的《音乐声学》第一章节中，对声音作了简单明确的定义“可以听到的某种东西”。② 定义虽然简单，但目标是要追问一个根源性的问题：声音如何与人类的感知系统发生联系？声音可以对人类感知和生理产生怎样的影响作用？其影响的程度又如何？这些问题直指声音与人类的自我认知和社会性关联的建立。

声音的存在特征考察是研究声音如何进入人类感知系统的前提。科学分析表明，特别是对于现场说话的声音，它消散的速度可能是千分之一秒的时间差，这也证明了声音传播在听到以前就已经完成了。③ 它来自它正在消失的地方，我们能够捕捉到它们，在内心引起波动。④ 声音与感知的关联，是在心理层面发生影响的。就像波兰现象学派的美学家茵格尔顿认为的那样：“人们在音响客体影响下所产生的感觉，是在欣赏者的意识中所产生的心理性的东西，它与欣赏者所听到的那个音乐实体，即音乐作品是并不相同的两

---

① 部分内容参阅孟伟．声音传播［M］．北京：中国传媒大学出版社，2006：11—15.

② John Broadhouse. *Music Acoustics：or the Phenomena of Sound As Connected With Music*，Charleston：Forgotten Books，2012：1.

③ Rattigan. Dermot *Theatre of sound：radio and the dramatic imagination*，Dublin：Carysfort Press，2003：123.

④ ‘The Life in a Sound’ in The Drama Review［EB］. http：//romania—on—line. net/whoswho/SerbanAndrei. htm，2005－4－21.

个东西。"[①] 我们淡化这段话中音乐讨论的语境，而是关注作为声音介质载体与人类"内心波动"之间关联的建立。的确，音乐作为声音艺术的代表，"最擅长摹仿人的心理，又能对人的心理产生最强烈的影响。"[②]

回到我们最初的探讨，人们发现声音一旦被听到，就会被人的外部身体器官，具体说是交感神经系统所吸收，人的神经末梢能通过细微的颤抖触感声音的存在，因此任何声音，包括广播声音，一旦被听到，就会引起人类身体微妙的反映。[③] 声音与生物生理的关联性有很多实验结论。1968 年，科罗拉多州天普布鲁尔学院（Temple Buell College）做了音乐如何影响植物的实验。发现重金属音乐、古典音乐等对植株的生长形态产生影响。究其原因是核酸和音阶有关，而"原子是和声共振器"，这与"八度音阶法则"有关。"八度音阶法则"是指声音和颜色彼此对应，每个音都有一种颜色（可见光）与之对应。人体自身就是振动频率固定的原子集合，因此可以辨别音符和颜色。

当然，音流学（Cymatics）是一种声音可视化技术，它通过直观地观察声音振动与物质形态之间的关系。美好的声音与美丽的图案、美好的感觉直接对应。从声音的社会属性来讲，声音被接受或者被个体所解读，依赖于个体对声音产生的独特反应，以此来确立起对声音发出意义的解读。[④]

声音引发的感觉超越我们常规分析的能力。我们能够知觉它是因为我们经历了它，尽管我们能够追踪由声音引发的感觉的变化，但我们仍不能解释为什么外部的声音会引起我们感觉的变化，变为我们意识的一部分。[⑤] 这仍然是今天研究的难题。

声学是一个跨学科研究领域。例如，声学研究与神经学研究（neurology）、心理学研究（psychology）、音乐学研究（musicology）、精神病学研究

---

① 张前．王次昭．音乐美学基础［M］．北京：人民音乐出版社．1992：226.

② 方丽晗．音乐作为听觉艺术的特性［J］．美与时代．2002（3）．

③ Rattigan. Dermot*Theatre of sound*：*radio and the dramatic imagination*，Dublin：Carysfort Press，2003：14.

④ John Broadhouse. *Music Acoustics*：*or the Phenomena of Sound As Connected With Music*，Charleston：Forgotten Books，2012：1.

⑤ John Broadhouse. *Music Acoustics*：*or the Phenomena of Sound As Connected With Music*，Charleston：Forgotten Books，2012：1.

(psychiatry) 等的交叉。[1] 1973 年澳大利亚成立“音乐的物理和神经心理基础研究室”。研究项目吸引当时著名的音乐家、神经学专家、物理学专家、工程师、哲学家和心理学家集合到一起，他们致力于在声音传播中对有争议的和未知领域的课题进行探索性研究。这些课题集中解释声音模式对人类发生作用的原理，例如：声音如何通过听觉环境发生作用？声音与听觉环境之间有什么相互作用？人的听觉系统是如何接收到声音的？人脑是如何解读声音的？[2] 研究室一部分课题在人的脑部功能与声音接受之间展开：声音元素构成中的频率、音色、音响、节奏等与人先验的记忆机制之间正向关联。例如刺耳的汽车刹车声往往与交通事故产生关联。声音可以调用人意识的能力、分类的能力等，还原声音发生的现实语境，营造出一个声音意象的世界。环绕我们周围世界的声音刺激我们的听觉系统迅速形成意象。实验室的研究还证明：关于声音接收和感觉的研究，与人类多器官的合作有直接的关系，与人脑研究功能的进一步突破也有直接的关联，甚至与宇宙的结构和能量研究有关[3]。

近年来，深度神经网络在大规模语音识别任务上获得显著效果。语音识别是实现人机自由交互、推动人工智能发展的关键技术。基于语音的情感智能识别系统逐步建立，或可从另一个维度思考听觉传播与人类感知之间的关联。

二、声音符号系统中的话语要素[4]

（一）话语认知的多层次性

话语是人类日常语音交往的核心。与阅读中对字形产生的联想不同，往往要根据个人的体验或者经验，构筑想象体验和情感反应。话语的解读与当时的交流情境有关。语气中可能透露着各种情绪体验，反映着情绪的变化和

---

① Rattigan. Dermot*Theatre of sound: radio and the dramatic imagination*Dublin: Carysfort Press, 2002: 125.

② Manfred Clynes. *Music, Mind and Brain——The Neurophychology of Music*, New York: Springer, 1982: ix.

③ Manfred Clynes. Music, *Mind and Brain——The Neurophychology of Music*, New York: Springer, 1982: vii.

④ 孟伟. 广播传播中的话语类别分析 [J]. 语言文字应用, 2006 (12).

心绪状况，甚至会隐藏着比语言表达更真实的意见和看法。因此话语表达有多个认知层面：第一层是说话者言说的内容认知；第二层是说话者本人个性特征的认知，例如：说话的人是一个直爽的人，还是具有神经质特征的敏感的人等；第三个层面是对谈话目的和利益相关性的认知，如果话语发生在媒体中，第三个层面则替换为整个节目或者整个电台的潜在认知。后两者则是意义延伸的一个例证。①

声音的存在形式很特别，它存在于它正在消失的那一时刻，在形成和产生的进程中不断消散。说话人的个人因素，例如语气、情绪甚至是音色、音高等都可能会影响到对谈话内容的理解，只是这种影响作用有大有小。在人际传播中，单纯的语音交流更容易产生误解。话语的非语言成分的辅助因素很多，比如语速、音色、音响以及具体的语音语调的运用。

（二）日常交往中的多媒体“混用”特色

今天随着微信的发展，人们的日常沟通和交流变得“融媒体”特色十足。在日常沟通中，常常是语音、文字、表情符号、语音实时通话、视频实时通话等多种方式结合使用。如果交流的问题事先经过充分的沟通，为了节省沟通的成本和语音转化文字的繁琐，可能短短的几句语音留言就可以了；如果是表示干脆的赞同或者不赞同，或者不方便用语言表达的时候，就可以发个表情符号。如果通过语音表达觉得不够严谨，或者是考虑到接受的对方可能不太方便收听语音，就可以通过语音识别转换为文字，通过简单的校正后再以文字的方式发过去，如果觉得沟通还是不顺畅或者不充分，就可以直接拨打语音或者视频电话了。所有这些沟通手段的使用，从效率的角度考虑，基本以语音为主，且以交流的效率和效果密切相关。上述认识似乎可以扩展到对于目前媒介格局的理解，无论是广播、电视，还是纸媒，均有其独特的传播特性，对于受众而言，考虑的是应用哪一种媒介可以最大程度上满足自己的信息需求和客观情况，考虑哪一类媒介形态与使用的场景性密切相关。媒体融合时代，大众日常交往更多呈现为多媒体混用状态。

---

① 部分观点来源于 Andrew Crisell，*unerstanding radio*，Second edition，Routledge，1994，Radio signs and codes，P42 - 44。

（三）话语分类

雅各布森（Jakobson）的理论认为，任何言语交流活动都包含六个要素，信息发出者、语境、信息、接触、代码和信息接收者①：

语境（context）
信息（message）
信息发出者（sender）——————信息接收者（receiver）
接触（contact）
代码（code）

在一组交往活动中，信息发出者和接受者之间通过话语接触，建立联系，在语境中实现信息交流。六要素在传播中具有不同的指向性功能作用，这也是雅各布森提出的与传播六要素对应的六功能理论，即

指称功能（referential）
美学或诗学功能（aesthetic）
情感功能（emotive）——————意动功能（conative）
交际功能（phatic）
元语言功能（metalingual）

情感功能是话语交流的第一个层面，进而产生意动功能，达成话语交往实现的一个心理目标。在这一过程中，通过元语言功能建立实现交际功能，话语产生的指称功能和美学或者诗学功能最终促成一个语轮交往的完成。

① Jakobson，R. C《结束语：语言学和诗学》*losing Statement*：*Linguistics and Poetics*，in Sebeok，T. A.（ed.）*Style in Language*，Combridge，Mass：Massachusetts Institute of Technology Press，1960，P350－357。在雅各布森提出的著名的六要素及其六功能理论以前，亚里士多德曾提出过三要素："说话者——信息（演讲）——受话者"；拉斯韦尔也提出五要素："说话者——信息——接触（媒介）——受话者——效果"。雅各布森的理论是在这些研究成果基础上的进一步的发展。

三、非语言要素的交流意义

音乐、音响和无声静默在日常交往或者大众媒介的声音传播中是重要的副语言要素交流元素。音乐范畴内的声音可谓语言的多重补充，它们虽然没有语言般明确的意义指向，但却以人类固有的意识直觉和约定俗成的情感判断为前提，在不同的排列和组合中展示出语言无法企及的思想情感轨迹。[①]

（一）音乐符号

巴洛克后期情感论音乐美学思想的著名代表人物马泰松曾经说过："如果音乐家想打动别人，他必须懂得纯粹用音响及其组合，不借助文字而表达出一些心底的意向，表达得让听众听起来，宛如那是一篇真正的演说，能够完全理解和领悟其意欲、意念、意思以及每段、每句的语势。"[②]

音乐在广播节目内容中体现为符号性、暗示性和影像性三种作用的结合。它可以和广播话语结合在一起，赋予音乐之外更多的内容。汉语比拼音文字更讲究格律和声韵，对语音本身的选择和排列强调审美要求。电台对音乐的使用非常重要，当一个电台收听率下滑的时候，首先考虑的就是要调整音乐，因为音乐是吸引听众的一个直接因素。

（二）音响符号

话语是由人发出的，音响是现实世界具有自然存在意义的声音形式，一般音响不是单一的，而是由多个物体的综合作用产生的。

在广播音响类新闻节目中，实况音响起到了很好的现实还原的效果，是广播节目中的优势节目类型；广播剧中存在着拟音，所模拟的声音成为事物真实声音的一种象征。我们也可以说广播中的录音音响相对于真实世界而言，是对基本感觉元素的一种图标或者说图像式的影射。简单地说，是对真实世界的一种声音的映射。

（三）无声静默

在日常的交往中，无声静默也是一种信息的表达。在广播媒介中，声音

---

① 钱今帼、郑艺．音乐听觉艺术发展的历史观照［J］．吉林艺术学院学报，2007（4）．

② 杨芳．巴洛克时期听觉艺术与视觉艺术的比较研究［D］．湖南：湖南师范大学．2012.

的缺失我们可以听辨，因此不能忽略无声静默的意义形式和象征符号的作用，广播中的无声静默也是广播具有表现力的一类声音符号。

我们通常理解的“无声”指的是，在节目和节目的连接过渡中，会有很短暂的空白，作为间隔起到标明节目边界的作用。但这些间隔必须要短；还有一类无声是出现在节目进行中，比如在广播剧中，一个演员正在讲话过程中的停顿。这一间隔可能意味着悬念、氛围的渲染等。这种情况下，无声甚至比有声可以收到更好的表达效果，它使听众充满了想象的好奇，产生继续收听下去的期待。对于听众而言，无声是最好的想象媒介，是听众进行二次创作的有效刺激物；还有一类无声是特定的环境声的表现。① 比如，安静的田野、空荡荡的教室、平静的湖面、运动员屏住呼吸起跳的瞬间等，它们是这些环境或者是氛围的标志性特征。

“无声”有积极作用和消极作用之分。消极作用就是说明在那一时刻，象征没有事情发生，这时“无声”起到的是声音的作用；“无声”的积极作用是无声表明有事情发生。因为广播与电视和电影不同，没有影像的说明，广播中的无声起到的是一种刺激联想的作用，在无声与有声的鸿沟中，联想继续发生。无声对于听众来说，可以理解为既是现实发生的，又有抽象性意味。广播通过在上下文、前后语境中确认无声的意义。

上述非语言符号，因缺少语意的直接支撑，比话语具有更多的弹性因素。20 世纪 70 年代，西方广播界兴起了对非语言声音表现功能的实践。主要是因为，尽管当时的英国很多广播节目形态都已经很成熟了，但仍然存在着对具有广播声音特点的独立程式建构的需求，与报纸、小说、戏剧等艺术形式的借鉴关系还没有结束。当时的广播剧创作尚有一个陈旧的传统。在最初的很长的一段时间里，广播剧都是印刷读物的声音翻版。针对这种情况，1978 年 BBC 制作了一部没有台词的广播短剧，来探索非语言声音在广播中的作用。该剧由安德鲁·萨克斯（Andrew Sachs）写作和表演，名字叫《复仇》（*The Revenge*）。安德鲁·萨克斯试图通过声响来证明，一个故事可以不依赖

---

① Martin Shingler and Cindy Wieringa, *On air: methods and meanings of radio*, London: Arnold, 1998: 55.

于能够分辨的话语来完成叙事，以此发现非语言音响的表现力度。[①] 这一实验证明，在广播媒介中非语言的声音符号可以独立作为媒介的内容，但对广播内容的表现仍然潜在地依赖话语的暗示作用。

四、声音媒介文本

（一）时间维度上的声音文本

声音信息的有效传播，其核心问题考量的是人对流逝的声音信息的“理解”和“记忆”能力。广播节目存在于时间版面中，节目的预告和回放十分必要。也需要定时播报台名、节目名称、频率呼号，使听众能够在众多频率中识别电台。随着全媒体化进程的推进，媒体融合的步伐加深，广播智能接收终端不断开发，部分广播内容也可以有影像、文字或者网络超链接信息的辅助，但声音元素仍然是传播内容的绝对主体。因此广播节目前的预告，在特定时段的简短回顾，后续的联系报道等，包括在一档节目中对重要信息内容的适度强度和重复，都是十分有必要的。

（二）调动综合感觉的声音文本

广播利用声音来塑形，通过听众的想象还原视觉体验的要求。在这个意义上，广播声音传播不仅具有声音传递的功能，也具有画面传递的潜质和要求。

广播中不同的声音类型，例如，下雨的声音、宴会上的嘈杂声、道路上交通工具的声音等，这些声音有可能组合成如同戏剧、电影中可以看见的场景，声音效果也表明了人与道具之间建立起了某种联系。现实生活中，很多事物的存在是以视觉或者无声的方式存在的，这些内容广播很难表现，例如：“时间”的表现。广播声音信息很容易使受众产生歧义和混乱，这就要求我们，要选择那些负载意义单纯清晰的声响[②]，选择那些最容易唤起听众想象的、生动活跃的、具有指示性作用的声音。广播中对声音的运用，不是简单的对现实的模拟，更多的是充满情节性的，重视对听众情感的作用。因为声

---

① Martin Shingler and Cindy Wieringa, *On air: methods and meanings of radio*, London: Arnold, 1998: 52.

② McLeish, R. *Radio Production*, 3rd edn, Oxford: Focal Press, 1994: 234.

音的选择性运用，起到的是符号和象征的作用，而不是简单的复现和模拟。[①]

广播不仅可以唤起受众综合感受的体验，而且还具有内视功能。广播的“内视功能”是在听众个体的心灵内部展开。广播善于利用声音刺激听众的视觉想象力，激发听众独一无二的内视能力，导入深层的情感记忆中，去检验或内省。想象中的意象要比现实中的景象更完美、更强烈，因为当个体听众有了自由联想的主动性时，往往会按照自己理想的方式来加以创造。[②] 有些西方学者认为广播是一种特殊的“视觉”媒介[③]。只是这些视觉不是存在于听众的眼前，而是存在于听众头脑中的内视空间中。

广播节目内容引发听众个体的想象过程是非常个人化的，尽管广播作为一种远距离传输的大众媒介，但在这个意义上它成为听众的亲密媒介。

（三）注意力自由选择的声音文本

随着当代生活的快节奏和多样性，受众本身在媒体使用时间分配上，呈现碎片化特征，同时受众注意力对媒介的分配更多体现为多样化特征，广播声音媒介对听众注意力多层次要求体现出独有宽容度。

对于当代大多数人来说（除一些忠实听众外）往往出于偶然的原因收听广播。现代人的阅听习惯已经发生了变化，多数时候人们的接受信息的方式是分散的、断裂的，甚至是无法注意力集中的。当代社会各类媒介信息充斥我们的左右，随时占据和占有着我们的时间和精力。

第二节　听觉传播的媒体价值

德布雷早在 1991 年提出的公民媒介学的十一个命题中指出：“媒体会思

---

① Martin Shingler and Cindy Wieringa, *On air: methods and meanings of radio*, London: Arnold, 1998: 58.

② Esslin, M: *The Mind as a stage. Theatre Quarterly*. 1971: 5 转引自 Shingler, Martin, *On air: methods and meanings of radio/* Martin Shingler and Cindy Wieringa London: Arnold, 1998: P78.

③ Lewis, P. (ed.): *Radio Drama*. New York and London: Longman, 1981: 9.

考。媒体革新和介入越发展，媒体就越代替我们思考。"① 这在某种意义上颠覆了传统媒体的机构议程设置概念。这是现代社会深度依赖媒介的一种体现，亦是媒体机构高度发展，对人和社会的解构能力增强，客观上促进了社会交往和个体表达的自由。今天互联网的发展，对于传统主流媒体而言，从人本维度上看不亚于一场主体性革命。

声音媒体从广播时代开始，到目前的互联网音频发展阶段，始终作为一类独立的媒体形态存在。视听媒体的代表是电视和互联网视觉传播，声音在其中发挥辅助作用。声音是人类历史上最为悠久的传播介质之一。1857 年法国人发明的声波振记器成为录音技术的起点。从 19 世纪 70 年代的圆筒留声机到实体唱片、磁带的诞生，奠定音频内容包括音乐独立发行的基础，带来有声音像制品和近年数字音频出版的旺盛发展。20 世纪 80 年代以来我国现代意义上的广播音频媒介始长足发展。1997 年，我国网络广播应运而生，2004 年后移动互联风起云涌，播客、网络听书网站等培育了网络音频最早的一批核心用户。自 2012 年前后，音频聚合网络平台出现，极大降低了音频制作者的管理成本，并与智能移动终端"密切配合"。

法国声音工程师皮埃尔·舍菲尔认为人类的听觉模式有四种，即辨听、听到、听出、听懂。作曲家、电影人米歇尔·希昂提出的听觉的三种模式分别是关联聆听、语义聆听、还原聆听。那么，从媒体的角度看，如何看待听觉传播？听觉传播的媒体性如何展现？以及与人发生怎样的关联？这是本节探讨的问题。

一、具有自足表现力的声音媒体

广播声音艺术是广播事业赖以生存和富有竞争力的根本。这体现为两个层面，一个是对声音质量，包括声音技术实现的重视；一个是对声音符号表现力的尊重和重视，如同纸媒尊重文字表现规律和艺术，如同视觉媒体尊重声画表现规律和艺术一样。

今天对于广播而言，对声音艺术的重新再认识和重视，弥足珍贵。当前

---

① ［法］雷吉斯·德布雷．普通媒介学教程［M］．陈卫星、王杨（译），北京：清华大学出版社，2014：348.

国家对整体宣传导向和舆论引导艺术的重视，是一个大环境；互联网对于用户视听新习惯的养成是一个大趋势；广播媒体传播力、影响力，其权威性的被弱化是一个直接的动力。重回声音艺术本体再出发，是广播获得新力量，在融媒体、互联网传播激烈竞争态势下，成长为新广播的唯一出发点。

央广的《致我们正在消逝的文化印记》系列节目做到了声音艺术还原再现场景+通篇凝聚，主旨表现不游移，最终达到了声音本身传递出价值观，传递出声音独具，文字和画面无法到达的情感、思想融合的高度。润物细无声式地传播主流价值观，在当前互联网海量信息中，十分可贵，体现了专业媒体的专业价值。传播高明的境界是忘记这是传播；对于媒介符号而言，忘记媒介符号的特征和缺陷，全身心沉浸其中，声音符号带给听众前所未有的听觉自足感，央广的专题节目《生死抉择》是一个范例。广播媒体人全身心的付出，呈现在作品中，饱满、自足。

现代电子媒体似乎与“史诗”创作与传播不沾边。《党史·声音地图》对声音符号的驾驭，对于宏大叙事的表达均体现了国家水平。缜密而富有内在历史逻辑、哲学逻辑、美学逻辑、轻灵而无形的声音变得格外有厚度，无异于一首多声部协奏曲，与受众“一听倾心”。

二、听觉互动与社会文化情感结构的建构

“有鉴于听觉互动是同情心和同理心发展的基础，又有鉴于同情心与同理心是人类情感结构的核心要素，是人类社会文化结构的基础和核心，因此，听觉互动对社会文化情感结构的构建和发展起着重要的作用。”① 这意味着，比较于互联网媒体、电视、纸媒等，广播更深入地参与着社会个体的内在建构，特别是理想意义上的社会心理、社会文化的建构。这与声音媒介的传播特性有关，也因为这一特性，广播媒体的商业属性，一直以来都难以逾越视觉媒体。

声音的发生虽然是在人体的外部，并为人体的外部器官所捕捉，但声音引起的感觉却作用于人的内心，“声音是一个使外部因素变为人的内部感觉

① 王馥芳．听觉互动之于文化的建构性一基于“图像至上主义”潜在的文化破坏性［J］．江西师范大学学报，2016（2）．

的中介……声音引发的感觉超越我们常规分析的能力。”① 听觉的一个重要特点就是其情感属性。听觉对象比视觉对象更能激起人的情感，听觉交流是人类最本真的交流，同时是一种在场的交流。回到听觉表达的艺术形态——音乐。“我们叫做‘音乐’的音调结构，与人类情感形式增强与减弱、流动与休止、冲突与解决以及加速抑制、极度兴奋平缓和微妙的激发、梦的消失等等形式——在逻辑上有着惊人的一致。这种一致恐怕不是单纯的喜悦和悲哀，而是与二者和其中一者在深刻程度上、在生命感受到的一切事物的强度、简洁和永恒流动中的一致。这是一种感觉的样式或逻辑形式。”② 这意味着音乐是人类基于本体需求和选择的一种社会表达的呈现。借助音乐这类声音的表达样态，可以观察或者接近人类情感和心灵深处的外在呈现，进而引起共鸣和互动。黑格尔曾经明确地指出，情感表现是音乐最基本的内容。他说：“在这个领域里音乐扩充到能表现一切各不相同的特殊情感，灵魂中一切深浅不同的欢乐、喜悦、谐趣、轻浮、任性和兴高采烈；一切深浅不同的焦躁、烦恼、忧愁、哀伤、痛苦和惆怅等，乃至敬畏、崇拜和爱之类的情绪都属于音乐所表现的特殊领域。”③

“倾听，是与外界打交道的重要方式，现代都市生活中，人们不再有心情倾听外界，而是转向倾听自己的小天地，倾听自己内心，甚至连自己内心也听不太清，听觉文化空间压缩到小于自身的程度。”④ 这远远突破了广播媒体或者是互联网音频媒体商业变现能力的思考角度，远非听觉媒体、听觉文化所独立承担其责任。听觉媒体价值认识上的弱化，是人类在感性维度上的文化创造力的弱化。对于现代大众而言，“消费”成为一种文化现象成为社会的普遍认知。人的自觉性、社会价值的架构、社会交往的本原都遮蔽期间。构成道德基础的同情心和同理心（empathy）将被极度弱化，整个社会将陷入可怕而混乱的“规范摒弃”状态。⑤ 法国理论家贾克·阿达利（Jacques Atta-

---

① John Broadhouse. *Music Acoustics: or the Phenomena of Sound As Connected With Music*, Charleston: Forgotten Books, 2012: 1.

② ［美］苏姗·朗格．情感与形式［M］．北京：中国社会科学出版社．1987：36.

③ ［德］黑格尔．美学（第3卷）［M］．北京：商务印书馆，1979. 36、179.

④ 杨震．当代听觉文化的现状与问题［J］．学术论坛．2011（11）.

⑤ 傅修延．陈茜．听觉文化卷巨澜——“听觉与文化”学术研讨会综述［N］．文艺报．2016. 3. 23（008 版）

li）说："两千五百年来，西方知识界尝试观察这世界，未能明白世界不是给眼睛观看，而是给耳朵倾听的。它不能看得懂，却可以听得见。"[①] 放弃对自我、他人、社会的内在观察，看似潇洒自由地享受此生，确实今日中国几近沦为精致利己主义的沃土。社会整体价值的建构才显得越发艰难。对于音频媒体的媒介形态的社会学、文化批评层面的思考太少，学界失声。

听觉感知模式的特性，充分体现了生态生存的要求——摈弃主客对立的思维模式和人类中心主义，追求与万物相感应、与自然相和谐，所以麦克卢汉说"生态学是这种声觉同步性的另一个名字"。[②] 因为没有具体的形象的痕迹，听觉感知的自由度最大程度上还原了情绪情感的真实存在，尊重并借由声音符号还原环境中各类关系存在的客观现实。

"人们通过感知情绪语音中的声学线索，从中提取出所携载的情绪意义。不同的声学线索能够反映情绪的不同维度，如愉悦度。人们不仅可以通过口语的音段成分传递的语义信息来理解说话人所表达的情绪，还可以通过口语声音中音高、时长、强度等声学线索的变化，感知说话人的不同情绪状态。"[③] 音频作为一类大众媒介形态，其内容具有一定的文化产品的特质，必然追求高质量与成本、效率之间的传播效能最大化。近年智能语音的开发，基于声音符号情感识别最为艰难。智能语音的开发最终也将上升到新闻职业伦理思考的层面。"情感是可以从声音上进行分辨，评判者的选择结果显示出情感具有高度可识别性。但声学信息没有显示出情感与某个声学特征相匹配，这说明某个单独的声学特征不足以成为某种情感的唯一标识符，情感的声音特征需要描述所有相关的声学特征。"[④] 广播媒体的智能化发展是必由之路。基于科学、哲学、文化研究、媒体研究、艺术等多学科参与的音频媒体智能化研发，尚未真正启动。致力于探讨声音传播前景的各类空间，璀璨而寂寥。

---

① ［法］贾克·阿达利．噪音：音乐的政治经济学［M］．宋素凤等译．上海：上海人民出版社，2000：1.

② ［加］斯蒂芬妮·麦克卢汉等．麦克卢汉如是说：理解我［M］．何道宽译．北京：中国人民大学出版社，2006：134.

③ 孙继民、姚温青、胡学平．声音情绪的跨文化识别［J］．心理科学进展，2014（5）.

④ 陈静．对汉英语调作为情感载体的心理声学分析［J］．现代外语，2005（3）.

三、音频媒介本质中的理性化存在

西美尔认为“看得见而听不见的人，比起听得见而看不见的人，心情要混乱得多，束手无策得多，烦躁不安得多。”① 广播与文字或者其他视觉媒介不同的是，它完全不依赖于任何有形符号的启发和刺激——文字、数字或者是图像等，这使得听众可以不受限制和约束地在头脑中构筑起相应的图像，进行没有图像干扰的理智思考。在这一点上广播是一种刺激智力思考的媒介②。

彼得·卢恩菲尔德称数字媒体中弥漫着一种“未竟的文化”（culture of unfinish），从这样的角度看网络文本，几乎总像是“过程进行中的工作”（Works in progress）。③ 我们无法在互联网文本中寻找固定唯一的意义。互联网文本在于帮助我们形成同暂时的、部分的、分权的世界和谐相处的感觉。我们对世界的看法不得不进行多样化的表述，但多样化也导致了主体的失控。凭借信息消费而获取的关于外部世界的知识取代了个体体验的叙述，信息创造了事件丰盛而个体体验匮乏的世界，信息不“创造”体验，它只是记录事件。④

媒介追求商业利益，就会不断满足甚至发掘潜意识的需要⑤，这就不能不使我们警惕媒介的理性传播。新的媒体环境下，包括广播业在内的传统传媒业必须走变革之路。媒体机构的资本运营是企业博弈的必然，舆情监督和喉舌功能的发挥是政府和社会机构的诉求，媒介特性的重新审视和拷问将是任何一种没有忽视广播作用之社会力量思考的出发点和根本，理性精神是重中之重。

---

① 高燕．图像时代的视觉狂欢——论本雅明和鲍德里亚对视觉图像的沉思［J］．江西社会科学，2010（6）．

② Andrew Crisell（ed.），*More than a music box*：*radio cultures and communities in a multi—media world*，New York：Oxford：Berghahn，2004：10.

③ Peter Lunenfeld. *The Digital Dialectic*：*New Essays on New Media.* Cambridge，MA：The MIT Press，1999：298.

④ 胡泳．新媒体中的公共领域是否存在［A］．彭兰主编，中国新媒体传播学研究前沿［C］，北京：中国人民大学．2010：150.

⑤ Andrew Crisell（ed.），*More than a music box*：*radio cultures and communities in a multi—media world*，New York：Oxford：Berghahn，2004：8.

互联网正渐渐成为我们接触一切媒体的综合性唯一平台，但我们也发现诸如社会财富的创造和分配，民主政治、社会公平、集体信仰，人的全面发展等真正“生死攸关”的议题往往被搁置了，而那些富有争议的、人情味的、奇观色彩的社会边缘议题，被拉入社会中心视域，以显示社会消极中的积极作为，新闻的价值和意义被消解。[①] 媒体是公开“出版”的言论和舆论发生之地，在其为个人、企业服务的同时，亦需要承担社会责任，承担基于全社会发展创新的理性研判力。

四、声音媒体内容的“共在感”[②]

现代社会，空间和距离的改变，使人们越来越需要依赖外来的参照物确认自身的存在。广播听众既可以有意收听也可以处于一种无意收听的状态，这就意味着广播音频内容提供给大众的不仅仅是一种媒介内容，也可以是一种“节奏”，这种“节奏”的存在使独立的个人，通过媒介的参照体会到时间的流动，也体会到与他人分享的快乐，与群体同在的不孤独。当然这种参与感是潜在和隐含的。在这个意义上，广播媒介对受众的干预程度也就相应地减弱。

广播媒体营造的“共在感”很大程度上与广播激发听众情感回忆的能力有关。在道格拉斯（Douglas）看来，广播既具有公共性又具有私人性。在对广播引发怀旧情感体验的讨论中谈到，广播具有刺激过去记忆的能力，它能把强烈的内在个人情绪和对已经平复的往日记忆激发出来，而这种激发建立在分享的基础上。我们“成为了自我的旁观者”但同时又“进入自身更深层的思想内”。[③]

广播“共在感”的形成与广播直播方式有密切关联。在直播节目中，听众清楚感知到主持人表现出的日常感，设置生活话题，分享此刻心情和路况信息等，呈现的是日常生活中的共同参与感。我们和其他成千上万的听众共

---

① 胡百精．新媒体语境、危机话语与社会性格［C］．选自彭兰主编，中国新媒体传播学研究前沿，北京：中国人民大学出版社，2010：206.

② 原文为（co—presence），也可翻译为“共同在场”。

③ Douglas，S. *Listening In*：*Radio and the American Imagination*，*from Amos ‘n’ Andy and Edward R. Murrow to Wolfman Jack and Howard Stern*，New york：Random House，1999：22.

同分享广播带给我们的内容，从而与其他听众一起体会到了“生存在世界上（原文 being - in - world，借用了海德格尔的表达方式）”的集体“共在感”。[①]这一点比较其他媒介形态，广播具有独具优势。

延时点击收听，一定程度上可能会损害这种集体收听广播直播节目的仪式感，即想象中的一个群体共在的愉悦。社交媒体可能带给年轻听众在分享基础上建构的新型“共在”关系。

广播声音环境的营造不仅仅体现于具体的节目制作中，也表现于作为声音文化的一部分，广播对社会交往语境的营造。正如斯坎内尔（Scannell）所说，“和其他社会机构一样，广播的权力在于，它通过预置社会角色和社会地位，通过控制事件的内容、风格和持续时间等方式，在自己的领域内对‘社会交往’这个术语做出定义”。[②]

五、声音媒体内容的“隐性的刚需”[③]

“伴随性”不等于媒体内容可有可无，而是满足了大众一种潜在的、必不可少的需要，或者更准确地称呼其为“隐性的刚性需求”。

随着收音机被电视机取代，广播媒体社会核心地位退出，更多发挥一种伴随性的媒体功能。广播音频媒体具有高兼容性，可以附着在任何智能家居和其他介质。现代大部分人在收听音频内容的同时，通常都会伴随其他活动。广播音频媒体的高兼容性可以使音频信息无处不在。

广播在某种意义上，它的重要性不在于收听时间的长短，而在于广播内容可以直接融入人们的日常生活。广播的很多谈话内容是与人们的日常生活密切相关的。即便是国家大事，也是以日常谈话或者讨论的方式呈现，更接近人们日常交往方式；广播作为大众媒介也具有话题引导的特点，广播内容比其他媒介内容更容易成为普通受众的话题选择对象，进入社交语境。

广播听众在接收广播节目时，往往体会到“点对点”的传播气氛，节目主持人往往使用第一或者第二人称，虽然听众庞大，却可以营造一个非正式

---

① Hugh Chignell, *Key Concepts in Radio Studies*, London: SAGE Publications, 2009: 75.

② Scannell, P. *Broadcast Talk*, London: Sage, 1991: 2.

③ 孟伟. 当代广播音频媒体转向与再造的基本理念 [J]. 中州学刊, 2017 (11).

的、私密的空间，在感觉上造成好像是在为某一个人单独播讲。广播在这些意义上作为一种伴随人们日常生活的亲密媒介。近年来互联网“夜听”节目迅速崛起，睡前时段得到前所未有的开发，大众针对声音媒体消费的隐形刚需再一次被发掘。

当代广播节目的“时段”概念，帮助听众建立起广播节目时间与日常生活时间的一种对照，这种以时间为基础的社交经验也具有亲密性的特点，即广播及其听众之间存在相当亲密的关系：“时间……和熟悉度不断增加，这是广播亲密感不断形成的基础之一，不仅仅是亲密感，社交性也是如此”。[①] 互联网为广播音频传播提供了点播和回听平台，同时也为电台主持人和受众之间的密切对话提供了多种互联网社交手段。传播者直接参与受众的日常生活，甚至有条件参与其价值观的建构。传播者与受众之间的互动方式、互动关系没有比这个时代更丰富的了。

六、听觉沟通的商业潜力

对于传统大众媒体而言，声音媒体的广告能力，具有一定的特点。声音既是一种客观存在，也是一种主观感受。声音信号利用的是“边缘”注意力，只有当不寻常的声音响起时，人们才需要注意到发生的状况。因此，声音的告知不造成过分负担——这成为听觉沟通的精髓。[②] 从这个意义上来说，声音意识不是硬挤入现时的，只是现时的耳朵已经张开。[③]

一种有效的听觉标识，就像一种听觉商标（Logo）一样，往往能长久地停留在人们的记忆中。[④] 当前广播线下活动发展迅猛，成为电台盈利的主要类型之一。声音形象中声音艺术形象最能打动人，给人以深刻印象，使人产生丰富联想。听觉传播因其无形性和动态化（时间流动性），对人的情感更具有多重性与散发性的激发与联想意义，因而更具品牌传播手段上的张力性

---

① Hendy, D. *Radio in the Global Age*, London: Polity Press, 2000: 184.

② 芦影. 声音体验——关于设计的声音意识与听觉审美研究［D］. 中央美术学院博士学位论文，2017：25.

③ 吕甍. 电影声景：流动的城市文化——以新世纪上海电影为中心［D］. 上海师范大学博士学位论文，2015：31.

④ 曾琳智. 听觉传播的实践和应用分析［J］. 国际公关. 2008（6）

与价值魅力。[1] 贵州交通广播的《我是柳叶眉》作为一种微剧形式存在，密布在全套频率全天节目布局中，其故事性、趣味性，人物形象塑造鲜活突出，电台的品牌识别度建立起来，详细内容本书第二章第二节、第四节有更为细致的论述。

第三节　声音表达的传播学意义[2]

文字没有产生以前，早期人类社会语言传播的形态包括说话、交谈、聚谈、演讲、歌谣、街谈巷议等。从《诗经》到《左氏春秋》，均有相应的记载。西方早期社会的信息交流中，口语传播是主要的形态之一，例如希腊的广场是人们聚谈的主要场所，罗马的浴室也是人们聚集交换意见和消息的场所。随着无线电的广泛使用，以及人们对于大功率发射机和高灵敏度电子管接收机技能的熟练掌握，促使基于声音的大众传播形态——广播的诞生与发展。今天，互联网音频媒体飞速发展，在知识付费、教育培训和点播娱乐等领域取得突出业绩。

一、口语传播的本源

口语是人类一切传播行为的基础。人类幼年时期经由口语的习得，获得对外部世界的认知，对于人与人关系的认知，以及如何表达自我，与家人和周围人进行交流，从而满足自己需求，表达个体愿望，建立起与周围世界的关联，这一切均依赖于口语的习得与表达。口语对于幼儿来讲，是最早接触到的人类符号化的文化印记，代表着驾驭眼见的世界经由一种抽象工具的使用。口语经由内化过程，进入孩童的内心，发展为其内部口语，并将影响个体一生的传播、社会行为。

口语最大的问题是听觉的易逝性。以语音方式记录的内容，往往在基于

---

① 高建华．BAIS——品牌听觉识别传播的实现原理和应用价值［J］．科技视界．2015（34）．

② 本节部分内容参考孟伟：广播听觉传播本质解读［J］．现代传播，2004（3）．

语音的表达上增加重复、节奏、押韵等乐音艺术，以期减少记忆的难度，增加传颂的方便以及传播的自觉性。口语内容不像文字片段那样可以反复阅读，它是一种声波。从传播的本质上看，口语的传播功能与音乐接近，本身需要带有愉悦人的成分。萨丕尔指出：“许多原始语言形态丰富，其潜在的丰富表现力使当代文明的语言黯然失色。”① 人类先天具有的表达方式，本就具有强大的表现力。新闻话语承载了更多社会政治要素，以及与利益相关的多种要素，复杂的表意需求，弱化了“表述”本身的美感。

文字产生以后，特别是随着印刷术的普及，口语传播的价值被掩盖，迅速退居次要，并逐渐萎缩，其独立传播地位被忽视，甚至这种看法仍延续至今。文字本身的确解决了长久以来关于口语传播中“记忆”的难题，同时文字在功能上可以表达更多的内容，接下来视觉内容的电影、电视和互联网传播，满足了人类关于看的最大想象，基于实用主义压倒一切的力量：口语传播的根源性思考也被遮蔽。

海德格尔引证亚里士多德《解释篇》时说：“有声的表达是一种对心灵的体验的显示，而文字则是对声音的显示。”② 抛开文字丰富的内容负载能力和强大的传播效率，今天媒体融合时代，文字的上述传播优势也正被多媒介融合或者是边界模糊的丰富内容形态所遗忘。内容表达的媒介形态本身，再不具有绝对的“一票否决权”，因为今天决定传播效果、传播效率的要素越来越复杂，口语、文字、声画等形态成为传播内容入门级别的一种外在呈现。我们尝试回到口语传播的本源，目的在于发现单一介质形态被遮蔽的传播优势和传播特性，以期达成更为本源的媒介融合和媒介个性的保留。

德国语言学家威廉·冯·洪堡特在谈到语音对精神活动的适宜性时说：发音器官发出的声音恰似有生命体的呼气，从人的胸中流出，即使在未使用语言的情况下，声音也可以传达痛苦、欢乐、厌恶和渴望，这意味着，声音源出于生命，并且也把生命注入了接受声音的感官；就像语言本身一样，语音不仅指称事物，而且复现了事物所引起的感觉，通过不断重复的行为把世

① ［加］哈罗德·伊尼斯．帝国与传播［M］．北京：中国人民大学出版社，2003：8.
② ［德］海德格尔．在通向语言的途中［M］．北京：商务印书馆，1997：207.

界与人统一起来……[1]感觉是如此的微妙和细致，是个性化需求的具体体现。语言文字把严格意义上来说不确定的思想变成了确定的思想。语言文字从产生那天起，就在个体之间无间隙的传播设置了障碍。互联网时代，传播的真正个性化成为可以考虑的一个命题。人工智能研发对于情感计算的攻关也源自这种“生命”气象。从这个意义上说，口语传播更多地与人的本质存在连接在一起。“不能只注意语言作为对象之描述和理解之中介的语言的作用，而更应当谨慎地回到语言的与内在精神活动紧密交织的本源和语言与这一本源的相互影响上去”。[2] 回到口语传播的本源，其重要的意义在于，我们需要发现语言工具之外，互联网的门户、平台、渠道等所聚合的文字、声音、画面、影像等，所带给今天大众的，有多少背离传播的初衷，走入了一个主体化被消解的迷路?

无论是互联网直播，还是短视频的火爆，都验证着今天视觉传播占据绝对优势。影像是吸引受众，商业目标价值变现很好的介质。比之文字符号，视觉符号对于“意义”“本质”“理想”等的追问，毫无疑问要弱化得多。苏格拉底在《裴多篇》转述埃及透特神和阿蒙神的对话，阿蒙神说：你发明的文字使习字的心灵患上健忘症，因为他们不再使用自己的记忆：他们会相信外在的文字，记不得自己。你发明的这个特别有效的东西不能帮助记忆，只能是帮助回忆。你传授给学生的不是真理，而是近似真理的东西：他们能记住许多东西，但学不到任何东西：他们似乎什么都懂，但实际上什么也不懂：他们是令人讨厌的伙伴，有智慧的展示，无实际的货色。[3] 互联网对于主体性的解放不容置疑，但互联网商业帝国无可置疑地参与着主体性缺失的进程。

二、音频媒体的构型力

广播音频媒体以声音还原和表现现实世界。声音的发生没有具体形象可

---

① ［德］威廉·冯·洪堡特．论人类语言结构的差异及其对人类精神发展的影响［M］．北京：商务印书馆，1997：64.

② ［德］海德格尔．在通向语言的途中［M］．北京：商务印书馆，1997：207、208、210. 其中引证了威廉·冯·洪堡特在《论人类语言结构的差异及其对人类精神发展的影响》中的论述。

③ ［加］哈罗德·伊尼斯．帝国与传播［M］．北京：中国人民大学出版社，2003：8.

以捕捉，但声音可以作用于感觉，通过构型方式直达人的内心，“声音是一个使外部因素变为人的内部感觉的中介……声音引发的感觉超越我们常规分析的能力。”①

（一）鲜明的声音构型能力

并非所有的声音搭载信息或者是情感就可以产生完美的构型能力。对于媒体传播而言，要经过专业的选择，使用那些最容易唤起听众想象的、生动活跃的、具有指示性作用的声音。② 互联网传播时代，音频媒体内容的发展远没有视听媒体内容更为讨巧。但这不能成为弱化广播内容独特性的一个理由，市场并非可以决定一切。

广播媒体对于声音的选择，不仅考虑是否这个声音采集自真实生活，也要考虑声音通过传播能否更像真实的声音，更好地还原真实语境。同时声音媒体对于声音的运用，不是简单的对现实的模拟，更多的是充满情节性的，重视声音对听众情感的作用。人的想象力能够根据符合听觉规律的、富有表征的单纯的声音，想象出精彩的画面来。央广的《党史·声音地图》是近期的精品广播节目，是以声音去“构型”的范例。

（二）声音还原现场的方式

现实生活中很多事物的存在是以视觉或者无声的方式存在的，声音媒体的意义在于借助声音呈现他们，并通过声音的表征或者视角呈现大千世界。当代大部分声音文化来自电子媒介的声音，从文化角度看，这些声音情景可以被视为高度商业化的结果，且忽视了本地实际环境③。广播音频媒体与老百姓的日常生活紧密联系，很多电台的民生新闻或者互助类等公益节目，对于电台公信力的提升发挥了至关重要的作用。理想的电台是成为本地生活的一个媒体镜像，成为本地大众不可或缺的生活的一部分。

近年网络视频直播热潮，相比于传统广播中出现的“水话”，更是走向了对个体生活无原则展示的极致。斯坎内尔（Scannell）提出“和其他社会

---

① John Broadhouse. *Music Acoustics：or the Phenomena of Sound As Connected With Music*，Charleston：Forgotten Books，2012：1.

② Robert McLeish. *Radio Production*，Oxford：Focal Press，2005：234.

③ Douglas，S. *Listening In：Radio and the American Imagination，from Amos ‘n’ Andy and Edward R. Murrow to Wolfman Jack and Howard Stern*，New york：Random House，1999：356.

机构一样，广播的权力在于，它通过预置社会角色和社会地位，通过控制事件的内容、风格和持续时间等方式，在自己的领域内对“社会交往”这个术语做出定义”。① 从这个意义上，需要我们认真思考并对声音情景的起源和性质提出疑问：为什么声音能产生这种效果？我们每日所听到的声音会产生什么样的社会和文化联想和影响？对于大众而言，选择声音而不是其他媒体产品的深层动力，除开商业推动的外力强大作用外，有没有其他内在的动因？

今天，互联网是声音媒体还原现场方式最佳展示平台。因为这里有无限丰富的媒体产品，也是大众表述与交流的聚集之所，广播或者完成互联网化的迁移，或者自身成为互联网的一部分。

三、音频媒体中的个体表达

文字出现以前的人们，从理想化的角度去理解，更体现为享受那种天人合一的状态，人对文化的指称和驾驭表述工具的能力均没有到达一个十分发达的阶段。长时间的全神贯注，是社会活动的一个基本状态。这一基本的生活状态为人类开辟了一片安静的社会和文化空间，在这一空间中人类展开自己的联想，进行自己的推论，做出自己的类比，形成自己的思想。这是深度思考的精神力量。“内心思考带来的喜悦浪潮此起彼伏，意料之外的欢愉突然爆发。”② 今天新媒体则容许各种干扰和中断的存在，并认同它的合法性。与上述追求刚好相悖。

文明的标志是自我意志的表达。思想和表达的原创性是智力成就的先决条件。现代社会，空间和距离的改变，使人们越来越需要依赖外在的参照物确认自身的存在。广播具有鲜明的本地化属性、个体化属性，沉浸式的传播体验，声音艺术与身体和心灵的内在“节奏”充分匹配。通过声音媒介的参照，体会到时间的流动和潜在的社会化分享，无需主动发表意见，收听就意味着参与了社会公共活动，社会确认感增强。广播媒介对受众的干预程度相对较低。

---

① Scannell, P. *Broadcast Talk*, London: Sage, 1991: 2.

② 参见［美］尼古拉斯·卡尔著．浅薄——互联网如何毒化了我们的大脑［M］．刘纯毅译，北京：中信出版社，2010：68－69.

以广播作为交流渠道，开展精神交往，促进社会沟通，可以发挥独特的社会作用。

四、音频媒体促进对话精神的回归

柏拉图用散文的方式阐释苏格拉底的谈话，主要采用了对话的方式，精心策划的谈话不仅是为了阐明真理，同时也意在引起读者的兴趣和共鸣，在“发现真理”和“引起读者的兴趣和共鸣”之间实现对文字传播传统的突破，从口语传统中寻找“对话”的力量。

习惯上人们把“说”与“听”对立起来，或者认为二者之间的关联性没有那么强。只是两个行为而言。其实“听”不仅仅是“说”的对象性活动，“说”是顺从我们所说的语言的听。① 《乐记》中谈及“致乐以治心者也”。尽管通过视觉、听觉、触觉、嗅觉和味觉获取信息的比例不同，但声音具有强大的力量，可以作用于人的心灵。

广播传播的本质不仅仅在于提供给听众娱乐和游戏，更为重要的是给予听众情感关怀、精神的慰藉以及人文关怀。在语言类节目中，广播媒体具有对话交流的天然优势。广播与言说相关的节目，一旦为政府、权力机构、知识界、社会大众普遍认可，其营造的“对话场”将发挥最大的沟通和桥梁的作用。带有对话交流性质的广播民生类、政务类节目也印证了广播这一作用。

这些是广播独有的优势，无疑也是口语传统的延续。这是一个长远的媒体目标。今天广播音频媒体不仅需要解决基本的生存问题，亦在担忧作为一类媒介形态独立存在的合法性。从未来科技的发展来看，满足人的需要的程度是媒体存在地位的重要依凭，人的需要有短期和长期、精神与物质、高层次和低层次的区别，人们对声色和新鲜的追求是短暂和容易厌倦的，当物质性等表层需要不断被满足后，人们更多的是寻求精神的交流。精神需要始终是隐蔽，但重要的、不可或缺的需要。现代人迫切要解决的是如何避免被异化。今天对知识的知晓和学习过程也变成了机械化时代的一个标志，是流水线上的工业品。异化的突破在于人的主动自觉性的选择，而不是被摆布、同化和淹没。

---

① ［德］海德格尔．在通向语言的途中［M］，北京：商务印书馆，1997：216.

今天对口语传统的重视更多地体现为对精神自由的关注，以及对古老秩序的渴望。当然我们也不会忽视，在当代大众文化中，“口语传播”这个概念，也被认为是文化反思的对象之一。从媒介进化来看，无论广播还是电视，都加速了口语传播的日常化，消灭了文字的内涵。但我们呼吁的初衷是一致的，都强调的是对工业文明机械化的反思。媒介形态的流变影响着媒介内容的传播，媒介形态与社会政治经济的发展相互影响，相互成就。从某种意义上说，从媒介形态的变化，我们可以看到媒介发展的历史，可以试图从中找到未来发展的趋向。

第四节　听觉传播的文化意义

音频本身和我们通过音频所了解的世界，是文化表征的一部分。现代世界的声音情景具有暗示性和不可选择性，与我们的日常生活融为一体。我们聆听的不仅是物理的声音，还有他人的心声，生存的价值和意义。归根到底“听”是一种不可或缺的文化维度。[①] 听觉文化可以追溯到人类古老的文明起源阶段，现代听觉传播文化则与作为大众媒体的广播密切相关。

听觉文化的研究对象是被社会、历史、文化所塑造的人类听觉自身；声音问题的文化负载，来自于听觉主体性的投射。很多情况下，当人们谈声音的时候，实际上是在听觉的文化范畴里谈而不自知。[②] 广播的媒体文化源自对于听觉文化的认知。

一、听觉与时间

音乐既是时间艺术，也是听觉艺术。如果将一个音乐活动的过程称为一

① 杨震．当代听觉文化的现状与问题［J］．学术论坛．2011（11）．

② 王敦．“声音”和“听觉”孰为重——听觉文化研究的话语建构［J］．学术研究，2015（12）．

段音乐时间，那么其听觉活动的过程可称为听时间。[1] 这意味着“听觉”是在时间层面上得以发展。

听觉与历史的连接，是文化沉淀的结果。在喧嚣复杂的都市环境里，听觉是人们生存、体验的重要感知通道，既是“美学”的，也是“历史”的，然而迄今为止被大多数文化史家和理论家所忽略。[2] 历史与时间维度上与声音关联性的建构，最好的例证来自于没有文字的民歌流传。“由于许多民族没有文字，民歌成了他们记载历史、传播知识以及进行社交活动的重要手段，成为日常生活中不可缺少的一部分。”[3] 声音与时间、历史结合，根植于日常生活之中，参与着社会文化的建构。

“人的听觉不是客观地感知声音现象，而是受社会文化‘软件’的驱使。听觉，作为流动在文化空间里的感知，鲜明地呼应着社会关系实体对它的驱动。由此可见，在人文社会科学中，若脱离社会历史文化因素来单纯地思辨声音问题是没有意义的。”[4] 听觉本身不断被文化所建构，声音意义的赋予和解读、倾听与表述的方式、声音的内容内涵和听觉的主体性呈现等。

基于时间层面对于广播媒体的理解，可以归结为广播内容呈现在“时间版面”上。随着互联网的发展，广播节目内容的点播业务逐渐成为一种气候，这与知识付费或者是音频课程营销密切相关，点播延展了广播节目内容的价值。无论收听直播的广播节目，还是点播广播节目，个体人的收听行为均需要在时间维度上展开。

二、听觉与空间

如前所述，声音具有很强的“构型”能力。听觉想象的个性化呈现表明了听觉传播对于个体表达的自由度。听觉与空间建立联系，可以从极富中国艺术特色的江南园林中寻求呼应：早在汉代，园林艺术就已被发现能够与声

---

① 谢霜．作为时间艺术与听觉艺术的音乐——音乐活动即听时间［J］．辽宁工学院学报，2007（1）．

② 王敦．都市文化空间的听觉性问题［J］．文艺争鸣，2016（10）

③ 李华．非物质文化遗产视野中的声音保护［J］．江西社会科学，2007（8）．

④ 王敦．“声音”和“听觉”孰为重——听觉文化研究的话语建构［J］．学术研究，2015（12）．

乐结合在一起，汉代时《汉书·五行志》就有“榭者所以藏乐器园林建筑”一说。即江南私家园林中的听觉艺术表现不仅包括了自然之声，还包括了人工声源，其中最有代表性的就属古琴与戏曲之声。[①] 声音在建筑空间中的应用，呈现了一类中国典型的美学价值。

声音是可以脱离物体被感知。不见其人可以先闻其声，而一切视觉特性却被牢牢固着于物体之上，视觉特征同物本身密不可分，声音却可以脱离客观物被听到。因而听觉感受未必使人将声音与发声物相联系，它可以独立存在。[②] 这就决定了特定空间中的声音表达本身既可以与空间氛围相融，亦可以具有自身表述的独立性。有国外研究者指出：“音乐，声音和噪声可以被看作是在城市空间和时间上针对特定群体的声音景观模式，并对其社会交往、身体动作，互动产生深远的影响领地。”[③]

广播媒体的空间性建构主要体现在广播语境的建构层面，借助“声音透视法则”来实现。[④]

广播立足于声音传播的特点，根据声音透视的法则，依照个体受众的日常声音经验，建构起密切联系信息发出者与接收者、远距离异时空传播的话语环境。广播声音共振原理是声音透视法则的基础，贯穿在整个传播行为中。

广播的声音共振，可以使听众确认广播中的人物或者事物之间的物理距离和空间环境，就如同电视中的画面一样，只是这种交际环境的确立是通过声音的透视法来建立的。广播的声音共振、反射作用远远不仅仅只是帮助听众确认空间方位。如果我们在广播中听不到声音的共振，那么可能制作者制作广播节目的地点是在录音室中，这就使广播声音如同发生在收听者自己的家里一样，削减或者是弱化物理距离带来的鸿沟，使广播者录制节目的语境适应听众收听的私人环境，虽然传受信息不在同一个语境中发生，但声音质量的类同，弱化了这种差异性，广播对声音反射的技术控制使听众产生了亲密接触的私人媒介的感受。相反，如果广播声音充满了共鸣和反射，听众一

---

① 张轶．王万婷．江南私家园林中的听觉艺术［J］．新美术，2017（9）

② 方丽晗．音乐作为听觉艺术的特性［J］．美与时代，2002（3）．

③ Rowland Atkinson. *Ecology of sound*：*The Sonic Order of Urban Space*. Urban Studies. 2007，44（10）．

④ 部分内容参见孟伟．数字化时代广播语境的建构［J］．新闻记者，2012（3）．

下子就会分辨出，这与家庭的、日常生活式的、现实环境下的声音有很大的不同，这也就使听众意识到这一节目是疏离日常生活的，例如对于广播剧来说，往往使用大量的共振或者是与日常生活不同的洪亮的声音来表现，以此来帮助听众暂时疏离世俗生活的“泥沼”，进入广播剧的意象空间；对于记录现实的广播剧而言，则往往会弱化这种声音的共振，目的在于强调现实感。

广播声音的共振方式也决定着听众与节目之间的参与程度，换句话说，广播节目是以什么样的方式来影响听众，影响听众确立节目与自身关系的方式和交流程度：可以带领听众走入自己熟悉的生活环境，也可以使听众疏离自己日常的生活。广播节目的制作者要研究受众的收听心理，致力于总结不同的声音共振规律，利用共振方式与节目效果之间的呼应关系，满足听众不同的心理需要。

广播独特的声音透视法则，使异时空的传受双方得以建构起独特的交际环境。在广播传播行为中，听众和主持人或者播音员是活跃的交际对象。听众个体的差异性较大，反馈的通道有一定的限制；播音员或者主持人尽管是信息传递中是最积极的因素，但实际上仍然无法控制广播传播中的整个语境。

广播节目内容的意义发生在广播语境中，广播语境的复杂性决定了传播者既要营造广播“节目语境”，也要通过“节目语境”本身的辐射、牵引能力，以及有效地与听众沟通的途径来达到对听众个体“接收语境”的潜在控制，实现广播节目的有效传播。

三、听觉与现代城市文化

20世纪60年代，电视媒体在全球发展中崭露头角。广播借助车载收音机风靡美国大陆。这些媒体大事记与城市文化密切相关。今天，国内广播的需求和发展实际上是以城市消费者为核心的。声音媒体基于实用的目的，节目内容与当下城市生活密切相关。对珍贵的城市“声音”进行记录、整理、研究和传承，可以更全面地感知、体验城市及其更真实的历史与现实，提供新的视角、方法和框架，也为从理性到感性、从语言到感觉、从视觉到听觉重新发现城市开辟新的路径。[①] 城市在发展的过程中，社会个体会产生记录、

---

① 刘士林．城市声音：一种新的城市史与城市文化研究［J］．天津社会科学，2016（5）．

反思和解读城市历史的冲动。这是一种隐蔽但却可以触及内心深处的动力源泉。依托于听知觉并同心理、意识紧密相连的“声音”，是人在城市中每时每刻都不能脱离的感性工具和桥梁，就此而言，“城市”和“声音”的关系自然非比寻常。①

听觉与城市个体之间的关联性亦十分紧密。现代城市文化之于个体而言，在享受城市的繁华与福利的同时，个体的独立性与自主性也被城市文化同化。社会个体试图寻找机会，通过自主的选择屏蔽掉不愿意听到的声音。“噪音”与“耳机”成为一对隐喻，它们对应着最多的声音和最少的倾听——表面上，借助现代通讯、交通方式，人们的社交范围变得越来越大了。但实际上，人们变得越来越急迫地逃回自己物理或心理的“蜗居”。② 城市对个体的消耗集中，也体现在对于主体性的茫然甚至麻木。现代都市生活中，人们不再有心情倾听外界，而是转向倾听自己的小天地，倾听自己内心，甚至连自己内心也听不太清，听觉文化空间压缩到小于自身的程度。③ 声音媒体的门槛比较高，这意味着入耳如新的节目制作很有难度。“音乐进入人们的一般日常生活，融入经济消费大潮的每一个触角，无不含有消费文化的意味。它又成为另一种权力形式的牺牲品——经济权力。”④ 反映城市生活的流行音乐，既是对城市生活的一种表述和展示，也是消费主义追逐之下营造的“梦想之音”。什么是真实？什么是真实的声音？“不但肉耳的听被妨碍和阻挡，心耳的听也因颓废、价值观过度涣散、现代工作方式的机械化、休闲方式的模式化而丧失。”⑤

今天声音与人的关系更为被动。“消费文化的推进，人与声音的关系此时发生了深刻的改变：由传统的人主动选择声音转向声音不由分说地趋近和包围于人，人们在不知不觉中更大范围地加入了集体审美的群体之中。”⑥

听觉传播基于文化视角的重振是当前紧迫的媒体研究的任务。重建主体

① 刘士林．城市声音：一种新的城市史与城市文化研究［J］．天津社会科学，2016（5）．

② 杨震．当代听觉文化的现状与问题［J］．学术论坛，2011（11）．

③ 杨震．当代听觉文化的现状与问题［J］．学术论坛，2011（11）．

④ 刘天韵．声音艺术的传播特点与文化意义——以2007年大声展声音艺术部分为研究范本［D］．上海：华东师范大学，2008.

⑤ 杨震．当代听觉文化的现状与问题［J］．学术论坛，2011（11）．

⑥ 李念．数字传媒语境中的听觉文化研究［D］．桂林：广西师范大学，2013.

的“听知觉”和“声音文化能力”，对于矫正日渐“数字化”和“图像化”的当代文化具有重要的现实意义。①

听觉与城市文化的研究，也体现为“声景”研究。“声景”概念包含以下研究内容：1. 现代技术对声音环境的改变；2. 现代媒介记录和储存声音；3. 人对自然和社会中声音的现实感知等。上述内容以文化研究的路径展开。“声景”概念的提出，不局限于声音媒体思考的层面，而是站在个体人和社会的层面，看到基于一种文化研究的认知角度，声音对于环境的建构以及人聆听声音的意义。

四、听觉与媒介技术

正是媒介技术的进步使得如此众多的声音观念得到实现，传播者利用媒介进行各种声音发声的实验，从中寻找灵感和更深入的创作活动。② 这促进声音产品作品与丰富的个性化需求相对应，特别是对于内在的、本质的、小众化的需求而言。

现代声音技术的发展，为现代音乐娱乐产业的发展和繁盛提供了基本条件和必要支持。而人们对于声音问题的关注，常常以声音本身的社会与文化意义为核心，大都会忽略声音的技术形态对于声音编码的关键性作用。也因此，对于声音的研究会被看作是一种“听觉的研究”。事实上，早在被听到之前，声音就已经被定向处理和编码，并且以适合倾听的方式批量生产。在这里，表面上“被听到”的声音，实际上乃是“制造听觉”的特殊技术政治程序的后果。③ 这意味着技术实现之前的音乐或者声音作品的创作理念，至关重要，直接决定着声音内容的品质和价值观走向。

今天，比之广播诞生初期，媒介技术或者是声音生产技术、声音接收技术空前发达。但是完全基于“悦听”层面的商业化、消费主义的追求，会弱化声音作品表现的真实度和艺术上的穿透力。

---

① 刘士林．城市声音：一种新的城市史与城市文化研究［J］．天津社会科学，2016（5）．

② 刘天韵．声音艺术的传播特点与文化意义——以 2007 年大声展声音艺术部分为研究范本［D］．上海：华东师范大学，2008.

③ 周志强．声音与“听觉中心主义”——三种声音景观的文化政治［J］．文艺研究，2017（11）．

声音技术让声音与耳朵在心理欲望的层面上更为贴合，也更符合倾听的各种要求。“悦耳”变得越来越容易，排斥“刺耳”也变得更加简单。一种所谓的语音中心主义正在暗度陈仓，变成消费主义时代的听觉中心主义，而这种听觉中心主义并不是因为听觉的生理改变而实现，反而是由声音的制作技术完成的一次声音对人的成功“欺骗”与文化“霸占”。[①]

文化批评的意义这一在于反思现代文明与现代技术对于自然、人的自觉天性的遮蔽。基于艺术层面的声音文化研究，多在音乐领域展开。媒体领域，研究声音媒体的文化意义的，几乎鲜见突出的成果。我们有足够的理由来期盼，通过引入“听觉参数”，使得文艺美学、音乐学、社会学、传播学、文化研究、媒体研究和艺术哲学、影视文化等在更加广阔的听觉文化领域交叉互动，针对现代社会的声音图景展开积极的批评。“基于听觉角度的学术思考，不仅从属于方兴未艾的听觉文化研究理论和批评，也是为了对当代社会文化进行描述和研判——而这正是当下人文学术使命的一部分。”[②]

① 周志强．声音与“听觉中心主义”——三种声音景观的文化政治［J］．文艺研究，2017（11）．

② 王敦．“声音”和“听觉”孰为重——听觉文化研究的话语建构［J］．学术研究，2015（12）．胡清波．听觉文化视域下的西方哲学与媒介研究［J］．文化与传播，2015，4（5）．

第二章　广播声音内容创制法则

广播内容是电台与受众接触的直接部分，电台的影响力来自多大程度上获得受众的认可、信任和依赖。广告客户也直接或者间接地依赖于广播内容与受众发生关联。互联网的发展，为受众间接触、传受互动带来了史无前例的媒体便捷，一些基于生理和物理层面的抓取和依赖要素的开发，促使受众对于媒介接触、媒介使用和媒介依赖比以往的时代更为突出。媒体内容与受众的关联度，不再局限于过去“高质量”这个概念的层面，而是与媒介内容的呈现方式、传播方式、互动方式、生产方式、营销模式、反馈模式等密切相关，大大延展了广播内容研究的范畴。也意味着媒介生产者比以往的时代需要考量更多的要素，才能促使广播内容在多媒介竞争，尤其是互联网原生媒体内容的竞争中脱颖而言，富有持久的生命力。

第一节　广播内容质量新解

一、音频内容生产的体系性

从“内容为王”到“渠道为王”，广播在媒体融合的发展道路上，对于内容的态度也标明着广播发展的不同进程。无论技术与传媒环境如何变化，高质量的节目内容，与听众高度契合，高效的产品产出能力，最为关键的是可以实现真正的行业内容制作标准、质量评估标准和市场比价标准，这将预示着音频内容市场的真正建立与健全，是促使电台良性发展的根本，也是从电台工作者的这一端，实现生产力解放的根本。

目前广播节目市场在国内远未形成，包括互联网音频媒体的内容市场依然处于“战国争雄”和标准待定阶段。但互联网抓取受众注意力的能力很强，互联网“爆品”对于短时间聚合受众具有独特威力，颠覆传统广播“抓取”受众注意力的方式。

广播品牌化运营是过去10年提及的概念，但是目前来看电台的品牌化运营仍然仅限于渠道的品牌化运营，品牌营销停留在一个表面的借鉴。当然是否促使广播节目走向市场，并不与音频节目质量和内容前景唯一挂钩。但是在我国广播媒体履行双重职责和双重衡量标准的前提下，这却是不得不正视的现实。

广播内容生产的体系性变革，无法绕开三点：

1. 突破频率内容设计的一般模式，不依照固有的模式去套，而是打破模式，为我所用。模式是为最优化的内容呈现而服务，互联网发展阶段，广播基于频率内容战略，不仅仅需要借鉴全球广播发展历史和现状经验，更需要借鉴中国互联网的最新经验。

2. 对于内容传播对象——听众而言，需要精准定位，持续性长期监测，深挖收听数据背后的细节，掌握听众的动向与内容调整之间的关联规律。若对一个社会阶层的营销，需要从听众的角度、社会需要和社会发展的角度做出顶层设计。中国的人口基数大，即便是小众市场，如果深挖，一样会有令人惊喜的市场机会。何况广播音频内容的战场，并非一个一般意义上的小众市场。

3. 还原广播内容要素的优势，颠覆广播话语“灌输”式的宣传模式，保障广播内容传播的专业性和稳定性，实现广播内容生产和创新的制度化、专业化和科学化。音频内容的传播优势、传播价值和市场潜力，依赖于对“声音”要素的深耕，尊重声音媒体的生产规律，尊重新闻传播的话语规律，尊重媒体工作者的专业性，在精耕声音媒体市场的定位基础上，拓展全媒体和全渠道的传播助力。

二、媒体融合推动声音介质独立性地位的认知

（一）声音介质研究掩盖在视听研究之下

广播声音内容具有与电视节目、互联网融媒体内容不同的一些特点，声音媒介是融媒体传播中最为基本的一个介质要素，特别是在视听结合强势传播的语境下，容易忽略声音介质的一些特性，对于声音介质的研究掩盖在视觉介质的研究之下，客观上把音频介质研究看作是视觉介质研究的一个从属。这无利于音频和视频内容传播的基础性研究，也不利于声音媒体独立价值的发现，以及价值变现，甚至影响到当前广播音频媒体工作者的职业认同感。

（二）广播工作者驾驭全媒体内容呈现方式终极目标是传播效果提升

随着广播融媒体趋势的推进，全媒体形态亦成为广播内容生产工作者可以自由驾驭的内容展现路径，促使广播节目的展现方式更为灵活。与对视觉媒体声画同步的内容形态理解不同，广播的可视化则一度被看作是广播融媒体成果的一种代表。细思量，任何对于媒体内容的终极评价，一定是基于传播效果的，而并非传播者在工具上获得了哪些解放。

媒体发展到今天，不再会因媒介形态的不同，成为判断其优劣或者是效果好坏的条件，因为所有的媒介机构对于媒介形态的束缚、藩篱与限制都已经随着互联网的全面深入而向前发展，媒体融合成为一种必备的标配。

（三）媒体融合不是弱化音频介质，而是为强化音频介质的传播力创造了条件

媒体融合发展到目前，针对业界的不懈探索，我们可能需要理性地回顾一下：全媒体表现样态对于广播界的全面开放，在何种程度上促进了电台内容生产的活力？哪一领域在内容表现上获得了前所未有的成绩？何种程度上扭转了中国社会大众（除了一二线城市的有车人群外）对于广播媒体收听的漠视？换句简单的话，何种程度上促成了大量听众的回归或者是新听众的养成？广播何种程度上成为社会个体每日生活中媒介消费的必备？

目前来看，结果是不容乐观。至少没有想象中那么明显。

那么，我们就要试问：融媒体背景下，是否意味着广播声音的内容形态

可以不存在或者成为视觉内容的一种补充？广播第二媒介（Second Media）的地位彻底落实在内容呈现形态上？是否意味着声音内容生产的独特方式、手段、技巧、功能都可以被忽视？

我们还需要反思：融媒体背景下，广播电台内容生产的革新路径到底是什么样的？未来趋势是什么？哪一种发展的策略是强化了电台声音传播的传播功能和效果？毕竟对于全世界而言，欧美发达国家尚未有取消电台和声音表达的这一基本媒介样态。相反，广播节目或者是电台内容生产仍然遵从基本、一以贯之的媒介形态特定的行业原则在发展着，所不同的是节目制作流程、推广渠道等大力紧跟时代的创新和发展成果。

三、互联网新一轮红利触发音频消费

对于广播媒体而言，无论是新闻、艺术还是广告的内容生产，在融媒体环境下，因声音切入的角度因素，在内容制作、播出等环节与传统的广播内容选题、生产和渠道推广，以及效果评估等各个领域，都发生了很大的变化。突出体现在：制作播出流程的高效、规范、流程化的改进；渠道推广与内容宣发方式和路径的创新。

对于新闻类内容而言，在上述两方面表现最为突出。对于电台而言，承担的喉舌功能突出体现在新闻生产的专业能力和影响力的打造；对于广播文艺类内容而言，体现在内容层面具有商业价值，尽管与视频内容创造的商业价值对比而言，虽经过近期知识付费的“加持”，广播文艺节目仍在市场培育、价值体现等方面不甚理想。但至少，对于发展中的中国广播而言，互联网新一轮改革红利在于：越来越多的人开始注意到音频消费的价值！这与娱乐化为主要特征的视频消费不同，成为互联网上与知识传播、严肃类内容传播离得最近的互联网媒介形态。

这与音频的特点有关，单一的感统方式，限制了对于形态夸示性的展现，限制了普遍意义上社会流行的瞬间引爆，但对个体内心而言，声音媒介形态是留有持久内在影响力的一种媒介形态。无法如视频一般裹挟众人注意力，但是并不代表音频不具有群体性、引爆性和强大的传播效果，只是目前未能得到充分的开发，抑或没有得到大面积的开发，或者开发了但没有得到很好的宣传推广，社会认知度比较低。因此，从广播文艺的发展历史和特性出发，看互联网音频目前仅在头部领域获得一定的盈利收入，就不难想见，今后和未来基于 UGC 到 PGC 的音频内容生产，其路径之艰难。

从目前发展看，广播广告针对整体广播内容而言，是与节目内容产生了某种“对立”，电台 FM 端，如果广告经营得好，则意味着越来越多的节目内容将会被硬广告侵占，因此广播广告在内容改进上，或者节目广告化，或者广告节目化，借以调和广告与内容之间的矛盾；随着互联网的发展，广播活动运营势头看好，这可以看作是广播广告下滑的一种电台弥补行为，也可以看作是广播广告传统方式的一种转型。目前多数国内电台的运营多靠广播活动来支撑，这成为当前的一个突出特点。对于内容生产而言，省市电台的营收压力巨大，一些电台的主要精力用在了一年 300 多场活动中，表面上看电台内容与广告、活动运营之间的冲突不会更为激烈，但实际上也分流了电台节目制作人员节目创新的精力和能力。若电台的广告、活动运营，能够与电台的节目内容服务化、频率的品牌化建设，频率公益活动等结合起来，从电台提升公信力、传播力和影响力的角度，整体布局，则广播、活动与内容服务性研发或可构成良性互动。

四、媒体商业竞争催生内容质量需求

互联网深入发展促使媒介产品空前充沛。消费者对于信息和知识的消费已经足够低廉到随意取用，几乎没有门槛，但质量也堪忧。对于拥有专业传播团队、整体策划和权威推广资源的主流媒体而言，是具有强势机会的，只不过目前与主流媒体竞争的，不仅有各类媒体机构、网络平台、网络应用、自媒体，还有众多的商家、社会机构，以及每一个拥有传播意愿的社会个体。

（一）广播内容深度优质化趋势

随着互联网的发展，新闻和消息来源获得爆发式的增长，这意味着新闻业过去的内容创优和创新标准面临着根本性的变化，特别是大众媒体传统的内容创制规则、程序和评估指数等。广播媒体对于内容质量的要求进入一个新的深入发展阶段。

对于广播媒体而言，以 BBC 为例，秉承“专业就是用某种生活方式、伦理规范、自我意识的身份和对局外人的障碍，将其自身‘水平地’组织起来的职业”①。在今天媒介竞争激烈的环境下，专业媒体的行业价值观和实践规范是其宝贵的财富和后续发力的基础。

专业属性是一个基本的保障。广播内容的深度优质化，来自内容生产者能否以极其专注的精神、极其精致的方式、极其便捷的方式，把凝聚媒体精神和个性品格的内容，推送给用户。新内容生产理念需要建立在对于目标人群进行极致化的追踪分析，对广播竞品和仿品的时时数据分析，对互联网音频内容传播趋势的时时监测，对互联网朋友圈、公众号、论坛最新热点的数据关注等基础之上。

（二）高质量节目的基本认知

以 BBC1 的 *Newsbeat*，和 BBC4 的“world at one”为例。BBC1 的目标听众是 15—29 岁的年轻人，节目重视音乐和音响的效果，主要以鲜活的街头采访为主，节目听起来炫目而亲民。BBC4 的“world at one”是英国典范的广播高品质新闻节目。这里的“高品质”意味着新闻呈现的是信息本身，而不是欣赏广播在技术上可以带听众哪些“奇观”，因此这类节目中音响的辅助国内被降到最低点，避免音响和后期的声音要素加工对于节目内容呈现的影响。

当然，高质量的新闻内容一般不追求声音是否来自专业的播音员，但其内容必须是来自某一领域的专业人士，因为这些专业人士是在表达他们独特的思考和思想。广播当前在新的媒体语境下，对于节目内容而言，迫切需要展开深度优质化的创新。不再只是注重哪一种节目类型的创新，而是应强调电台系统特色的打造。

互联网经济模式为当前传统大众媒体转型发展留足了生存的机会。音频媒体内容生产的成本比较低廉，比较容易复制，这种特点在互联网时代呈现得更为清晰。

近年音频媒体内容付费迎来了一个新的发展契机，甚至很多视频内容也转战音频市场，发展点播的音频业务，作为补齐产品线的重要一环。

对于电台而言，一方面是媒体融合的压力十分大，传统电台需要转换为

① Randall Collins. Changing Conceptions in the Sociology of the Professions. In R. Torstendahl and M. Burrage, eds. *The Formation of Professions*: *Knowledge*, *State and Strategy* ［M］. London: Sage. 1990.

互联网思路；另一方面电台的内容面临着两方面的要求，其一是内容要具有互联网产品特征，其二强调内容产品的专业属性。这一专业属性，要凸显声音媒体的属性，电台专业音频生产的属性，还有互联网基因的属性。

拥有优质听感的节目内容作为产品本身就是广播频率完成的最大的营销，这是广播商业生存的根本。对于内容产品质量的监控以及传播效果的把关，是广播产业化之路的基本环节。

（三）广播内容的高质量管理①

1. 广播质量管理

21 世纪的“质量管理”定义为“各类组织，如企业、机构、大学或者医院等，用以设计、持续改进并确保所有的产品、服务和过程满足顾客和利益相关者的需要，从而实现优异结果的一套普遍的方法”。据此分析，“质量”的核心是产品具有“适目的性”（fitness for use）②，终极目标指向的是满足用户需要，用户满意产品和服务特征的好坏程度直接关涉企业质量的判定，进而引发不同程度上企业效益的波动。

但“产品质量”不等于“质量完美”。质量完美意味着不太考虑成本的问题情况下提升产品质量，却没能带来经济效益。真正质量型的企业，生产产品和服务的成本必须是生产者和利益相关者都能够负担得起的，明确质量、成本和收益之间的关系，在此基础上质量提高带来足够的收入用以弥补新增加的成本。

“质量”不仅仅是质量管理部门的职责，也是贯穿整个组织的责任，质量管理实际上是管理整个组织的核心环节，是企业战略驱动力的体现。

2. 广播质量与广播盈利的正相关性

从用户的角度考量，“质量”意味着更好满足用户的需求；从电台的角度考量，意味着广播内容减少出错，高质量意味着出精品。广播内容产品质量与盈利在这个意义上建立起关联。广播“质量”的含义是成本导向的，即

---

① 参阅自孟伟．移动互联时代的中国广播影响力——广西电台广播现象研究［M］．北京：中国广播影视出版社，2015：190－213.

② ［美］约瑟夫·M. 朱兰、约瑟夫·A. 德费欧等．朱兰质量手册：通向卓越绩效的全面指南［M］．焦叔斌、苏强、杨坤等译，北京：中国人民大学出版社，2014：78.

“质量提高成本降低”。

质量管理理念和措施在现代化企业中是一种共识。广播行业沿用、借鉴企业质量管理需要结合媒体行业的特性进行。电台节目是与受众直接接触的环节，如果这一环节有纰漏，受众流失会很明显。毕竟目前大众的选择成本降低，互联网已经建立起信息生产和检索的大的舆论场。目前事业性质企业化经营的电台，在质量管理上遇到的瓶颈随处可见。

电台内容质量如果成为同行之最，提供最高的顾客满意度，那么电台内部文化的变革和最大程度上听众的满意度，将顺理成章带来经济效益和社会效益的最大化。

3. 三大质量管理原则

2000 版 ISO 质量管理体系创造性地提出了三大质量管理原则：一项关键原则，即“领导作用”，两个基本原则，即“以顾客为关注焦点”和“持续改进”。根据媒介产品的双重出售机制，即内容出售和广告出售，前者关注“信息如何被转化为可在市场买卖的产品”，后者关注的是“受众是大众媒介的主要商品”。领导作用在当前电台发展中，占据重要地位。台领导的思路和方向，直接关系到电台的方向，这在中国电台发展中比较普遍。对于广播受众关注点的研究，特别是建立起基于有效反馈的互动机制，对于电台节目内容的持续改进，具有关键作用。

4. 质量管理的长效机制

质量管理的根本是建立产品质量的“长效机制”。什么是“长效机制”？首先“长效”意味着需要有一稳定的机制，保证产品的延续性和基本的稳定性，而这一机制又不是一劳永逸、一成不变的，它必须随着时间、条件的变化而不断丰富、发展和完善；“机制”是使制度能够正常运行并发挥预期功能的配套制度，它既需要有比较规范、稳定、配套的制度体系，还要有推动制度正常运行的“动力”。

在 ISO9001 标准中，规定企业或者组织应当把持续改进总体业绩当成组织的一个永恒的目标。越来越多的企业和组织已经认识到持续改进的重要性，无论是对硬件产品的质量，还是服务的水平。“持续改进”发展到互联网阶段，则演进为“迭代”这一概念。迭代是互联网内容和技术发展的关键词。这意味着先有后好，意味着用户使用与产品的更新更为紧密结合在一起，意味着社会个体第一时间就可以享受互联网带来的福利。

五、智能化的广播内容生产流程

比较电视和纸媒，广播的特性是“快”！这与广播节目的生产方式和流程简化密切相关。但目前广播的这一特性，正在被互联网的新闻生产方式所颠覆。近年来广播媒体在广播内容生产流程上积极探索。

（一）人工智能与广播采编播技术的突破[①]

2017 年 12 月 18 日湖南人民广播电台和科大讯飞建立“AI + 新广播技术联合实验室”。该实验室利用 AI 语音自动翻译（ASR）以及语义识别功能技术，根据当前广播采编系统的基础环节，设计出基于 AI 的中文语音文本智能编辑系统。这一技术的突破点在于：广播编导可以通过文字来编辑语音，同时利用上下文已有的声纹情感信息对剪辑处进行智能修饰，达到语气语义过渡自然的目的。换句话说，音频编辑不再需要逐字逐句的进行音频监听，而是通过机器将采访内容的声音转成文字，直接在文稿编辑窗里进行文字剪辑，再通过文稿时间戳子系统在文字窗口和对应的音频窗口位同时打上剪辑标记，交由 AI 人工智能算法对整篇文字进行一遍语义识别，在剪辑点位以及语义的转换点，自动进行一遍降噪、延时和淡入淡出等语音信号处理技术处理。[②]这样处理后的初稿大量减轻了编辑人员在语音翻译和信号处理上的工作量，这对于提高音频编辑的工作效率，特别是提升新闻发布的时效性，具有开创性的意义。这也意味着，未来优质的音频内容可以实现海量工业化生产。

湖南台由上述技术延展为“虚拟主播”应用。采用人工智能算法技术提取主播人声特征，利用声纹识别技术来合成语音，模拟主播的语气和语感，达到逼真的效果。目前湖南台提取建立了 4 位主播的人声特征，在应急新闻播报中，大大提高了采编播的效率。

---

① 参考 2018 年 5 月 16 日湖南台调研相关资料。这次调研是由央广总编室组织，《中国广播》和中国传媒大学参与的“智慧广播”调研活动，笔者参与了这次调研。

② 牛嵩、唐炜．基于人工智能的中文语音文本智能编辑系统的设计［J］．广播与电视技术，2018（4）．

以一场90分钟的发布会、800—900字的稿件为例。

原流程：采访（一上午，1.5h）——从发布会赶回电台0.5h——听同期声0.5h——听写文字（10分钟，如果复杂的话需要1比1的时间）——非编（5-10分钟）——写稿（0.5h）——新闻稿三审（1h）——找主播、协调机房配音（0.5h）——合成音频，播出稿终审（1h）

现流程：采访+音频文字同步编辑+写稿（一上午，1.5h）——/——/——/——（——新闻稿三审（15分钟）——虚拟主播（5分钟）——合成音频，播出稿终审（15分钟）

对比可见，原流程需要5小时50分钟左右，现流程需要2小时5分钟左右。节约时间3小时45分钟左右。

现流程耗时约为原流程的30%。

稿件越复杂，节约的时间越长。

引入人工智能技术后，对广播行业内容生产流程改造，会让内容生产的成本降低。优质音频海量生产成为可能。[①]

目前，业内绝大多数的广播内容生产流程如下：对于新闻类和语言类的广播节目，①使用录音笔进行采访。②导出音频文件，花大量时间监听同期声效果，听写文字。③在非线性编辑软件中，剪辑波形文件。④写广播新闻稿。⑤新闻稿三审。⑥新闻稿配音合成。⑦播出稿件终审。传统广播电台、电视台的语言类音频内容编辑，主要是利用通用的音频编辑软件实现（如audition、cool edit、samplitude等），此类软件本身没有同步文本编辑窗口，需要完全依靠人耳的听觉控制来进行人工剪切和修饰，效率及准确率不高。[②]

（二）电台集中资源攻坚生产作业方式的探索

近年来，广播媒体内容集约式、流程化生产的探索很多。例如，电台“中央厨房”探索，这一探索是指各个频率、节目共享共建的加工平台及其工作机制。由总编辑统领，栏目编辑向专业化分工的记者指派节目需求，专业化分工的记者向编辑提供节目素材，所有想法和创意合作共享，每个工作

① 湖南台内部资料。
② 同上。

流程公开可见。尽管自2014年以来，从报业到广播电视行业着力研发的“中央厨房”方案，经过几年的实践检验，因行业阶段、体制发展等比较复杂的问题，预期实现的报道流程平台化、报道内容定制化、报道形式可视化等实际效果有待未来商榷。

（三）广播新闻采编业务流程重构

2014年9月26日，中央人民广播电台向中宣部申报中国广播云平台项目，这是央广媒体融合重点工程建设项目。中国广播云采编平台将用户分为节目部门主任、编辑、公共部门（即采访部门）主任、记者四种角色，每一种角色都有发起报题和写稿的权限。如遇特殊情况，还可使用紧急报题写稿模式，直接指派节目、主任审核，迅速发稿播出。

云平台项目是对过去采编系统的改造，利用互联网思维，结合（移动）互联网+、大数据、云计算等新技术，对新闻采集、报题、写稿、编稿、审稿、发布、日播单、串联单、绩效考核等采编环节重新思考，立足广播特点，重构了中央台新闻采编的业务流程，打造一体化的云采编平台。汇聚以互联网热点预测分析、新华社、路透社、BBC、CNN、手机网站线索、移动端线索汇报等为主的公共互联网新闻信息，中央电台各频率编辑记者、地方记者站、地方电台记者、行政通讯员、签约观察员、国家应急广播预警适配系统等为主的政府公共预警信息，将传统广播新闻采编业务与新媒体新闻发布业务无缝衔接起来。①

（四）阿基米德的广播融媒体转型系统解决方案

上海阿基米德是由传统广播人发起、成立、运营的新型互联网广播融媒体平台，是唯一一家电台主导发起的互联网音频平台。阿基米德注重从广播内容出发，平台上已聚集超过16000档节目（其中上海324档），内容涵盖音乐、新闻、公开课、生活等16种类型，迄今吸引下载用户达4000万，用户年发帖量超1亿条。

阿基米德坚持为传统广播电台提供向新媒体转型的系统化方案：包括随

---

① 李向荣、干劲．立足广播行业 创新融合发展——关于中央人民广播电台中国广播云平台建设的思考［J］．新闻与写作，2016（8）．

时随地可以启动的手机直播系统；用户和主播可以方便地进行短音频剪辑、直播交互、短视频呈现的网络平台；推动微信、微博等平台上主流媒体内容的快速裂变传播；自主研发的数据分析系统，为广播打造包括内容与受众，转变评价标准等指标的全数据科学分析体系。阿基米德初步实现了产品、广告、消费的完整闭环，推出了对接传统广播的新商业模式。

阿基米德自主研发出八大广播融媒体必备系统：媒资存储系统、音频处理系统、手机直播系统、内容管理系统、用户管理系统、数据分析系统、活动营销系统、广告变现系统等，实现广播全行业融合转型。

六、融媒体广播内容评估体系

传统广播的评估方法是基于广播节目的线性传播模式而设计，通常采用节目收听率、专家和听众评议，兼顾投入产出比和制作等专业性质量评价。这种评价方法，评价的重点在于节目的传播效果，也就是听众对节目的线性收听维度。今天广播收听不限于传统收听终端、车载收听终端、PC 收听终端，大量表现为手机智能收听终端，呈现为网络化收听的大趋势。

过去困扰传统电台的地域、波段、辐射范围不再是问题，全国数千家优质电台可以跨平台聚合呈现。尽管存在版权和授权的纠纷，但从用户的层面看，的确实现了从传统广播向网络平台的延伸与转换。

手机 App 上用户使用音频内容的行为可以存留在平台，每天什么时间有多少人收听了什么节目，收听时长是多少等被精确记录存档，实现精准的用户追踪。传统收听率分析调查往往需要一定的时间，且主要反映听众的到达和规模，无法准确了解活动或节目推广覆盖了多少渠道，参与了多少人以及具体效果。科学、准确的数据评估手段，对于电台节目转型创新，对于为受众提供准确、优质服务等方面，具有重要的参考价值。

目前，广播节目网络传播效果评估在指标设置、各个指标所占比重等尚未形成统一认识。广播节目传统评估体系与网络传播效果评估的融合、转化程度在各地电台的应用也不一样。

第二节 解放广播频率渠道唯一性

过去传统意义上的广播电台，节目表是引导受众收听的唯一方式。今天互联网为电台的多平台、跨区域分发提供了可能，实时收听广播与点播收听均为重要的节目接触方式。那么过去从频率角度来看，轮盘式、大板块直播流、碎片化等编排模式，今天均不再具有绝对性和唯一性。频率整体风格和频率精神，比过去更强调可识别性；同时频率的具体节目策划和设计，将更重视全媒体的立体传播格局和传播效果。

一、广播传播渠道变革

（一）无处不媒介的解构力量

今天企业都在走媒体化趋势，没有媒体能力的企业很难生存；社会个体人人都可以传播者；互联网上有取之不尽的媒介信息资源；互联网也开创着前所未有的新经济模式……这一切预示是“无处不媒介”时代的到来。

不稀缺就谈不到媒介资源的价值。对于媒介平台而言，对于今天所谓的“媒体资源”而言，从技术的角度是“无限供给”，因此传统的媒介理论面临重新定义。只要能搭载信息的都是媒介。从“即插即用”到现在“即用即走”。用户不用关心是否安装太多应用的问题。应用将无处不在，随时可用，但又无需安装卸载，小程序正体现了这种应用，也是“去中心化”的一个突出代表。在微信里不可能有一个分类、排序、推荐存在。不用订阅的方式，避免垄断，可以增加活力。为什么淘宝好玩儿？价格便宜，什么东西都可以淘到是表层的理解，新陈代谢的流动性强是根本。

去中心化让人很容易想到 AI。人工智能并不是作为人的身外之物，去使用具有智慧的机器工具这样表层的理解，而是内化到我们的行为中来。内化到我们的社会关系中来。是从本质上进行突破的，然后才是形式上的机器智慧。

（二）广播受众的互联网化迁移

北有快手南有抖音。今天的中国互联网全民传播成为一种现实。回溯播客崛起，中国播客发展并不顺畅。我们在探讨原因的时候，可能会归结：非国企背景出资的政策限制和网络视听许可证的管控，也或者说是中国硬件终端的发展未与需求匹配，或者归结为资本的野蛮进入等，还有一种潜在的声音：与中国文化背景有关。归结为中国老百姓含蓄性格，网络分享、互动的主动性不足。后来微博兴起，多少也是一种印证：尽管微博一改播客的萧条，引发大量用户的参与热情，但也有人说微博在中国的火爆，更像是“小道消息”的传播。随后微信强势推出，成为中国互联网应用成功典范。中国移动互联网的社群传播概念势如破竹，随后互联网直播和短视频在近1—2年内的迅猛崛起，让人不得不感叹：哪有含蓄的民族性格，只是互联网分享和互动功能的开发时机未到，社交的本能未被激发，大众网络展示的功能条件未充分……随着知识分享、知识付费的推进，音频内容消费近 1—2 年开始流行，这不由得不让人对音频内容的未来产生某些向往。

对于广播而言，其视为核心的 FM 频率的收听主战场将被分流，我们不能无视这样的存在，但这同样不等于可以忽视频率内容和频率渠道的建设，这是电台的核心竞争力的起点。对于频率内容建设，秉承两条并行的发展原则：解构传统频率的唯一平台束缚；建构互联网平台的新战场和新渠道。解构与建构之间形成一种互为倚重的配合。

（三）亟待开发的广播点播、回放、集成式收听功能

对于广播而言，一般披露信息类的节目，重复收听概率不高。目前用户普遍反映，缺少第二次收听渠道，或者在网络资源中目录埋得过深。音乐、相声、小品等，包括影视同期声、评书、故事、助眠音乐等广播类别拥有突出的商业属性，且可以实现同一内容的多次收听。对于目前的受众而言，开车中收听某个节目很感兴趣，下车后听不成了，很想接着听，但很难找到入口，无法实现一键操作。电视的延迟点播和回听功能开发很便捷，也吸引了很多受众多次观看电视同一节目内容。

二、广播节目流的品质理念①

（一）有意注意收听和无意注意收听的受众

传统上广播节目的有意注意收听和无意注意收听的受众是很难区隔对待的，尤其在一些兼具知识性、信息性和娱乐类的节目中。通常而言，新闻类信息通常有意注意的受众多一些，但二次回听消费的受众较少；对于音乐类节目而言，往往都是无意注意收听居多，但二次回听机会较大；对于谈话类节目而言，则介于此二类节目中间。无论哪类听众，广播音频媒体内容的“听感”好十分重要。如果把广播外在呈现的整体状态作为一个考量的课题，那么“节目流”研究则是不可忽视的部分。

近期，互联网掀起音频付费的一个热潮。付费音频产品在理论上说，用户一般是有意注意收听的。同样很多网络电台也在长足发展广播“伴随性”媒介特性与优势，例如“夜听”类的助眠节目等。

过去广播受制于营业额、交易额的限制，广播模式的开发很粗浅，几乎没有知识产权的保护，地域限制导致被复制、抄袭盗版的可能性频繁，因为营业额低，也不会有人太过计较，但实际上形成了一个不鼓励创新的负循环。②

今天频率内容呈现模式的创新，不仅仅需要考虑市场和频率本身的营销能力，更需要考虑频率负载的内容呈现模式，如何在海量信息中，促使广播节目内容，以及频率形象脱颖而出，“先声夺人”。

（二）节目流中的“听感”概念

节目流内容最突出的特征是提供了一个稳定、恒定的“听感”。今天很多音乐类或者是文艺类的频率，对“听感”的要求上升到如此重要的程度，甚至与对具体节目内容的要求放到同一高度。对“听感”的高度重视，是对广播伴随性功能的一个认同，在目前多媒体激烈竞争的时代，广播的非视觉化可以实现对听众无时无刻的伴随，因为广播可以具有较少打扰和介入听众其他活动的优势。

听感是频率整体的节目内容呈现，最终可以实现与听众的“情感互动”

---

① 孟伟．移动互联网时代的中国广播影响力——广西电台广播现象研究［M］．北京：中国广播影视出版社，2015：70－71.

② 2014 年 8 月 7 日广西人民广播电台经济广播（女主播 970）总监黄海访问。

和“情感共鸣”，无论针对的听众是大众或者是小众，节目内容不要大而全，而是要在稳定恒常的节目流呈现中，偶然间一字一句直击心灵内部。

当代社会人们沟通的方式越来越便捷，最本质的、内在的、感性化的沟通实际上是匮乏的，个人的边界越来越清晰，却没有使人与人之间相互理解同步被加深。广播不是必需品，是给生活添彩的，对人而言是温饱之后的媒介伴随物，给人的是精神层面的，不是具体的吃喝拉撒。

“听感”是由主持人呈现的。声音可以塑造内心中的形象，但是声音本身是没有形象和色彩的。这就要使主持人与“听感”的塑造产生直接的关联。要注意话筒前人声处理的标准，从音频的音量、响度、频段和动态平衡等几个技术指标上，寻找与广播主持人声音匹配的点。

（三）节目流与细节

“节目流”内容如何做到精品化？目前随着媒体竞争的加剧，受众一些微小的收听习惯上的不适应，听众就会离开，手机用户就会卸载这个 App。多数用户一接触内容，感觉上不好，就不会再给听下去的机会了。新媒体传播不是按照信息匮乏时期的重要程度来进行度量的，媒体间的竞争越加体现在微妙细节上。现在，对于广播一线主持人、编辑记者考虑更多的不是怎么留住听众，或者使其受到怎样内在影响，而是如何在几秒钟之内不会被听众淘汰，失去影响听众的机会。广播内容不是足够优秀的时候，广告主和听众一定不会向广播聚拢。听众尽管短期聚拢了，市场的敏感度也不会持久聚拢。

（四）场景化中的“节目流”

“场景化”对于高质量内容而言是一剂拯救的良药。场景化必然催生听众立体化需求。“场景化”在信息传播的层面有三个理解上的核心点：其一，媒体边界消失，无处不媒体；其二，信息内容紧紧围绕个体需求生产；其三，信息内容与个体需求之间没有间隙，以人工智能为技术基础，并具有信息使用和消费的唯一匹配性。

回到广播媒体。媒体内容要满足用户的“刚需”，过去的理解是“平面化”的，也就是说满足用户的需求，现在的理解要更加“立体化”。也就是说用户的需求是在特定的场景中的需求，或者说在某一个场景下与广播节目收听密切连接在一起了，在这个时间段、这个情景下接触广播媒介被培养成一种天然的需求，而且内容一定是为用户“定制”的。

（五）节目流的资讯转化

如果说听感是一个频率所追求的整体感觉，那么这种整体感觉需要由一个一个的节目构成，最终构成整频率的“节目流”呈现模式。对于听众而言，收听“节目流”内容是以浅收听的方式进行，但是这并无意味着广播提供的内容是简单的、肤浅的，甚至是粗制滥造的，相反，因为尊重并依赖听众的浅收听，就更需要在听众无意注意，随时接入、终止收听的状态下，达到在不干扰听众其他活动的情况下，最大程度上发挥伴随性的功能，实现广播声音环境的再造，达到传播入心的目的，产生收听黏性和依赖。

如何把内容做到随时介入收听有兴趣，同时连续持久收听又有听头？这是困扰欧洲广播理论界的难题之一。对于中国广播业界而言，情况更难。遇到的是处于发展中社会的前所未有的海量听众的需求。五年前广西电台女主播频率做出了有益的探索：频率决策层决定把资讯改为线性小单元节目，形成录播、直播和混编相结合的固定模式，把格式化与版块化的制作技巧进行混合应用，这样既保证了节目更新的速度、信息量，以及原创的新鲜度，也促使在现有人员数量和能力条件下，制作出最优化的节目内容。

（六）节目流的碎片化设计

“节目流”的内容并非是大块的音乐流或者是平淡、水话连篇的主持人连续讲话。节目流的结构单元，可能徘徊在10—20分钟，这个时间段刚好是二三线城市的一个基本行车阶段。这些碎片化的单元内容构成了节目流的内容组成，同时用节目的链状整合，一定程度上弥补“碎片化”带来的对媒体内容分散传播的风险。这一“链状整合”，往往需要进行大量的前期策划，用整体策划的能力形成节目前后的张力；同时借助“品牌识别”的方式使“碎片化”内容贯彻在统一的频率形象中。例如贵州交通广播，频率着力打造“阳光”这个精神符号。全频率设置“小蜻蜓”声音形象作为路况播报的标识，阳光小蜻蜓的声音辨识度很高，发展为频率的公共符号。该频率研发的微广播剧《我是柳叶眉》以每天60多次的插播方式，构成强大的频率“链状”结构。①

① 刘述平、赵瑜．从塑造人物群体形象谈微剧的发展——以贵州交广《我是柳叶眉》为例［J］．中国广播，2017（1）．

三、广播内容的沉浸式传播[①]

声音具有天然的情境化传播特征，例如密室逃脱游戏中音乐一响起，玩家就会一瞬间进入某种情景中，声音的构型能力是声音的强项。对于目前大热的短视频而言，大量借助特定的音乐形态，达成用户某种“不可自拔”的收视状态。

（一）沉浸式传播与“心流体验”

沉浸式传播要追溯到20世纪60年代的“心流体验”研究成果。沉浸式传播以泛在网络为核心，重构了传播的第三空间，让物质空间与精神空间、心理空间与情感空间、真实空间与虚拟空间、真实空间与想象空间融为一体，沉浸式传播由此发生且具有了所有上述空间的特质。[②] 交互叙事、符号化叙事、碎片式传播、虚拟现实技术形成的在场、互动形成的注意力独占等都成为沉浸式传播的要素。

追本溯源，沉浸式传播与虚拟现实技术的发展密切相关。电子游戏作为一项庞大的文化产业领域，玩家是典型受到沉浸传播状态影响的一类特殊“受众”，他们更容易被情绪、情感等非理性因素所诱导，导致非理性行为，往往以身份鲜明的“社群”方式聚集、活动和交流。[③]

声音媒介的特性，具有鲜明的入耳入心的特点，通过听觉沉浸可以营造让“广播听众”达到“沉浸”的状态，提高传播的效果。这或许可以作为传统广播内容创新的理论基础。

（二）广播的沉浸式传播发展

1. 广播传播内容生活化

随着新媒体技术的普遍应用，对于社会个体而言，“信息场”正逐渐变成“表演场”，是“讲故事”，看“故事的”地方，信息传播从较为正式的

---

① 参见孟伟．互联网＋时代音频媒体产业重构原理［M］．北京：中国广播影视出版社，2015：126－136.

② 参见李沁．沉浸传播——第三媒介时代的传播范式［M］．北京：清华大学出版社，2013：54.

③ 孔少华．“沉浸传播”视角下的受众“非理性”行为及其控制研究［C］．中国新媒体年会2014.

语境转向日常生活语境。[1] 社交媒体信息流的不间断性包裹着社会每一个体。

广播内容与人们的日常生活密切相关，广播本地化的特性过去被认为是制约广播跨区域发展的弱项，但换一个角度，今天则成为广播更加贴近受众的一种优势。广播贴近受众的收听心理，是对当下百姓现实生活的一种反应，或者是对非现实生活的一种实实在在的憧憬。基于日常生活内容建立起的广播“沉浸式传播”语境，与电子游戏同现实生活无关联的“沉浸式传播”表面上看，似乎毫无关联，但是电子游戏的沉浸感往往因不具有与现实生活直接的关联，而备受社会的诟病，电子游戏玩家因之也承担了巨大的社会压力；而广播媒体建立起的“沉浸式”语境，立足于日常生活，借用了游戏中的激励、互动等核心概念，通过沉浸式的传播模式，形成社会个体之间的互动，并形成真实的社交关系和社会活动，甚至与日常生活的实际需求联系在一起，因此更容易为大众接纳。

2. 广播的“沉浸式传播”语境

广播可以通过节目元素的设计，调动听众的内在动机与外在动机，提升听众参与感，设置“沉浸式传播”语境：

借力设计节目游戏元素。广播主持人要设计好节目中的“游戏”元素，“游戏”是一个广义概念，更多强调节目设计的轻松感和娱乐氛围，更易于听众产生“带入效应”。

设计合理、公平的激励机制。参照游戏的激励机制：“参与游戏—反馈奖励—排行榜再次激励——反馈机制建立”。听众在整个过程中享受到参与和竞争，以及及时反馈的乐趣，从而易于形成听觉沉浸。但需要注意的是，广播节目中的游戏元素或活动环节中需要公开透明，公平公正，并且具有延续性。一旦破坏了游戏的规则，对于广播来讲，不仅会流失大部分听众，同样会给广播自身带来信任危机。

推动听众内在参与动力。富有经验的节目主持人能够很好地将节目的叙事与游戏的节奏感结合起来，将节目高潮与游戏语境结合起来。电台从来不缺少对于听众的各种福利，但是这些小奖励需要纳入节目内容元素中，与听

---

① 孔少华．“沉浸传播”视角下的受众“非理性”行为及其控制研究［C］．中国新媒体年会 2014.

众的收听节奏和内在动机契合在一起。

（三）传统广播建构“听觉沉浸”的途径①

1. 运用社交媒体实现电台的社会化传播

社交媒体门槛和成本低，对于电台来说是扩大电台宣传与影响力的新型营销手段，并借此带动更多听众参与到电台节目中。社交网络的革新者正在重塑人群关系和传播模式，对于广播媒体来说，充分利用社交移动媒体的新工具，可以进一步发挥庞大听众群体的优势。目前，电台正借助微信开展抢红包、答题奖励等活动，实践证明的确激励更多听众参与到电台活动中来，实现互动多样化，扩大了传播范围。

2. 利用互联网交互工具营造“广播沉浸式传播”语境

当前人们获取信息的方式具有移动化、交互性的特点，对于移动手机用户来说，移动设备的屏幕小得多，这就要求用户在滚动屏幕的过程中，临时记忆的信息增多，网页的浅阅读特性恰恰减少了繁琐的记忆习惯。在简化信息获取方式的同时，也对简化的分享方式或者工具提出了新的要求。在互联网发展中，印证了没有比以“用户为中心”更重要的传播制胜原则，因为用户的易于接近，是用户易于进入“沉浸式传播”语境的第一步。

3. 广播沉浸式传播语境中的口碑传播

在广播电台数据后台中，听众的行为轨迹、用户偏好、使用习惯等都是广播电台可以用来作为了解听众、细分听众的可靠依据，目前这一方面的应用刚刚起步，最大的障碍是过去电台未能建立起自己的听众数据库或者数据分析平台。如果这一点得到突破，意味着广播主持人可以利用听众大数据的科学分析，实时了解听众的动向和需求变化，更有针对性地评估听众的收听趋势，在此基础上进行节目创意。

4. 为个性化听众提供的个性化激励服务

目前，电台主持人的嘉奖或微信点名等形式都是对于忠实听众的某种激励，忠实听众可以自愿而无条件地成为电台或者节目的传播者。对于听众来说，激励措施的根源仍在于吸引听众的节目设计本身，在此基础上，电台把

---

① 参见［美］卡迈恩·加洛．黏住顾客：Foursquare 如何打造忠实客户群［M］．陈丽芳译，北京：中信出版社，2013：60.

听众从大众的身份，转化为小众身份，直至可以实现个体对象化的关注，当然这种关注本身不仅仅是表层的互动关注，更重要的是可以预先满足听众的个性化需求，这些个性化需求是在刚性的基础性需求基础上建立的；同时个性化的需求也可以通过预先的社会潮流监测，或者是针对小众人群数据分析基础上的一种预先把握，重要的是体现出预先且最充分地满足听众潜在需求的心意和能力。当然电台作为大众传播者，可以有一种特权——可以通过定向宣传，左右和引导听众人群的关注趋势和走向，对于这一点，电台要慎用。

第三节　广播数据化内容生产

“数据，不仅仅是信息时代的新产物，也是数字工业、金融业和商业变革的核心。就其精髓而言，它更像是真相与事实的集大成者。”① 对于传统广播媒体而言，不仅具有声音传播的通路，同时互联网平台亦为全媒体传播提供了必要的平台。主流媒体的专业生产能力在高质量新闻内容的生产中，具有绝对的优势。高质量内容，在于新闻从业者能够在当下信息泛滥，数据报道概念炒作中，借助新兴的技术手段和资料，更逼近事实的真相。

广播媒体的数据化内容生产可以促使新闻报道更加开放，并与优秀的广播新闻报道传统结合，“必须要有专业的结构化数据做支撑，才能保证新闻报道的客观性和真实性”。② 搭建高品质的数据库十分重要：一个公共数据库，来自政府和机构；一个是媒体资料数据库，来自于新闻报道素材；一个是受众的个性化数据，目前主要是来自社交媒体和移动媒体。本节在论述中结合央广时政报道的品牌栏目《习近平讲话【原声】》，探讨广播数据化节目生产的内容创新的做法、意义和前景。③

---

① ［英］西蒙·罗杰斯．数据新闻大趋势：释放可视化报道的力量［M］．岳跃译，北京：中国人民大学出版社，2015：13.

② 同上书，2015：1－4.

③ 该作品为央广中国之声时政采访部、新媒体部制作。有关节目分析的部分内容参考该节目制作团队的内部材料。

一、广播节目资源的数据开发

（一）媒体内容资源开发

比较互联网媒体，广播的优势之一在于，媒体累积的内容资源。这是互联网的短板。一条、头条等是从纸媒聚集人才进行整合开发，借的是传统媒体人本身带来的内容资源。

国家主流媒体内容资源如何转化和使用十分重要，在执行的层面应该谨慎。遵循“市场需求＋社会燃爆点＋目标用户调性筛查”等互联网投放内容的运营规律，研发广播内容资源集群式的互联网化表达，最大程度上焕发内容资源的价值。单一作品探索形不成气候，现在是需要集体发力的好时机，抓住互联网音频尚在成长期的关键点。

把广播内容看作广播互联网化表达的生产资料，追求内容的多元、多次、长效开发。这是广播媒体比较互联网原生媒体的优势所在。

央广《习近平讲话【原声】》作为典型的案例，以电台记录下的珍贵资料为核心，辐射电视和纸媒的相关资料，建立数据库，在此基础上，进行符合互联网传播规律的一种内容表达创作，这是新时代广播专业性的一种能力体现：对资料和媒体资源进行手工研判，把研究、调研、采访等多种对材料的专业化处理手段结合，锻造出具有独特互联网化传播价值的内容内核。这种新的工作方法，经过实践检验后，进行基本操作流程的固定，成为新广播迈入新时代的行业操作手册。

（二）声音资源的开发

电台的声音资源开发，是一个系统工程，需要台内策划，项目组实施。央广《那些年我们一起读过的课文》系列广播节目，创意独特，是针对广播媒体专业声音资源开发的一种探索。广播是一种情感媒介，更长于焕发具有年代感的长情，因为伴随着个人记忆。对于主持人声音的开发，主流媒体区别于自媒体的特征，在于挖掘专业的优势专项，“加持”自媒体流行要素，投放到大平台，获得更为广阔的传播效果。

针对于此，广播研发部门今后应重点研发互联网声音需求在整体调性上的新趋势，打造重锤的作品，为主流媒体的强势地位奠定，打下基础。

声音资源的开发，重在电台内部整体资源的打通，并基于电台、频率或者项目组交叉的大视野，进行整体的内容资料库建设、节目创意和渠道推广的设计。

（三）主持人资源的开发

有效开发各类主持人的个性资源潜力，为其找到发展的方向，加大新媒体创业的扶持，为了留住人才，更为了开发电台的资源。迫切需要建立人才的孵化平台，政策、资金、创业评估和创业辅导等保障到位。

基于互联网传播的“夜听”类节目，最近一年点燃互联网音频消费市场。音频内容为社会提供了个人情感情绪舒缓、纾解的释放平台，这是互联网过度使用“用户”的一个“后遗症”的反应。音频内容的“治愈”效果明显，虽没有视觉消费冲击力大，但听觉媒体的机会也就来了。

广播媒体在机制体制改革的前提下，调动起广播内容生产者的积极性，可以跟随这一新的潮流，以互联网用户为主要目标，进行数据细化后，开发主持人个性资源，更可以设计引导“爆款”产品的生产方向。广播主持人资源是一个富矿。个人的价值感在组织内得到体现，系统外的诱惑也就不是一个事情了。

二、广播时政新闻内容创作的突破

《习近平讲话【原声】》（以下简称“【原声】”）是央广原创首发的节目。应用融媒体节目创作理念，采用总书记原声加工而成的时政报道作品集。是中央广播电视总台央广中国之声时政报道媒体融合的全新实践。2016 年 10 月至 2018 年 6 月，中国之声微信、微博推出【原声】系列报道近 350 条，阅读量超过了 9000 万。根据大量后台留言、评论显示，现在许多网友们看到【原声】第一时间会明确表示：“总书记的声音来了，我打开就能够听到”。

将时政内容发布于新媒体平台，有着诸多严格标准和要求。不仅在采编阶段需要集中投入人力物力，内容的审核也会占用大量时间。音频媒体内容不需要等待时政通稿的图文转换，不会出现视频在发布平台中漫长的转码时间，可以第一时间到达受众。这是音频内容传播的优势。同时相较于直接展现通稿文字，总书记的原声更有感染力，易于受众接受及传播。以声音为主体的时政新媒体内容具有先发优势及灵活性。

【原声】节目组根据总书记原声开发微信图文、视频、H5 等作品集合，以总书记声音元素为主旨，同时形式不局限于听声音。包含三大部分：①微信报系列（总书记日常活动的原声及图文呈现）；②根据重大新闻事件策划（如党的十九大期间的《【原声】听，习总书记的话》、《【原声】一日一课》）制作的交互式 H5 产品；③视频剪辑等。系列作品适于广播传播，更有利于网络传播，同时还保证内容推出的时效性、准确性，扩展了央广时政融媒体报道的影响力。《习近平讲话【原声】》作为一档高质量的创新作品，其传播效果来自于高效、权威的数据支撑系统。

该系列节目被央广网“习声回响”、人民日报公众号和学习小组公众号等权威媒体网站、公号多次采用转载。“原声”系列的报道内容、标题、微信头图等被众多微信公号转载。

三、基于新技术支持的时政新闻制作流程

【原声】节目组集中整合多种技术手段，优化内容生产发布流程，确保时政新媒体内容在安全、确保实效的前提下，研发利于传播的作品，摸索出一套高效的【原声】系列制作流程。从内容采集、编辑、校对到发布，均有涉及。针对时政报道的特殊需求，节目组成员还自行设计了时政内容更新检测、微信后台更改监测等软件，为内容制作提供有力支撑。

一个标准的【原声】微信是这样生产的：在第一时间收到前方记者发回的纸质新闻通稿之后，新媒体编辑会进行专业的光学识别，将稿件图片变为可以编辑、排版的电子文档，然后进行一次机器校对，二次双人工校对（两位新媒体编辑同时校对）然后新媒体时政小组进行头图、排版、标题等快速设计。预览成型后，进入中国之声时效新媒体审核（五审制）流程，在最短的时间内保证稿件安全，最后进行内容发布。

为了新媒体编辑第一时间发现时政信息。央广自行设计了时政内容更新检测及微信后台文章更改监测软件。前者从新华社微博、客户端、网站等多个权威渠道抓取与习近平有关的时政报道内容，每两分钟更新一次。而一旦发现有新内容产生，系统通过推送、邮件等多个方式通知时政编辑及审核领导。后者在微信文章编辑完成到发送之前，每半分钟监测一次文章内容情况，

一旦发现被更改则告警，避免因平台出错或编辑误操作造成差错。[①]

这一生产流程的确立，如下图 1，确保央广的时政报道在中央媒体的新媒体阵线中第一时间发声，树立起广播权威声音品牌，在互联网上打出“国家领导人声音报道”重磅标签。

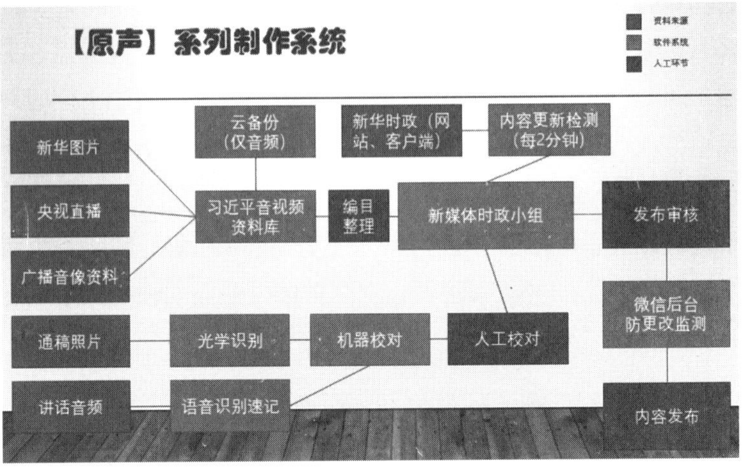

图 1 【原声】系列的制作流程[②]

四、基于高质量资料库的时政新闻素材筛选

在制作【原声】H5 及视频时，节目组需要大量新闻资料。为此，新媒体时政小组成员自建了“习近平音视频资料库”，收录 2012 年后至今的央广、央视、新华公开播出的习近平音视频资料，并进行编目整理工作。自主设计制作了一系列新媒体交互式 H5 产品，即做到“好听”，又具备“强互动”的元素。资料库内容部门内共享，重点维护的声音资料设有云端备份。

例如：在 2017 年“习特会”期间，中国之声新媒体推出的 H5 拟真微信文章问答页面，将习近平原声变成一道道“听力题”，并在官方微信公号上推出。让网友在虚拟的微信文章界面中直接体验答题交互，并辅以正确错误的反馈、现场视频、图片等方式，加强受众对中美元首会晤的认知。又如在十九大期间，中国之声新媒体推出的《习近平声音相册》系列，以用户喊语

① 该内容参考《习近平讲话【原声】》节目制作团队的内部材料。

② 《习近平讲话【原声】》节目组制作。

音口令解锁的方式，层层闯关，探索习近平治国理政名句名言。2018 年除夕上午，央广利用“习近平声音资料库”中历年新春慰问的原声，精心剪辑设计而成的《总书记给你送祝福》，采用总书记与用户微信聊天的方式，将原声变为微信语音。该 H5 突出交互，用户可以根据聊天内容，选择不同的选项进行对话。

【原声】报道紧跟总书记活动时间表，每一场总书记的采访活动，前方央广时政记者和后方新媒体编辑密切配合，第一时间快速联动反应，最终打造出广播声音品牌的影响力。

五、基于主流媒体资源的数据开发价值

近年来媒体融合的步伐加速，具体到广播节目而言，如何找到广播内容的优势，如何借力互联网的创新成就和经验？基于内容呈现层面的广播与互联网融合，是最困难的。因为这是媒体融合在传统媒体中的最终呈现，作品是需要与受众直接接触，并检验电台整体的媒体融合效果。

《习近平讲话【原声】》是对互联网思维和理念透彻领悟后的优秀广播新媒体作品，是广播人对互联网新闻传播水准的一个贡献，是数据资源精细开发后的典型代表。这类广播作品尊重和熟悉互联网思维，立足国家级媒体资源，发掘声音媒体的传播优势，创作出契合当前受众心理的主流宣传作品，传播范围和传播效果明显。

这件作品的特点在于：受众深受内容本身独具价值的感染，同时在形式上又是一个“爆款”形式。其传播威力与一般互联网爆款不同——既在最大范围内作品拥有自传播的特性，形成爆款，更为难得的是，这件作品内在充盈着声音内容的价值，对于宣传目标而言，水到渠成。受众在传播爆款中受到内在价值的传播感染，这种内在价值不仅仅是政府宣传内容和目标赋予的价值，更是用户经过自身判断后，心服口服的作品价值。

这个价值哪里来的？不是靠言语本身的威力，而是源自节目创作人员基于庞大的央广过往的报道，筛选出与主题报道相关的资源数据库。

这意味着节目呈现是植根于央广数十年来关于总书记的声音报道总和的土壤之上，这份厚重成就了作品的“魂”。一般意义上的互联网作品的特点是全网检索整合，然后由网络编辑或者写稿机器人整合。智能推送抓取精准

用户是其优势，但作品质量支撑不足，其传播效果很快就被衰减，因此互联网热点内容是以更新的速度为第一要义。

央广的此类作品，根据时代的发展，对数十年来积累的客观素材进行符合时代特点的整合，因此其内容建立在海量的权威信源和内容干货基础上，再把互联网作品形态和传播模式完整借鉴过来，其传播效果和影响会在个体的内心久久发生作用。

形式一般是易于借鉴和学习的，广播媒体的此类作品张扬了互联网“病毒式传播”的优势，同时也弥补了互联网内容创作的寡淡，让媒体人的专业性完美安放。也意味着 PUGC 是一条路，UGC 是一条路，同样专业媒体人也可以摸索到自己的一条明确的路。广播人今天可以自豪地说，目前在内容生产领域，实际上找到了一条在互联网多媒体竞争平台上彰显主流媒体专业性的路，只是这条路还刚刚开始，仍然稚嫩，尚需要更多的养分和支持，但这个方向是正确的，道路的探索也来之不易。

对于整个互联网新媒体发展而言，广播人的此类作品，可以说，不是简单地借鉴了互联网思维，而是对互联网传播的一种新的贡献，也是推进我国互联网新闻传播的一个新的阶段。

第四节　广播社交性内容生产①

马克思认为“人的本质不是单个人所固有的抽象物。在现实性上，是一切社会关系的总和。”认识了人与人的关系，认知了人在社会普遍联系结构中的位置，也就认识了人的本质形态。② 微信及其衍生、后续发展的诸多新兴媒体，之于当前中国社会生活、之于传统媒体而言，引发着近乎颠覆性的

---

① 参见孟伟．互联网＋时代音频媒体产业重构原理［M］．北京：中国广播影视出版社，2015：109－125.

② 转引自 Nicole E. Bllision 等，*The Benefits of Facebook" Friedns": Social Captialand College students' Use of Online Social Network Sites*，见 *Journal of Computer－Mediated Communiation*12，2007：143－168.

变革。其典型的社会化媒体传播特性直接影响着包括广播在内的传统媒体融合理念的探索。兼具消费者、传播者、制作者为一体的微信使用者，越来越成为重塑国内媒介发展环境的重要力量。当前广播内容制作机制的中心任务，是激发广播内容生产中对于“社会关系”元素的重视。

一、广播中的“交流”关系

广播最基本的传递信息的功能就是建立在满足人的本质特性的基础之上。

交流是关系建立的最基本的方式。以热线电话为开端，广播即步入了电子媒体的即时互动传播时代。在这个意义上，广播媒体是现代电子媒体中最早进行“社会性”建构探索的传统大众媒体。今天，即时互动传播已经成为当代信息传播中的某种标配。广播借助微博、微信或者节目组公众号等，与受众建立起广泛的、直接的互动交往，实际上大众传播、小众传播与人际传播之间的边界，在今天日常生活中越发模糊。

广播媒体在互联网化迁移中，其构建社会性关系的能力逐渐强大，突出体现在与大众日常生活建立的深度关联。社会心理学家 Stanley Milgram 的小世界实验证明了大型社会网络中人们的社交关系以及行动路径。广播发展的关键，是必须将广播做成“渗入生活的广播”，将广播内容本身纳入或嵌入当代听众的深度社会交往和日常生活中去。如此才能够使得广播在当前媒体竞争中占据优势地位。

广播社会性关系的建构作用，在于帮助听众个体建构起在社会中的存在感，同时区别于新兴媒体的社交功能，广播所拥有的媒体公信力可以为大众建构更为可信的社交氛围，电台组织的公益募捐，甚至“自驾游”、“车友会”等，可以广泛获得听众的认可，形成商业效益，并在这一过程中帮助社会个体确认社会存在感，并建立具体的社交关系。

基于广播特定节目建立起的“圈子”，可以建立更为牢固的社交关系，这种社群与社会人的基础社会关系不同，社群的个体之间存在有共同的价值观与归宿感，会形成近乎同一的行动轨迹。广播忠实粉丝的社会性活动，可以呈现在城市治理、爱心志愿服务等多种社会动员活动中。

二、广播内容生产中的“社会关系”元素

对于新兴媒体而言，社交网络与通过超文本链接的互联网架构几乎完全一样，经济活动中的商业联系网络、生态系统中的食物链，甚至人类脑神经元，以及细胞内的分子交互作用网络，有着完全相同的组织结构。[①] 这一结构模式，也是广播媒体进行媒体融合过程中，所处的当前的媒体发展语境。对于广播等传统媒体而言，“社交网络”等新兴的网络传播理念，同样有益于改造传统媒体的内容生产模式，改造听众的互动模式等固有的媒体理念和秩序。

移动互联网环境中，由于听众的收听方式、社交方式、获取信息的途径等的变化，广播需要及时调整思路，与听众建立新型的“社会化交往”关系。广播节目内容社交化是其实现社会化媒体营销的根本。广播目前的发展难题是，如何最大可能争取到年轻受众的青睐，以及如何在不伤害媒体公信力的基础上，借力新技术工具，实现基于“社会关系”的广播内容运营。

广播与传播对象互动关系演进，一定程度上推动着广播内容生产模式不断革新。广播内容生产模式又决定着广播内容特色和质量，以及影响到广播的运营模式，二者之间互为因果和促进。当前新媒体用户媒介信息消费呈现出碎片化、移动化、多元性、社交性等特点，广播内容制作创新，核心是激发广播内容生产中对于“社会关系”元素的重视。

互联网知识型脱口秀节目《罗辑思维》自 2012 年上线，经历了由视频推送到音频推送的转变，其传播理念是：以媒体信息为纽带，聚集有特定价值追求和社会身份特征的“圈子”，建立黏性的“社会关系”，甚至这一圈子有自己的“信仰”和“价值判断标准”，在这个基础上，与消费行为和商品购买实现有机的嫁接，赋予购买特定商品以附加价值，从而印证“社会关系”的价值观，因此与电商的合作，不仅实现媒体建立黏性圈子的优势，也赋予了商品超过一般售价的合理性，而借助“社交圈”自身的传播力，实现商品购买“疯传”一样的流行，从而使“粉丝”的商业价值得到空前的彰显。

---

① 转引自尹春丽．科学学引文网络的结构研究［D］．大连理工大学博士学位论文，2006.

互联网很多音频或者是视频产品容易出现一石激起千层浪的效果，但长期维护存在的不多。这一案例为传统广播媒体上了生动一课，也为传统广播未来在内容产业方向上的前景提供了无穷的想象。

三、广播内容中的人格化设计

互联网时代如何抓取受众的注意力？对于互联网媒体而言是一个难题。对于广播而言，同样面临如何把受众的时间留在广播中。

（一）频率设计的人格化要素

贵州交通广播自2009年全频率广告营收为250万，经过6年的发展，2015年实现了单频率广告收入过亿元。实现如此巨大的飞跃，原因众多。其中与频率的内容设计密切相关。该频率2010年开始对传统节目制作编排方式进行改革，把大板块的直播节目按照本地收听市场的需求切分成15分钟一段的播出方式，这种碎片化的节目布局符合当时贵阳出行的基本规律，有其突出的优势，但是问题也很大，节目的整体识别度不高。如果依照一般意义上从提高节目质量入手，或者在节目整体策划上突出频率的整体性，在提升品牌识别度上下功夫，思路都正确，但实现起来很茫然。

针对于此，2013年贵州交通广播对整频率内容灌注进"人格化"要素，促使整频率具有人格化气质。用这一人格化气质的频率与受众接触。广播的共情能力很强，如果受众认可了这一"人格化"的设定，自然会心甘情愿被吸引过来，对于所有的互联网信息和媒介资源而言，受众都认为是处于"被选择"中的，与自身没有发生什么内在的关联，我可以选择"你"，也可以选择"她"，具有一定的随机性和偶然性，甚至多数时候是处于变动中的。但是贵州交通广播这一"人格化"的设计，却与每一个当地的社会个体发生了"关联"，这种关联的建立，依赖于受众认识到这种"人格化"气质，是贵州当地的一种"如邻居，如亲人和朋友一般的熟悉"的气质。与个体认同紧密结合在一起——频率的事情就是"我"的事情，这种高度认可度、信任度，是社会化关系应用中最为典型和理想的状态。

这一人格化的整频率内容是如何设计？如何实现的？贵州交通广播2013年设计制作《我是柳叶眉》的系列微剧。对于广播剧而言，虽然目前发展式微，但是广播剧基于“声音”和“剧情”两大特色，可以形成极强的情景再造和情感上对于受众的黏附能力。

（二）从信息功能性的“小插件”到剧情、人格化的“小插件”

前文谈及，碎片化的频率内容设计本身是有缺陷的，如果不能找到频率的某种凝聚的核心，这种碎片化的传播模式，很容易使广播内容的整体性传播意图缺失，单一节目的思想性和艺术性都无法得到充分展现，对于广播内容的影响力实际上是一种天然的弱化。《我是柳叶眉》的系列微剧每集只有2分钟左右，微剧的播出频次最初是全天12次，在白天工作的黄金时间内，按照每小时一次的播放比例安排播出。一天播出六个故事版本，每周更新三篇故事。为碎片化的内容增加整体的黏合度，塑造起频率整体的精神气质。这与前几年用新闻资讯作为“小插件”穿插在整频率碎片化内容中，异曲同工。从功能上说是“小插件”的一种升级迭代的做法：过去小插件的内容要素是新闻资讯，频率设计上是突出电台可以为受众无时无刻不提供有用的资讯信息，但是随着社交媒体的发展，互联网在这一领域比传统媒体的发展更为便捷；“小插件”的内容要素，今天换成了“微剧”，其中包括人物、情感、故事、新闻事件、知识等，用“剧”把这些要素统一起来，微剧的故事内核不是来自古代或者是纯粹的说理教育，而是来自于新近发生的社会新闻事件，从中提取具有故事性的内容，稍加改写，即可以为“微剧”所用，微剧指向的是现实生活，而非虚幻的世界，这与电台的大众媒体功能是吻合的。

柳叶眉微剧的故事都是围绕着一个个“核心点”，即有关交通安全、消防应急、生活百科、网络防骗等知识，通过人物之间的对话来演绎生活中的一个个场景，模拟真实的音响效果让听众如临其境。这样的剧情化表达使微剧能够在极短的播出时间里（贵州交通广播的微剧是两分钟以内），就可以给听众营造出一个个真实场景，让听众产生极强的代入感，仿佛自己就是柳叶眉微剧中的参与者、亲历者，加深了他们对微剧的喜爱和追随。①

（三）从剧情人物关系到真实社复杂会的社交圈子

《我是柳叶眉》微剧通过在剧情营造与现实生活类似的种种关系，其作

① 刘述平、赵瑜．从塑造人物群体形象谈微剧的发展——以贵州交广《我是柳叶眉》为例［J］．中国广播，2017（7）．

用在于：一方面使剧情的发展更为多元、新鲜、出人意料，足以承担每周60几集的更新频率；另一方面通过典型的年轻人、中年人、儿童等突出的形象，与特定的受众人群相对应，形成粉丝的自动分群，产生强大的黏性。

随着微剧受欢迎程度的不断提升，听众乃至商家对微剧的渴求度也不断增加，贵州交通广播组建了专门的微剧创作团队，成立“我是柳叶眉”工作室。微剧的主角“柳叶眉”“好怕哥”“美男子”成为当地的明星，人气远远超过其他广播主持人。女主角“柳叶眉”，是典型的贵阳女孩、女司机的性格代表，咋咋呼呼很热心、年轻快乐有点“二”。就像是邻家的女孩。女主播叶子用声音演绎了这个“自以为是”的倔强新手女司机，获得了听众们的热烈的反响，迅速成为老百姓茶余饭后经常挂在嘴边的本地明星。

工作室随后调整故事写作方向，向受众生活的纵深层面发展，将微剧所反映的人物情节深入根植贵州人心中。在成功运行一年之后，又发展出了新的线索，人们的好奇心也随着故事的展开深入下去：衍生品柳叶眉的“三伯和三伯妈”故事出炉。怕老婆但爱摇滚的三伯伯，和貌似“凶神恶煞”但爱做美食的三伯妈又成为中老年听众喜爱的明星人物。

工作室也开发出“小眉眉”声音人物形象，其人物定位是柳叶眉的小妹妹，一个5岁的精灵古怪的小女孩，很多事情虽然“傻傻分不清”，但很多大人看不清的事情她讲出的“道理”却直截了当。不时冒出“金句”，其粉丝大到成年人，小到幼儿园的小朋友。这一个人物，也是柳叶眉的扮演者女主播叶子来演绎的。

除了亲人关系之外，微剧人物关系图表中还有至关重要的同学关系、恋人关系、朋友关系、同事关系，等等。以微剧主角人物关系构架起一个复杂的社会人物关系，真实串起了现实生活中人们相遇相交中一个个小圈子。

主播的微博等吸纳粉丝，为线上互动、线下活动集纳人气，同时将每一集的故事和创作背景等发布在各个媒体渠道，也为原本没有在广播节目时间“相遇”的听众提供了获取的渠道、方式。通过节目和主播的强大吸引力，广播实现对受众时间的占有。

（四）互联网思维的产品推送、迭代和裂变

在推送《我是柳叶眉》微剧中，交通广播严格遵循了互联网内容产品的

思路：高密度。高频度产品推送；迅速裂变迭代产品，不断推陈出新；线上线下巩固社交关系。

最初微剧的播出仅为20多次，后调整为全天24小时，每小时两次播出，每周更新六至八个故事版本。目前每周最高更新次数为60多次。高密度的播放在一定程度上助推了微剧的影响力。

贵州交通广播基于内容层面的创新，以频率内容战略为抓手，依赖内容创新，借力新媒体的理念，成为一个有市场认可度的频率，在广告经营、社会活动等方面占据先机。贵州交通广播在这个意义上的运作，实际上更像是一家新媒体机构的运作，抛开广播牌照的优势想法，重塑了一个广播的产品形象。

四、广播互联网化内容改造的未来

（一）永不放弃的FM音频流阵地

音频流强调广播节目的实时播出，内容核心特征为新闻性、故事性、戏剧性、互动性、即时性、语轮节奏快速、场景化突出……对于听众而言，可以根据需要随时参与节目的直播收听。

（二）积极发展音频内容点播阵地

对于音频流中的部分节目内容，尤其是经典和权威的节目内容，作为网络点播应用；也可以对节目进行二次分包，或者专门为点播平台制作不同于线上内容的节目。

（三）开拓广播的场景化收听阵地

广播的“场景化”传播理念代替的是今天“频率”的功能。前文也有所提及。对于听众而言，日常的生活场景如处于位置移动场景，高铁、地铁、汽车、自行等；处于电子游戏场景；处于休假场景；处于逛街场景……依据场景需求对广播内容进行重新分类整合分发，更适宜张扬广播媒介属性层面的优势。

（四）广播付费产品呼之欲出

市场上有价值的东西一定不是赠送的，赠送的东西很多是无价值的，这是一个目前互联网思维下的共识。不做价值转化，实际上会失掉用户。这是针对目前中国广播的现状提出来的看法。BBC 高质量的广播节目不做市场转化，是全世界的一个典范，这源自 BBC 的广播理念、历史传承、体制机制等。

目前，国内的广播需要做价值的转化，不仅仅为每一个作者提供一个更好的收入，更为重要的是保障一个生产力的良性循环，市场检验下的压力也会更大，创新的动力也更强。今天媒体竞争的残酷性，每天我们都在体会。广播人要在多个角度上，实现对于媒体影响力的一种彰显，拥有高质量的内容制作能力，并进行适度的商业变现，也是对媒体影响力的一种体现。目前知识付费已经发展到一个阶段，互联网培育起了付费人群，广播主流媒体在内容专业化生产上，地位仍稳固，这是一个很好的广播翻身的机会。

电台可以直营声音产品，也可以批量发送给垂直的 App，或者是音频平台；或者为政府机构定制学习资料。当然，主流媒体的付费等盈利性经营与互联网公司的纯商业运营有本质区别。盈利付费的终极目标是推动声音作品和媒体产品的良性发展，促进宣传任务更接地气，与受众需求更为对应。实际上从媒体发展角度看，用户付费习惯的养成，是培养起用户在内容消费上的定向、专项、立体化使用的习惯。广播作为主流媒体需要跟上这个步伐，这是为后续的音频媒体入智能化传播，奠定下内容的基础。

未来媒体的发展不可预估，唯有变化是不变的。

第三章　广播新闻与宣传

第一节　新闻和广播新闻

人们每时每刻都在接收新闻。在媒介不发达的年代，阅读报纸、收听广播曾经是非常有仪式感的事情，而如今，News 变成了“What’s new”，新闻受到格式和框架的限制越来越小，简单的一个信息碎片甚至能够影响整个世界。有人曾经调侃：新闻越短，事情越大。我们在感叹时代飞速变迁的同时，更应该去关注是谁导致了这种变化的发生，我们又该如何看待这种变化？以广播新闻为例，“听广播”已经无法正确描述今天大众对于广播媒体的应用方式。如今，更多的人在“看广播”的同时，也在“玩广播”“用广播”。这样的变化，无疑给广播生产者带来了前所未有的机遇，同时也带来了巨大的挑战。

一、什么是新闻

（一）关于新闻定义的争鸣

探讨新闻定义的文献浩如烟海，且大多研究者在进行充分研究之后，往往提出或改良出一则新的定义，这使得我们能够检索到的新闻定义成百上千，而这些定义往往与时代发展阶段、社会环境和研究者身份有着极大的关联。

1. 西方新闻业界基于市场化原则提出的新闻定义

西方新闻业界和新闻学术界对新闻的定义风格截然不同，新闻业界人士秉承实用主义，与其说是严格意义上的“定义”，不如说是他们筛选新闻的标准。西方新闻界实用派的两个经典的新闻定义，一个是美国《纽约太阳报》编辑室主任约翰·博加特于19世纪70年代提出的：狗咬人不是新闻，人咬狗才是新闻。再一个是美国《纽约先驱论坛报》采编主任斯坦利·瓦利克尔于20世纪30年代提出的：新闻是三个“W”：women（女人）、wampum（钱财）、wrongdoing（坏事）。美国学者乔治·莫特在《新闻学纲要》一书中曾经给出过一些形象的公式：

常人 + 平凡生活 = 0

常人 + 不寻常的成就或冒险 = 新闻

常人 + 活了79岁 = 0

常人 + 活了100岁 = 新闻

1名歌剧女演员 +1个银行行长 −10万美元 = 新闻

1个男人 +1辆汽车 +1支枪 +1瓶酒 = 新闻[①]

这些所谓定义，像极了主编在编务会上随口说出的金句。而它们的出现也有相应的历史背景。18世纪后期到19世纪中期，工业革命在一些国家的完成，使高举自由主义大旗的现代资产阶级成为时代先驱。而廉价报纸（商业报纸），正是现代资产阶级报纸的先驱，它们发展到19世纪末20世纪初取代政党报纸称为资产阶级报纸的主体。[②] 这类报纸有一个形象的绰号——“便士报”，顾名思义：价格便宜、内容廉价。如何在激烈的市场竞争中生存下来，是他们生产新闻的质量标准。

2. 西方新闻学术界归纳出的新闻定义

西方新闻学术界则理性得多，他们试图挖掘新闻的本质，提出过不少具有建设性的定义。德国柏林大学新闻学教授道比德特提出：新闻就是把最新的现实的现象在最短的时间距离内，连续介绍给最广泛的公众。法国巴黎新

---

① 胡钰. 新闻定义：历史评析与科学重建［J］. 清华大学学报（哲学社会科学版），1999（1）.

② 张隆栋、傅显明. 外国新闻事业史简编［M］. 北京：中国人民大学出版社，1994：209.

闻学院教授贝尔纳·瓦耶纳提出：新闻是刚发生和刚发现的事物。美国哥伦比亚大学新闻学教授麦尔文·曼切尔提出：新闻是关于突破事物正常轨道或出乎意料的事情的情况。①

如今当我们再来审视这些定义时，其缺陷是显而易见的。首先，大多数定义表述的是新闻的其中一个侧面，而并不能概括归纳其本质。其次，部分定义受限于当时的媒介发展程度，甚至只局限于报纸。最后，这些定义大多基于香农的信息传递模式，是一个单向推导的数学公式，而忽略了信宿对信源的反馈。

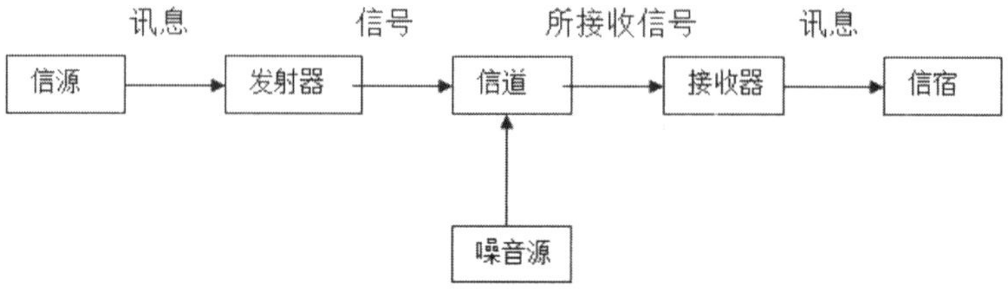

图 1　香农传播模式

3. 中国主流新闻定义的发展

（1）徐宝璜：新闻者，乃多数阅者所注意之最近事实也②

这个定义被广泛认为是中国新闻学术史上的第一个新闻定义。在显性层面，它是一个操作标准，意在说明什么是新闻及如何选择，解决不必事事皆新闻的问题。在隐性层面，它是一个哲学命题，即事实是一个客观存在物，它可以被人注意从而被选择，但不可被办报之主者——编辑、记者更改、制造或歪曲，否则就不是事实，也就不是新闻。③

然而，对“事实”的苛求，不仅使这个定义过于理想化，甚至否定了新闻生产的过程。哪怕技术发展到今天，我们仍无法 100% 还原新闻现场，使受众全方位、无死角地“阅读”新闻事实。而新闻生产中的“人”，也注定因固有的局限性，只能“报道事实”，而不能直接“还原事实”。所以，徐宝

---

① 胡钰．新闻定义：历史评析与科学重建［J］．清华大学学报（哲学社会科学版），1999（1）.

② 徐宝璜．新闻学［M］．北京：中国人民大学出版社，1994：6.

③ 黄旦．中国新闻传播的历史建构——对三个新闻定义的解读［J］．新闻与传播研究，2003（3）.

璜提出的这一定义，更像是基于近代中国时局的一种乌托邦式的办报理念。

（2）陆定一：新闻是新近发生的事实的报道

1943 年，陆定一在《我们对于新闻学的基本观点》一文中提出："新闻的定义，就是新近发生的事实的报道"。时至今日，这一定义依然是被中国新闻学术界最广泛接受的新闻定义之一。与徐宝璜基于"阅者"的出发点不同，陆定一着眼于新闻的生产者，强调了新闻是对"事实的报道"，而非事实本身。

那么，如何约束这个定义中的报道者对新闻真实性的尊重呢？陆定一在《我们对于新闻学的基本观点》一文中强调："新闻的本源是事实，新闻是事实的报道，事实是第一性的，新闻是第二性的，事实在先，新闻（报道）在后。"然而在该文中，也有如下表述："只有把尊重事实与革命立场结合起来，才能做个彻底的唯物主义的新闻工作者。""尊重事实是与政治上的革命性密切结合不可分离的。"① 其背后的深意，是将"新闻"上升到了阶级斗争的层面，成为革命的产物，甚至是工具。可见，该定义在根本上依然有局限性。

（3）范长江：新闻是广大群众欲知、应知而未知的重要的事实

1950 年 1 月，范长江被任命为《人民日报》社社长。这个定义是范长江 1961 年在《记者工作随想》一文中提出的，他还写道"一张报纸，一个记者，其基础在群众，前途也在群众"。② 1956 年，《人民日报》改版，拉开了新闻改革的大幕。而《人民日报》改版的指导原则是五句话："多方面地反映客观情况和群众意见，及时地深入地宣传党和政府的政策，更多地反映和交流地方工作的经验，对于广大人民关心的工作上、生活上、思想上的问题展开讨论，使人民日报成为群众欢迎的生动活泼的报纸"。③

虽然这条定义颇具中国特色，仅适用于中国共产党领导下的新闻事业。但是在其中我们确实惊喜地发现："群众意见""广大人民关心"，即信宿的反馈，终于体现在了新闻事业的改革中。"从群众中来，到群众中去"，恰如

---

① 陆定一．陆定一新闻文选［M］．北京：新华出版社，1987：1～11.

② 范长江．通讯与论文［M］．北京：新华出版社，1981：314～321.

③ 人民日报编辑委员会向中央的报告［J］．报纸工作研究参考资料，1981（1）.

施拉姆在香农传播模式中加入的反馈环节——只有信息发出者（信源）与信息接受者（信宿）的经验领域有重叠的共同经验部分，传播才能完成。[①]

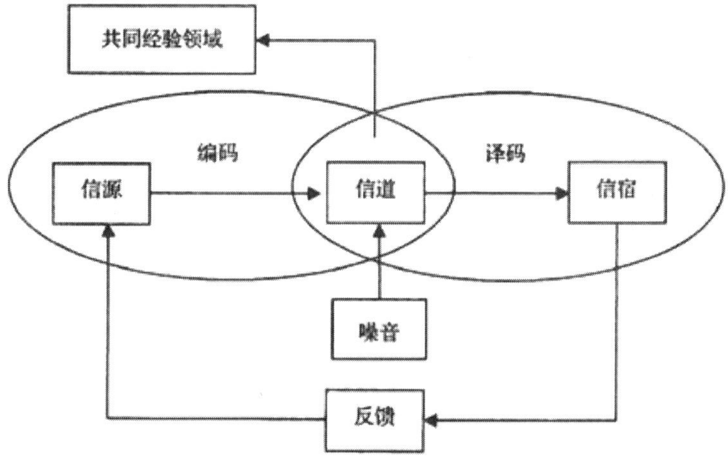

图 2　香农—施拉姆模式

二、融媒体时代新闻要素的变化

上述这些国内外专家学者对新闻的定义，与我们今天所接触到的新闻有所差异。的确，这些曾引起波澜的新闻定义大多在纸媒时代被提出，与今时今日我们所处的时代背景、舆论环境和信息接收终端都有着天壤之别。新媒体技术的发展，让我们身体的每一个器官借助中介物都能够接收外界传来的消息。那么，如果给当下的新闻下一个定义，恐怕需要更多的斟酌和探讨。而技术升级换代的速度，恐怕还要比新闻学术界的观察要快得多。我们不妨化繁为简，从新闻要素的变化中，一窥究竟。

新闻写作要有五个“W”，这是 19 世纪中叶，由美国联合通讯社率先提出来的。当时的电报技术设备很不完善，在收发报的过程中经常出故障。当美国内战（1860—1865 年）时期，编辑们常为前线采访记者发回的消息由于电路中断而不能收到一条完整的稿件所苦恼，便要求记者尽早把新闻的基本

---

① 解红涛、张丽娜．香农—施拉姆模式的改进及应用研究［J］．西南民族大学学报（自然科学版），2011（1）．

内容发往编辑部，于是开创了一种将报道的何人（who）、何事（what）、何时（when）、何地（where）等构成新闻的诸要素集中写在消息导语里，即使发稿过程中断了传递，编辑部只收到这样的开头文字，也基本构成一条消息了。①

（一）“何人”“何事”的变化

传统新闻中的人物和事件，往往具有显著性和典型性。哪怕是一个普通人上了新闻，也大多有不凡之举。特别是在媒介垄断的年代，新闻中的典型报道，往往成就一场“造神运动”。1966 年 2 月 7 日，《人民日报》以头版头条的位置发表了由穆青、冯健、周原采写的长篇通讯《县委书记的榜样——焦裕禄》，并配发社论《向毛主席的好学生——焦裕禄学习》。至此，焦裕禄成为全国人民熟悉的名字，焦裕禄精神成为鼓励一代又一代人的宝贵精神财富，历久弥新，生生不息。1966 年 2 月 6 日清晨，中央人民广播电台录音室内气氛异常。长篇通讯《县委书记的榜样——焦裕禄》正在录音。稿子还没念到一半，播音员齐越已经泣不成声了……终于，齐越念到最后一句：“焦裕禄……你没死，你将永远活在千万人的心里!”那铿锵有力、饱含激情的声音传遍了千家万户，震撼了亿万人民的心灵。这篇感人肺腑、催人奋进的长篇通讯一经播出，立即在全国引起了震动。一批批记者、作家、画家，成千上万的干部、工人、学生，都奔向了兰考。根据形势需要，新华社河南分社决定暂迁兰考，铁道部门决定，陇海线的列车一律在兰考站短时停靠。为报道一个典型，新闻机关搬到现场办公，铁路运行秩序作出调整，这在中国新闻史上恐怕也是不多见的。②

而新媒体时代，普通人经常成为新闻的主角，他们所做的甚至只是日常小事，但经过互联网的传播，会引发不少网友的共鸣。与理性阅读不同的是，这些新闻的卖点是人们的情感共鸣——哪怕只是会心一笑或眉头一紧。2018 年 1 月 8 日，云南昭通鲁甸县新街镇转山包小学三年级学生王福满像平时一样，赶往距家 4.5 公里的学校参加期末考试，由于气温较低，等王福满赶到教室时，头发和眉毛已被风霜打得雪白，同学看着他的“冰花”造型忍不住

---

① 孙世恺．从新闻诸要素谈起（上）［J］．新闻与写作，1997（6）．

② 孟兰英．“县委书记焦裕禄”被树为典型始末［J］．党史文苑，2014（13）．

大笑。班级老师看着十分心疼，就给王福满拍了一张照片，并将照片传给了校长付恒，付恒将照片传到网上后，触动了无数网友的泪点，“冰花男孩”瞬间走红网络。从1月10到20日，网络上以“冰花男孩”为关键词的新闻达700条之多，舆情呈“井喷式”扩散。[①] 事后，还有热心网友对当地的贫困学生进行了捐助，这则新闻的影响力可见一斑。

（二）“何时”“何地”的变化

除了媒体技术在发展，其他科学技术也在飞速进步。新闻要素中“何时”“何地”的变化，恐怕在灾难报道中最容易凸显出来。不仅是更具象、更直观、更立体，事故瞒报、误报、漏报的概率也降低了许多。1976年7月28日凌晨，河北重要的工业城市唐山发生强烈地震。地震发生的第二天，《人民日报》采用新华社通稿对这一灾难进行报道，其标题为《河北省唐山、丰南一带发生强烈地震，灾区人民在毛主席革命路线指引下发扬人定胜天的革命精神抗震救灾》。这则权威报道全文的重点是毛主席、党中央如何带领灾区人民抗震救灾等，对灾情只用“震中地区遭到不同程度的损失”这样轻描淡写的话一笔带过。[②]

2017年8月8日21时19分46秒，四川阿坝州九寨沟县发生7.0级地震，震中位于北纬33.20度，东经103.82度。“中国地震台网”微信公众号在21时37分推送了地震速报，其中包含参数、地图、地形等8个小标题和段落，撰稿仅用时25秒。因为这并不是一条由人类采写、编辑的新闻，它来自地震台网的新产品——“地震信息播报机器人”。写稿的时间大大缩短，而提供的新闻信息却更加丰富、精准。甚至在后续的报道中，无人机、机器人等技术装备可以代替记者进入重灾区，带来更详细的报道，避免人员伤亡。那么，精准的地理坐标能给灾难中的人们带来什么呢？早在2015年的巴黎恐怖袭击事件中，Facebook的Social good & Goodwill部门在袭击事件发生后立即开启“安全确认”功能。通过智能手机定位在法国的用户，登陆Facebook的同时便可以确认自己状态安全，所有朋友都会知道这个消息。与Facebook

① 杨亮．网络正能量集聚与扩散的路径与舆情分析——以“冰花男孩”事件为例［J］．新闻世界，2018（2）．

② 雷颐．当年唐山地震的报道［J］．山东人大工作，2008（06）．

类似的这项“头条寻人”服务早在2016年2月已被今日头条发起，在日常承担寻人或寻亲信息的定向地域推送，而根据今日头条曾经的测算，从接到寻人信息、核实信息、划定区域再到信息推送，最少耗时仅需6分钟。[①]

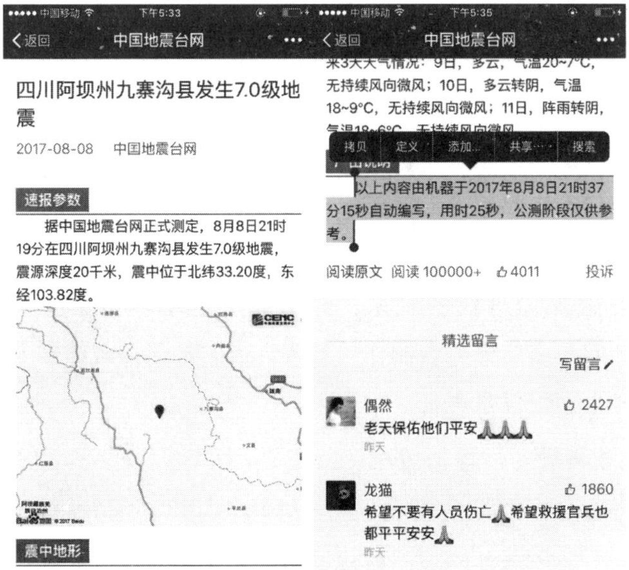

图3　“中国地震台网”微信公众号截图

三、融媒体时代广播新闻内涵与外延的变迁

什么是广播新闻？在探讨完新闻的定义之后，这个问题似乎很好回答：不就是广播电台播出的新闻吗？冯小龙所著的《广播新闻原理与制作》认为：“广播新闻”四个字若单从字面上介绍，就是指在广播媒体中播出的新闻。[②] 而随着便携式录音采访机的普及，广播新闻追求运用大量音响元素来营造现场感、增加真实感。王文科所著的《广播新闻报道》中强调：广播新闻是仅以音响方式通过无线电波或导线向广大地区播送新近发生的事实的报道，或者是客观事物新近变动的信息仅以音响的方式通过无线电波或导线向广大地区传播。[③] 而盲目的“音响崇拜”，也可能使广播新闻中使用音响过

---

① 张弛．技术说了算的新闻时代，灾难报道终于不再被情怀绑架了［EB/OL］．http：//dy.163.com/v2/article/detail/CRE8RBLH05198R91.html，2018.06.08.

② 冯小龙．广播新闻原理与制作［M］．台北：正中书局，1996.

③ 王文科．广播新闻报道［M］．杭州：浙江大学出版社，2002：19.

多、过密，甚至价值寥寥，反而降低了可听性。所以，广播人开始注重传播效果的研究。从听觉出发，在尊重新闻事实的基础上，通过借鉴电影学的蒙太奇等手法进行艺术化的表达。在肖峰编著的《广播新闻业务教程》对广播新闻的定义中，将各种声音元素进行了新的解读：广播新闻是通过电子音频技术，运用听觉符号的有序组合，面向特定范围的受众传播新近发生的或正在发生的事实的报道，包括四个方面的内容：以现代化的电子音频传播技术为传播手段，传播对象是被电波覆盖或有线传输所及地区的广大听众，传播符号是听觉信息的有序组合的声音，依靠电波传输，报道新近发生、正在发生和变化中的事实。①

然而随着融媒体时代的到来，这个简单的逻辑似乎要发生逆向的转变——广播新闻是由广播电台制作的新闻，而它的传播载体却不仅仅是电波，它的传播形式也不仅仅是声音。

（一）基于听觉的广播新闻②

1. 基本元素

传统意义上的广播新闻，内容都由声音元素构成，广播新闻通常由口播、音响和音乐这三部分构成。

口播是指播音员主持人、编辑记者通过自身的语言对新闻进行报道，而不借助其他任何声音元素。它是广播新闻最主要的组成部分，一则广播新闻或一档广播新闻节目可以没有音响和音乐，但是不能没有口播。

音响是指新闻报道中收录自现场的同期声。既可以是人声，也可以是环境声；既能以直播形式出现，也能以录播形式出现。音响除了可以作为新闻要素出现，还具有交代背景、烘托主题的功能。它是最能突出广播新闻特点的声音元素。

音乐是广播新闻声音元素中相对次要的组成部分，它一般以栏目开始曲、间隔曲和背景音乐的形式出现，因此它的功能也显而易见——标识、间隔、营造节奏或氛围。但必须说明的是，收录自新闻现场的同期音乐的第一属性

---

① 肖峰．广播新闻业务教程［M］．武汉：武汉大学出版社，2010：98.

② 部分内容引自孟伟等．广播内容传播——媒体融合视域下广播节目模式创新研究［M］．北京：中国广播影视出版社，2017：30－32.

是音响。实际操作中，可以用现场收录的音响作为节目中成品音乐的补充，但绝不能将成品音乐作为音响使用。

2. 基本形态

广播节目形态可以理解为广播节目的存在方式和结构模式。[①] 传统的广播新闻节目编排相对规整，或者说在节目设立之初就会确定节目的固定形态。一般可以分为消息类新闻节目、专题类新闻节目、评论类新闻节目。但随着广播节目的创新化发展，各种表现形式和编排手法杂糅交织，传统的分类方法已经很难对新型节目准确定位。

（1）消息类新闻节目

消息类新闻节目通过播报各类消息，使听众了解最重要、广泛、及时的新闻资讯，是一种普及型的广播新闻节目，一般分为总览型和速览型。

总览型节目是以一天或更长时间的新闻事件作为编排对象，按照其重要性依次播出。这类节目多为一套频率的主新闻，在早晚收听高峰播出，一般听众收听一档节目便可了解一天内的重要新闻。

速览型节目是以几个小时或更短时间内的新闻事件作为编排对象，力求让听众了解此时此刻刚刚发生甚至正在发生的最新消息。这类节目多作为整点新闻、半点新闻滚动播出。速览型节目的优势是短小精悍、时效性强。但除非有重大新闻事件，稍早前消息一般不会重复播出，听众很难通过一档节目全面了解一天内的新闻事件。

（2）专题类新闻节目

专题类新闻节目是以多种新闻体裁报道特定主题的新闻节目，包括但不仅限于消息、连线、现场直播、评论、特写、调查报道，一般分为定期播出型和不定期播出型。定期播出型节目在固定频率、固定时段出版头或呼号播出。不定期型节目最常见的是重大活动、应急突发事件、节庆纪念日等的特别节目，往往会打破本时段原有节目的编排格式，集中采编力量进行报道。

（3）评论类新闻节目

评论类新闻节目以节目参与者的言论为主，分析和点评新闻事实。根据节目参与者角色设置的不同，分为嘉宾评论型节目和主持人评论型节目。

---

① 申启武．改革开放30年广播新闻节目形态的演变与发展［J］．现代传播，2008（2）．

嘉宾评论型节目以评论员、专家学者甚至普通市民的言论为主，是最常见的评论类新闻节目类型。特别是近年来，随着网络社交媒体的发展，草根声音成为评论类新闻节目的新宠。主持人评论型节目以主持人言论为主，但“主持人”也有可能只是一个界面形象，由编辑记者或评论员协助撰稿。

（二）基于视觉的电台生产的新闻

传统意义上的媒体，名称就代表了其载体。报纸借由印刷和纸张传播，广播电视借由电波信号编译解码传播。而随着新媒体技术的发展，输出成本大大降低，媒体所守之阵地无限扩张，闯入新领域的门槛降低。广播媒体生产、售卖的新闻产品，也不仅仅限于传统意义上的声音产品。记者在采制新闻时，一部智能手机便能完成传统意义上报纸、电视内容的生产与再加工。通过微信、微博、客户端和网页等形式，受众能够第一时间接收到这些产品的推送。

1. 基本要素

文字、图像和交互设计，是电台新闻在视觉表达上的基本要素。同时，这三个要素，也直接展现出了电台新闻基于报纸、电视和新媒体的延展。

文字是新闻报道最根本、最基本的形式。在电台新闻的视觉化呈现中，最简单的体裁便是将口播、音响通过文字的形式再加工为新闻产品。

图像是对传统电台新闻听觉要素的最有利补充。当前电台新闻的生产模式下，图像有三种来源，一是声音记者采制过程中同时采集，二是广播电台派遣专门的图像记者专门采集，三是援引其他来源。而图像在这里不仅仅报道新闻事实，部分图像也起包装、辅助、烘托的作用，类似于听觉中的音乐要素。

交互（inter－action）是智能终端独有的一种双向操作。“从字面上理解，就是 A 和 B 之间的一系列动作和行为。”① 而这“一系列动作和行为”又是实时的，与传统意义上的受众信息采集有巨大差别。通过 OpenID 来开放名声、跨域身份和个人数据。实现用户信息和身份的判定，奠定个性化配置的基础。OpenID 是一个以用户为中心的数字身份识别框架，它具有开放、分

① 00. 什么是交互设计？［EB/OL］. https：//www. zhihu. com/question/19788122，2018. 6. 13.

散、自由等特性。[①] 在交互的设计中，既有类似数学运算的与、或、非三种基本逻辑，又有基于新闻生产者、新闻事实的态度、情感和立场。其主要表现形式为对话框、投票、关键词回复、订阅等。

2. 基本形态

随着技术的发展和新平台的出现，电台新闻的视觉呈现每时每刻都在发生新变化。从微博、微信的出现，到微信公众号功能的不断升级，再到各家广播电台打造专属客户端，产品的内容与形态日新月异。目前，国内主流广播电台的产品形态有推文、视频和 HTML5 三种。

（1）推文

推文，即“推送文章”。通过微博、微信、客户端等方式将内容推送到用户的阅读时间线（Time line）上，或通过信息通知推送到首页。推文中可以同时包含视觉和听觉内容，不仅是电台新闻最全面的报道手段之一，也是目前新媒体渠道最为主流的报道方式。

（2）视频

电台节目的视频播出，至少应该符合两个前提：一是事先经过策划，有基本的拍摄脚本；二是播出内容有必要进行视频播出，受众通过画面可以获取声音之外的其他有效信息。[②]

电台新闻中的视频，从播出形式上来看，分为直播和录播。新媒体端的视频直播不仅直观可视，还可以避免广播端因长时间声音不达标（空播、劣播）等因素造成的安全播出事故。而视频录播能展现广播生产者精湛的编辑技巧和对节奏的有效把控。

从制作逻辑上来看，电台新闻中的视频又分为直接转化和单独生产。直接转化，即对声音产品的视频记录，其音频完全或半完全提取于声音产品，作为声音产品的补充和延伸。而单独生产，是指视频产品独立于其他音频产品，作为专门策划、生产的内容产品。

① 马振萍、杨姗媛．基于 Web3.0 的网络信息交流模式［J］．情报资料工作，2011（01）．

② 孟伟等．广播内容传播——媒体融合视域下广播节目模式创新研究［M］．北京：中国广播影视出版社，2017：43.

（3）HTML5

经历了近十年的筹划与打磨的新一代的超文本标记语言 HTML5，于 2014 年 10 月 29 日制定完成并公开发布。它被业内公认为是近十年来 Web 标准最大的飞跃，将成为下一代的 Web 语言。相比于上一代语言，HTML5 能够更好地适合移动端上的信息呈现，并为新闻内容更多样的呈现提供了技术可能。目前，微信上媒体用 HTML5 来表现新闻的主流方式有三种：幻灯片式展示、交互式动画和功能性页面。[①] 广播电台因具备上佳的声音生产水平，无需使用开发平台提供的“罐头音乐”，往往能在声音质量和声画结合上拔得头筹，吸引用户。

不过，这种形式虽具有极佳的传播效果，却是以漫长的制作周期为代价，它有损害新闻时效性、不符合用户快速阅读需求的风险。例如，腾讯的动态新闻《知青病人》和网易关于《习奥夜游中南海》的新闻仅制作就耗费将近一周的时间。[②] 所以，目前广播新闻往往只在时效性不强的深度报道、可预知性强的重大事件和用户征集、互动中使用 HTML5。

第二节　广播新闻的宣传化

我国“新闻”和“宣传”通常并列出现。2018 年，根据《深化党和国家机构改革方案》，整合中央电视台（中国国际电视台）、中央人民广播电台、中国国际广播电台，组建中央广播电视总台，作为国务院直属事业单位，归口中宣部领导。这无疑更加印证了其中的渊源和今后的发展思路。有研究者曾在共和国成立 60 年之际指出：以 1978 年底召开的党的十一届三中全会为界，新中国前后 30 年的新闻业有着巨大的差异。后 30 年中国新闻业发生意义深远、成果显著的巨大变化。前后 30 年中国新闻业带有根本性的变化是

① 杨林．HTML5：移动端新闻媒体的新选择［J］．新闻世界，2015（05）．
② 杜翼．移动互联网时代下的网络编辑创新——以基于 Html5 新闻游戏为例［J］．新闻研究导刊，2016（4）．

从前30年的宣传本位转向后30年的新闻本位。正是这一带根本性的变化推动了其他一系列变化。[①] 而实际上，不仅是在中国，当我们回顾广播新闻的发展之路，新闻一直是一件漂亮的外衣，宣传才是其中深藏的铠甲。

一、广播宣传发展历程

（一）宗教宣传

美国第一家获得政府执照的KDKA电台就有教堂仪式转播，稍后开办的其他电台也大都有基督教节目。[②]

1923年1月23日晚8点，美国商人E·G. 奥斯帮（E·G. Os－born）在上海违禁创办的首家无线电广播台——“大陆报—中国无线电公司广播电台”开播了。继之于1924年开办的上海美商开洛电台也设有基督教节目：一份1925年6月1日的开洛电台节目表上显示，每周日上午11时至12时为美国教堂讲座及赞美歌节目。[③] 随后，出现了中国人自己开办的宗教电台。《中国无线电》杂志刊登的抗战前夕上海各广播电台（1937年1月5日）情况显示，当时已有四家电台设有宗教性节目，分别是中西广播电台、福音广播电台、国华广播电台和华侨广播电台。其中，福音电台为纯宗教电台。[④]

在北京，1932年初，由美国基督教公理会创办、此时已由中国人陈昌佑任校长的通县潞河中学广播实验电台建立，呼号为LVHO6。1933年5月6日，育英中学设立的育英广播无线电台试播，6月末正式播音，呼号XL-KA。[⑤]

值得注意的是，宗教电台尤其注重对时事新闻的关注。将宗教道义寓于人们感兴趣的内容中进行潜移默化的宣传。随后，抗日战争爆发，宗教电台收到了极大的冲击，大多在这一时期无疾而终。

---

① 李良荣．艰难的转身：从宣传本位到新闻本位——共和国60年新闻媒体［J］．国际新闻界，2009（9）．

② 艾红红、朱丽丽．民国时期基督教广播特色初探［J］．国际新闻界，2010（07）：104－109.

③ 上海市档案馆、北京广播学院、上海市广播电视局．旧中国的上海广播事业［M］．北京：中国档案出版社：1985：2～24

④ 艾红红、朱丽丽．民国时期基督教广播特色初探［J］．国际新闻界，2010（07）：104－109.

⑤ 北京市地方志编纂委员会．北京志·新闻出版广播电视卷·广播电视志［M］．北京：北京出版社，2006：23.

（二）广告宣传

美国早期的广播电台以非商业性电台为主，宗教、教育、音乐电台是主流，在这其中报纸开办的电台居多。据美国报纸发行人协会广播委员会与1927年发表的报告表明，当时有48家报纸拥有自己的电台，69家报纸在别的电台出钱主办节目，97家报纸上刊登广播新闻节目，几乎一半以上的高级电台都同报纸有着某种联系。[①] 广播节目会对报纸刊发的重要新闻进行广而告之，引导听众购买报纸获取详情。而报纸上也能读到广播电台的节目单、主持人介绍等内容。而且这样的合作地域覆盖特征明显，唱片店的上新情况也通过广播电台播发，引导听众到店购买。当时的广播新闻内容，颇具一个新兴本地商业信息平台的雏形。[②]

1922年美国电话暨电报公司的纽约WEAF无线广播电台，以100美元价格售出10分钟给长岛一家房产公司做广告，开创了无线电广播广告之先河。1926年和1927年全国广播网建立，耗资巨大的广播网却急需收回线路投资。而在能资助广播的选择中，只有广告有巨大的潜力可以获得巨额利润。商业化广播进入发展新阶段，广告必须成为广播的财政基础。[③] 到1928年，美国通过无线电广播广告的费用已达1050万美元。1930年美国有一半以上的家庭拥有收音机，广播广告效果十分显著。广播的商业化极大地促进了自身的发展，从20世纪初到第二次世界大战之前，广播成为继报刊等印刷媒介之后的第二大传播媒介。[④]

1930年，上海天灵无线电广告公司播音台在法租界开办，这也标志着中国付费代理制的广播广告正式出现。1923年5月，上海第二所电台——由开洛公司和新孚洋行开办的开洛电台正式播音，不久后便开始向社会广招商业广播的播放，但由于开洛电台的洋办属性，其主要承接的广告都为外商广告。1923年，东方、明远、国华及亚美公司上海电台开始联合播送广告。厂商只

---

① 杨飙、蔡尚伟．媒体竞争论［M］．成都：四川民族出版社，2011：214.

② 孟伟等．广播内容传播——媒体融合视域下广播节目模式创新研究［M］．北京：中国广播影视出版社，2017：30.

③ 李敬一、彭垒．美国广播早期商业化与广播广告的兴起［J］．湖南大众传媒职业技术学院学报，2006（6）.

④ 同上书，2006（6）.

要做一次广告，同时可得到4个电台的听众收听，扩大了广告的范围。民国二十九年十二月，新亚药厂假新新电台播送特别节目一天，其他电台转播，等于全市各电台为其播送特别节目一天。在一些受听众欢迎的节目中，经常有十多家商号联合做广告的情况。抗战胜利后，上海民营广播电台同业公会为纠正广告过滥和虚假广告盛行等弊端，曾于1947年9月制订《播音合同（草案）》，其中有一条规定广告客户所宣传之商品须先将该货样送交电台验看，如电台认为有损商业信誉或与广告词句不符时，有权立即停止其播送，并不负一切损失之责。[①]

（三）政治宣传

时势造英雄，广播的崛起离不开第二次世界大战的时代背景。而参战国也纷纷利用广播阵地，制造舆论、开展宣传。1939年8月31日，希特勒为了制造进攻波兰的借口在德国格莱维茨广播电台炮制了一场伪装波兰方面向德国进攻的闹剧。当晚，希特勒通过广播发表了对波兰的“和平建议”。9月1日，德国军队对波兰发动了攻击，第二次世界大战爆发。1940年5月下旬，当荷兰、比利时相继陷落，英法军队被迫从敦刻尔克撤退，反法西斯斗争陷于低谷时，英国首相丘吉尔“我们绝不投降”的声音通过电波回荡在整个世界。1940年6月18日，当法国军队惨遭失败，贝当政府屈膝投降时，戴高乐将军在英国BBC发出了抵抗的怒吼，开创了自由法国的大业。当德国法西斯铁蹄蹂躏着欧洲大陆、而美国孤立主义势力占据上风之时，罗斯福总统通过广播进行的“炉边谈话”逐渐形成了正义的舆论，造成了反孤立主义的强大力量，为美国的参战奠定了基础。当苏联的卫国战争处于紧要关头时，斯大林的广播演讲激励了无数的苏联人民。连标志着二战结束的日本天皇的终战昭书，也是通过广播而传遍全世界的。[②]

1940年12月30日，延安新华广播电台的开播，标志着人民广播事业正式诞生。延安新华广播电台的播音次数和时间曾多次变更，最初每天一次2小时，后来增至两次3小时和3次4小时。稿件是由新华社广播科编发的，播音内容有：中共中央重要文件，《新中华报》、《解放》周刊、《解放日报》

---

① 刘月影．无线电广播与上海早期都市文化建构（1923－1949）［D］．上海师范大学，2014.

② 王文利．二战中广播在社会动员方面的作用浅析［J］．中国广播电视学刊，2005（8）．

的重要社论和文章，国际、国内的时事新闻，名人讲演，科学常识，革命故事，音乐戏曲节目和对侵华日军广播的日语节目等。①

二、广播新闻宣传化的弊端

新闻与宣传最根本的区别在于新闻传播信息，消除人们的随机不确定性。宣传传播观念、理论、方针政策、伦理道德、立场态度，以影响人的思想和行为。所以宣传是出于宣传者自身需要，而新闻的出发点是满足受众需要。②既然宣传者有自身的目的和需要，也就不可能告知受众在自己传播的内容中，哪些是宣传、哪些是新闻，往往会造成许多困惑和争议。那么，广播新闻与宣传究竟有什么区别？广播新闻的宣传化呈现出哪些弊端呢？我们试图从广播新闻生产的流程上来举例分析。

（一）策划采写是否提前预设

广播宣传的前期策划至关重要，而很多策划却常常越俎代庖，演变成“预设新闻”甚至“预测新闻”。记者在出发采访前已经基本确定了稿件基调，写稿前已经铺垫好了情绪走向，录制合成时甚至能与自己先前的设计不谋而合。将片段事实和采访对象的只言片语拼接起来，强加上自己的因果论，受众在逻辑上并不能认同。

2018 年，中国之声推出特别策划《走，回家创业》，鼓励更多年轻人从大城市回到家乡创业。其中的第二篇《农民王小帮的触“网”十年》，介绍了山西吕梁临县张家沟村农民电商王志强的创业故事。录音稿件如下：

王志强：我第一笔生意是一个深圳的买家买了我两斤小米，挣了四块钱，第一桶金。

口播：岁月走过十载，现在的王志强已经不是当初一穷二白创业的年轻人，但属于“王小帮”的创业故事，他从来都没忘记。王志强说，自己的命

① 哈艳秋、周文超．回旋历史的声音（上篇）——抗日战争中各地的广播抗战时期延安台的广播宣传［J］．中国广播，2005（10）．

② 李良荣．艰难的转身：从宣传本位到新闻本位——共和国60年新闻媒体［J］．国际新闻界，2009（9）．

运是因为网上开店而改变的。

王志强：在北京我也是无意间知道，电脑可以能做买卖，就不用东奔西跑，在家里就能把钱挣了。我们这就是种五谷杂粮，还有红枣啊、核桃啊。想卖出去可能也能挣钱。

口播：近些年来，交通基础设施的改善和涉农扶持政策的落地，也成为他创业致富的依仗。

王志强：比如原来在外面办公租办公室，一般我们租写字楼得四五块租金，我们现在入住的电商园区，也就一块钱甚至七八毛，这对创业者来说在刚开始起步是很大的实惠。

口播：十年再出发，他想带动更多的"王小帮"。

王志强：现在如果想从事电商行业，一点也不晚，农村电商是新的行业，对电商从业者是全新的领域，可以在摸索中前进，前行中成长。

首先，我们从标题《农民王小帮的触"网"十年》来分析，这是一个不错的标题，"农民""王小帮"和"十年"无疑是最吸引人的地方。而报道中，既没有对王志强创业前后的角色变化进行对比，又没解释出昔日的王志强怎么就得来了今日"王小帮"的外号，这其中的故事是什么？而"十年"的故事，仅仅用"交通基础设施的改善和涉农扶持政策的落地，也成为他创业致富的依仗"一笔带过。新闻中最吸引人的部分被忽略，生硬地将农村创业青年颇具传奇色彩和人情味儿的故事，引向了政策扶持和榜样作用，略显干涩。而为什么在扶持政策落地之后只有王志强一人做大做强，其他人还要靠他"帮"？这在逻辑上也说不通。显然，这是一则为了宣传目的不尊重新闻事实的报道。

（二）编排设计是否事实先行

新闻是基于事实的报道，而宣传是基于事实的引导。例如，在一些重大新闻事件、特别是灾害事故发生后，党和国家领导人都会高度重视，做出重要批示、指示，调配各种资源，尽最大努力，确保伤亡损失降到最低。政党领导和国家元首的政令，是新闻事实。但如果在编排上不能做到事实先行，尤其是在广播线性传播模式之下，会造成错位，让受众直呼"听不懂"。

2017年8月8日，四川省阿坝州九寨沟县（北纬33.2度，东经103.82度）发生7.0级地震。8月9日，中央人民广播电台《新闻和报纸摘要》栏目的内容提要如下：

习近平对四川九寨沟7.0级地震作出重要指示，要求迅速组织力量救灾全力以赴抢救伤员，最大限度减少人员伤亡，李克强就抗震救灾工作作出批示；

四川九寨沟地震已造成9人遇难、135人受伤，抗震救灾各项工作正在紧张有序进行；

内蒙古各族各界隆重庆祝自治区成立70周年，中共中央、全国人大常委会、国务院、全国政协、中央军委致电祝贺，俞正声出席大会并讲话；

特别报道《砥砺奋进的五年——我的山水乡愁》今天播出：地上有沙，但上面已长出青山；

我国外贸前七个月同比增长18.5%，持续向好；

南非总统祖马第八次挫败不信任案。

一般而言，第二条新闻需要编排在第一条新闻之前，对于多数听众而言，直觉需要了解的是灾难性事件目前什么情况？伤亡人员怎么样？国家和社会的应急救助是如何展开？目前第一条新闻的编排方式，是为了强调国家已经对灾区做了什么，特别是领导人的重要批示，从政治宣传逻辑上来讲自洽，但在时间逻辑上的确是倒置的。由此可见，按照宣传逻辑编排新闻，让事实放在后面，会影响到广播新闻的传播，牺牲大众通过媒体对事实本身的一般性认知逻辑。

（三）播出是否口径统一

宣传的方法论中，第一要义恐怕就是口径统一。无论是谁在说、对谁说、怎么说，所说内容必须是异口同声。而新闻则不同，记者的采访出发点不同、写稿的立足点不同，播出面向的受众群体不同，报道出的事实往往是未知的、变化的。哪怕是描述同一个哈姆雷特，也可能会有一千张画像。

2018年6月9日至10日，上海合作组织峰会在山东青岛举行。6月11

日至6月13日，中央人民广播电台中国之声《新闻和报纸摘要》栏目连续三天播发系列报道《外媒和外国政要高度评价习主席讲话和青岛峰会》，专门选取外国政要和外媒的正面评价进行集中播出。而早在6月10日，新华社便发表综述《“上海精神”掀开国际关系史崭新一页——国际社会高度评价习近平主席在上海合作组织青岛峰会上的重要讲话》。6月11日，中央电视台也播出了电视消息《国际社会高度评价习近平主席上合组织青岛峰会讲话》。

在重大或者是国际新闻传播中，口径统一往往体现了国家利益优先。这则报道也呈现出了我国政治宣传中有报喜不报忧的情况。

三、广播新闻宣传的发展趋势

习近平2012年担任党的总书记以来，身体力行倡导新的文风。2013年8月19日，他在全国思想政治工作会议发表长达1.5万字的讲话，这是他担任总书记以来首次发表的关于宣传思想工作的重要讲话。他引用古语“不日新者必日退”、“明者因时而变，知者随事而制”，要求创新宣传思想工作。2014年8月18日，他主持召开中央全面深化改革领导小组第四次会议，审议通过了《关于推动传统媒体和新兴媒体融合发展的指导意见》并发表讲话，这是继“8·19讲话”之后，他对我国新闻传播业的发展提出的更为重大的创新要求，在新兴媒体条件下，为我国新闻传播业的未来发展规划了蓝图。[①]

在两次讲话中，习近平要求“遵循新闻传播规律和新兴媒体发展规律”[②]，指出“关键是要提高质量和水平，把握好时、度、效，增强吸引力和感染力，让群众爱听爱看、产生共鸣。”[③] 他还强调：“在全面对外开放的条件下做宣传思想工作，一项重要任务是引导人们更加全面客观地认识当代中

---

① 陈力丹．习近平的宣传观和新闻观［J］．新闻记者，2014（10）．

② 共同为改革想招　一起为改革发力　群策群力把各项改革工作抓到位［N］．人民日报，2014－08－19（001）．

③ 倪光辉．胸怀大局把握大势着眼大事　努力把宣传思想工作做得更好［N］．人民日报，2013－08－21（001）．

国、看待外部世界。”①

那么在现有的制度和体制下，广播新闻宣传如何发展才能创新？

（一）碎片传播，形态升级

广播的碎片化传播，多年来在业界和学术界被广泛探讨。字面上意义的碎片化非常好理解，如碎纸屑一般的形态碎片化。于是，各家广播电台生产了大量的插件节目打碎原有的大时段直播。在智能终端，我们也迎来了互联网短音频的春天，甚至已经成为下一个互联网风口。一条数十秒的短音频，就像一则140字的微博一样，简单干净、直截了当。如今，包括蜻蜓FM在内的音频类App，已经将主页头部的标签栏顺序进行了颠覆性的修改。原本依靠FM端广播带来流量的App，已经将短音频等碎片内容替换到了首页，用户甚至需要拖动，才能看到传统广播的内容。

而实际上，广播传播的碎片化，不仅体现在形态上，逻辑上的碎片化才是未来广播发展的重要趋势之一。原因也非常好理解，FM端广播播送的节目大多是持续的，通过主持人口播、音乐、片花等在同一档节目中进行串联是合理的、可理解的。但如果所有节目都被打碎，中间插播插件节目，对制作人的整体编排能力和制作能力有着极高的要求。如若过分追求形态碎片化，那么节目也将像一团散沙，其营造的收听感受与中插广告并无二致。对于一些有深度性的广播节目，如广播特写、广播纪录片等，更是极大的伤害。

2018年春运期间，中央人民广播电台《国家应急广播·高速加油站》栏目承担着春运应急安全宣传的重要任务。与传统的说教式宣传不同，该栏目策划的专题内容在形式和内容上都下了不少功夫，取得了不错的传播效果。我们试图通过其中的几期节目来说明，两种碎片化传播的异同。

1. 形态碎片化

2018年2月1日，春运正式拉开大幕。《国家应急广播·高速加油站》顺势推出了插件节目《春运智囊团》，不仅在该栏目时段播出，也在全天各个时段滚动播出。《春运智囊团》节目共8期，每期关注一个春运路上最常见的“应急事儿”，如票证丢失、错过发车、行李超限、防骗防盗等。这档

---

① 倪光辉. 胸怀大局把握大势着眼大事　努力把宣传思想工作做得更好［N］. 人民日报，2013-08-21（001）.

节目每期时长还不足2分钟，由主持人修奇和北京客运段的两位列车长通过“微广播剧”的形式宣传春运路上的应急知识。我们节选了其中的第二期《错过发车时间怎么办?》的稿件：

修奇：春运智囊团，助团圆一臂之力。大家好，我是修奇。

陈响：大家好，我是北京客运段列车长陈响。

修奇：哎，刚才急急忙忙过去那个小伙子怎么了?

陈响：嗨，路上堵车，错过列车出发时间了。

修奇：啊?那他得多着急啊?咱们能帮帮他吗?

陈响：我已经让他去退改签窗口了，如果其他列车有余票，可以改签一次出发、到达城市相同的车票。但是现在已经开车了，他只能在票面上的出发站办理改签，而且不能办理退票手续。

修奇：但愿他能找到有余票的车次，也给大家提个醒，如果行程临时有变数，可得提前改签呀，千万别耽误您回家团聚。

陈响：这也正是我想说的。因为在开车前48小时以上，我们可以改签预售期内的其他列车，但开车前48小时以内，就只能改签开车前的其他列车，和开车后至票面日期当日24：00之间的其他列车了。所以，越早改签，可选择的余地就越大。

修奇：更多春运服务信息，北京铁路将通过中国交通广播第一时间发布。

嘉宾：请锁定FM99.6，《春运智囊团》，咱们下次再见!

从形态上看，这是一个不足2分钟的碎片插件。主持人修奇创作稿件时，将铁路部分针对退改签的冗长规定吃透，提取出了其中最重要的部分。按理说，这么多“干货”集中在2分钟，节目听起来会十分“满”。但通过对场景、对话、对白的设计，又使得这个节目“干湿分离”，既有趣味的成分，又有实在的意义。这在广播宣传中是难能可贵的。

2. 逻辑碎片化

逻辑碎片化，即不通过物理方式分割、打碎大时段节目，但通过主题的内在逻辑切换将节目内容有条理地进行碎片化处理。我们同样以2018年《国家应急广播·高速加油站》的春运应急安全宣传策划为例，2月14日，该节目播出了访谈节目《春运，列车长最担心的事儿》，主持人修奇邀请北京客运段复兴号列车长官淼做客直播间，分享她职业生涯中的十次春运“苦与乐”。

这期访谈节目时长达60分钟，除了整点和半点的报时、广告，仅用3条片花作为补充素材和隔断。单从这样的介绍来看，这期节目的听感或许“很累”，但实际上，节目播出后马上收到了来自各方的好评。在中央人民广播电台当期《受众信息》的“肯定表扬”板块，河南洛阳的听评员姚洪亮专门对节目进行了分析。首先从形式上，“主持人与列车长交谈娓娓道来，听起来像邻家大姐讲故事，让人有听‘下回分解’的欲望。”说明节目并不是传统意义上的形态碎片化，而是持续的、连贯的。而另一方面，每一个小故事又十分吸引人，并且给人以警示。60分钟听下来并不只是“凑热闹”，而是记住了“相信手机定位不相信列车广播的年轻人”“酗酒乘客上车就睡”“不给调换座位就不让列车开动”等逸闻趣事，也记住了“‘复兴号’与‘和谐号’的区别，列车上如何摆放行李、防止行李丢失、拿错行李、上错车如何办、老人小孩在列车上的注意事项等，信息非常实用。”①

节目之所以能既好听又实用，与前期充分的策划、准备是分不开的。这期节目的人物和故事，是主持人翻阅了北京客运段多位优秀列车长的文字资料，经过无数次实地采访和微信、电话沟通才提取出来的。所以，逻辑碎片化在生产难度和呈现效果上，要比单纯的形态碎片化消耗更多的生产成本。

（二）差异策划，精准传播

前文中我们探讨了广播新闻宣传中“口径统一”的问题，“口径统一”本身是一种存在，然而在实际生产中，常常因为各种因素将“口径统一”扭曲为“人云亦云”。同一篇通稿，报纸直接刊发，电视配以主持人演播室图像和新闻资料画面，广播则是一字不改地口播。这使得新闻失去了原有的魅力，在“时、度、效”的把握上也十分欠妥。广播电台应该发挥自身的优势和特长，对宣传类选题进行差异策划。同时，针对自身的目标受众群体量身定制内容产品，做到精准传播。

① 引自央广听评资料。

我们以习近平主席提出“一带一路”倡议的对外宣传为例。“一带一路”沿线国家众多，包括多种文明，近百个相关国家地区和上百种语言，只有采用母语传播才能实现精细的、差异化的“一国一策”国家传播战略。中国国际广播电台发挥65种语言传播的巨大优势，深入细致进行国别研究，精心打造了一批深入了解“一带一路”沿线国国情、熟练运用外语、熟悉国际规则、能清晰定义和解释国家对外方针政策的中外报道队伍。在内容建设上，策划制作了一批融媒体传播精品。如《走进鼹鼠的故乡捷克》展现了捷克浓郁的人文气息和广受欢迎的中医门诊，做到了“有深度，没距离”；动画短片《小番茄的新旅程》以Flash动画的形式，展现一箱箱产于新疆的番茄如何搭乘中欧班列、借助海上丝路新航线，成为中亚人的新鲜食品、欧洲人餐桌的配菜、美洲人爱吃的番茄酱，通过数据、图片串联起“一带一路”三年来的辐射范围。如希伯来语打造社交媒体节目《Itzik说中国》在以色列产生轰动，希伯来语名为Itzik的国际台主持人奚啸琪以纯正的外语赢得以色列网友的喜爱，甚至成为以色列家喻户晓的“网红”。网友惊呼“怎么中国人也能说这么好的希伯来语，也许他是以色列人”，进而对中国的好感和兴趣大大增加。根据不同对象国特点，定制推送丰富多样的社交媒体报道，取得广泛互动。[①]

（三）传播效果，科学评估

在前文对新闻定义的探讨中，我们提到了传播模式中信宿对信源的反馈机制。一次有效的传播，在对谁说、说什么、怎么说之后，必然要考量说完之后产生的效果。成语“对牛弹琴”，就是一个生动形象的例子。广播的声音传播虽然是线性的，但是受众作为用户，可以通过调台甚至关机的方式来抗议不感兴趣的内容。而结合笔者在广播业界的工作经验，听众只有在对某一内容特别喜爱或反感时，才会试图与播者互动。如果内容不咸不淡，传播效果不佳；也或者对内容的反应是很靠内的，那么大多数听众会选择不参与互动。这也就使内容传播效果很难被生产者直观地感受到，所以，建立科学的传播效果评估机制，或者说反馈机制，是十分必要的。

完整的反馈体系应该包括受众主动反馈的通道、媒介自身的调查机构和

① 田玉红．融入“一带一路”大格局　开辟国际传播新高地——中国国际广播电台“一带一路”传播实践与思考［J］．新闻战线，2017（9）．

独立于媒介之外的调查、监督机构。受众主动的反馈真实但零散；媒介调查机构的调查专业、系统、针对性强，但有一定的惯性和主观倾向。独立于媒介之外的调查、监督机构较为客观，三者取长补短，才能共同构建一个有效运行的反馈体系，获取真实、可靠、系统的反馈信息。① 传统广播收集受众信息往往周期长、速度慢，缺乏即时性。智能终端的出现，在一定程度上解决了这个问题。

浙江广播电视集团城市之声频率在自身的官方微信公众平台“私家车第一广播”上，独家开发了节目实时评价系统“全民开赞”。点击这个按钮，听众在收听调频节目当时，如果喜欢此时此刻的节目和主持人就可以立即“点赞”，甚至可以“打赏”。而如果觉得正在播出的节目不好，就可以点击“打脸”，数据会当即提交呈现，节目是否受欢迎，哪些段落存在问题一目了然。该系统上线前，浙江电台城市之声全体采编播团队据此对节目进行重新竞标上岗，每档节目都确立了节目“点赞”的增长指标，每月进行一次考核，节目迭代进一步科学化。因为数据一目了然，团队的市场意识、互动意识和服务意识必须与大众需求接轨。那些自娱自乐、自以为是的节目，在听众大评委这里无法拿到好成绩。项目推出以来，“全民开赞”每天都要对内发布数据分析，每月进行考核测评，奖优罚劣。强大的数据累积，提供广播节目管理以科学充分的依据。②

第三节　广播新闻的娱乐化

美国著名的传媒文化研究者尼尔·波兹曼在《娱乐至死》中提到有两种方式可以让文化精神枯萎：一种是让文化成为一个监狱，另一种是把文化变成一场娱乐至死的舞台。③ 随着国外节目版权的引进和国内节目创新力的提

① 李金宝．广播电视受众反馈系统理论及模式研究［J］．电视研究，2005（9）．

② 引自赛立信媒介研究微信公众号。

③ 薛国林、彭雪蕾．全民娱乐包围下的价值观困境——对娱乐泛滥现状的思考［J］．记者摇篮，2012（3）．

升，我国广播电视娱乐节目曾经一度出现过“三俗”趋势。就连功能性极强的婚恋节目，都在输出“宁在宝马车里哭，不在自行车上笑”的扭曲价值观。2011 年，国家广电总局正式下发《关于进一步加强电视上星综合频道节目管理的意见》。而目前，我国还没有类似的国家层面广播节目“限娱令”。

广播娱乐节目是后工业社会中产生的一种特殊的文化消费产品。它具有后现代文化产品的共同特征：碎片化、可复制、商业性。它颠覆了古典及现代文化观念，是商业竞争的结果。在压力大、工作繁重的当今社会，它满足了人们需要快乐放松这一简单的诉求。而那些承载着重大、严肃主题的节目，以认知、教育为目的的节目就其属性而言则不是娱乐节目。[①] 而广播新闻的娱乐化，正是娱乐节目受欢迎的一个重要佐证，也是全社会娱乐节目泛滥的一种直观体现。广播节目样态的杂糅，是不可避免的一种正常现象。而当我们跳出节目，从“新闻”和“娱乐”二者本身来观察，便能思考出广播新闻娱乐化存在的问题。

一、广播新闻娱乐化成因

（一）传播模式和创收模式的改变

20 世纪 80 年代，“珠江模式”的出现和复制，使大量广播节目语言从相对正式的宣讲式，变成了更加随性的谈话式。主持人这一角色逐渐被听众所接受和喜爱，一大批主持人节目相继开播，在这其中就不乏新闻节目。主持人和主持人节目的出现之所以能改变广播新闻的传播方式，使之成为广播新闻娱乐化的成因，要从两方面来分析，第一点是从有稿播音到无稿播音的变化，第二点是主持人中心制对采编播流程和创收模式的改变。

有关有稿播音和无稿播音的区别，已有大量的文献从语言学、新闻学、传播学、播音学等各个角度出发，进行过各异的分析。但如果仅仅从“播”和“说”的语态来判定，并不科学。因为在实际中，有不少节目主持人假借“说新闻”的语气，行“播新闻”之实。也就是说其口语化的表达，也是完完全全依照文字稿件“表演”出来的。我们暂借播音学中有稿播音和无稿播

① 关玲、刘沐晗、陈若川．中国广播娱乐节目现状分析［J］．中国广播，2014（1）．

音这两个概念来区分，但无稿播音和主持之间的关系在学术界一直有争议，这里不做深入探讨。有稿播音是严格依照文字稿件的有声语言创作，播音员的裁量权仅有限存在于情、声、气的变化中，大多数情况下无权直接对稿件进行改动，类似于“复印”；而无稿播音是在一定程度上脱离文字稿件的有声语言表达，主持人掌握大量自主权，可以直接对稿件进行改动并加入自己的情绪和态度，类似于“素描”。传统的有稿播音，稿件经过近乎严苛的三级审核制度，使新闻事实更加准确。而主持人的无稿播音，或许播出前的确有提纲甚至逐字稿件，但人的瞬时记忆和即兴表达是相对不可控的，如果错误记忆或表达了新闻事实，又错误地调动了情绪和态度，那么新闻的真实性和准确性就很难保证。新闻传播，也就变成了故事传说，甚至以讹传讹。

再来说主持人中心制，这就意味着主持人成为整档栏目的总编辑，对新闻生产的各个流程把关、负责——更重要的是，要保证节目的创收。特别是在生产成本相对低的广播电台，一个主持人往往就是一档栏目的整个团队，这使得“采”“编”的成本被集聚压缩，必须在“播”上见效益。所谓效益，无非就是吸引受众，这样才能创收。于是，为了保证节目在听觉上的呈现更丰富、更热闹，调侃、音乐、音效等元素被编排进了越来越多的新闻节目中。有研究发现，娱乐思潮下的美国新闻节目越来越呈现出新闻娱乐化的特点，新闻和娱乐相互影响加剧，部分新闻节目和娱乐节目的界限有模糊化的趋势，在选题取材上，更倾向于在内容上从严肃的政治、经济素材里挖掘其娱乐价值；在表现形式上，强调故事特点，富有情节性，强化事件的戏剧效果。为了迎合国内听众喜好的变化，尤其是对于一些回流的年轻听众，国内广播节目也逐步呈现新闻娱乐化的发展趋势。① 特别是在受众群体由传统广播端向智能终端转移的过程中，这种新闻娱乐化的趋势也更能迎合网络用户的口味，从而形成“一鱼多吃”的创收模式。

（二）媒介竞争环境的变化

除了自身的内在原因，广播新闻的娱乐化也与媒介竞争环境的变化有关。这其中，无论是传统媒体的转型升级，还是新媒体的顺势而上，都在挤占着

① 梁毓琳．新媒体时代广播节目的现状及趋势——2014—2015 年全国广播节目收听表现分析［J］．中国广告，2016（2）．

广播媒体的生存空间。广播无论是内容还是形式的创新，都落入了一种近乎于讨好受众的窠臼。

（1）纸媒：信任成就好感

作为传统的新闻媒体，纸媒有一整套严格的新闻采编标准和采编流程，这在现今的信息生产领域里也是稀缺的，这些恰恰是传统纸媒的核心优势。据尼尔森关于“全球广告信任度”的调查显示，消费者对报纸的信任度为58%，远高于电视、广播和互联网等媒体。由此可见，报纸在社会公信力、权威性方面具有不可替代的作用。[①] 一个常见的现象就是，广播电视或新媒体在播报一条难以考证的新闻的时候，往往会强调这是某纸媒记者发回的最新消息，以佐消息之准确性。

另一方面，纸媒发挥原有优势，纷纷开始转型运营互联网新闻品牌。利用深度，匹配越来越快的速度。“澎湃新闻”是上海报业集团改革后公布的第一个成果。澎湃新闻主打时政新闻与思想分析，生产并聚合中文互联网世界中优质的时政思想类内容，结合互联网技术创新与新闻价值传承，致力于新闻追问功能与新闻跟踪功能的实践。有网页、Wap、App 客户端等一系列新媒体平台。比较有影响力的栏目，如中国政库、中南海、打虎记、人事风向、一号专案、舆论场、知识分子等。而目前，我们还没有看到国内出现同等量级和影响力的广播新闻互联网品牌。

（2）互联网音视频：UGC 成就 PUGC

互联网音视频平台近些年发生的最大变革，便是用户不再只是受众，自己也可以参与其中生产内容，甚至成为“网红”。而随着用户基数的扩大，上传作品的质量也在逐步提高，甚至出现了一些专业用户或传媒公司运营的账号，这些平台也逐渐从用户生成内容（UGC）过渡到专业用户生产内容（PUGC）。于是紧接着，这些“专业化”的作品被提取成了模板，普通用户也可以生产出“专业大片”，牢牢地拴住了用户群。

快手，是目前国内体量最大的短视频平台之一。2015 年 6 月，快手用户破 1 亿，8 个月后，快手用户就达到 3 亿。快手 CEO 宿华曾在 2016 年 12 月

---

① 夏晓茵．“互联网＋”时代纸媒的应对策略［N］．中国新闻出版广电报，2016－03－29（004）．

接受媒体采访时说过，快手的日活4000万，日上传视频超过500万条。[①] 曾有研究者对多名快手看客进行了访谈，试图结合“使用与满足”理论探明快手走红的深层次原因，发现看客对快手的使用也可以分为“工具性使用”和“仪式性使用”两种。第一，工具性使用。在访谈中，很多人使用快手看视频是基于特定目的，如有位用户的职业是红木雕刻，他主要通过快手欣赏学习其他人的木雕作品。快手内容丰富、五花八门、应有尽有，不同的看客都可以在快手找到自己喜欢的内容。第二，仪式性使用。除了抱有特定目的使用快手外，还有很多用户对快手的使用属于仪式性使用。“消遣”“无聊”，这是对快手看客的访谈中出现最多的字眼。访谈中有位用户是名夜班工作者，他表示每天上午下班回家后，就会躺在被窝里看会儿快手再睡觉，他的这一做法已经成为一种习惯。这是一种典型的仪式性的使用。[②] 而这一点，恰恰与听众选择收听传统广播的需求十分类似。

（3）电视：娱乐从故事化开始

电视新闻娱乐化是指将新闻的娱乐性比重增大，即使是比较严肃的新闻，也采用娱乐的方式包装，用幽默诙谐的新闻语言进行报道，使新闻更加故事化和文学化。电视新闻娱乐化现象最早出现于西方国家，主要是为了满足观众的需求，提高电视节目收视率，促进新闻产业的发展，从而使原本严肃认真的电视新闻节目发生变化，使其向着娱乐化方向发展。[③] 因为电视兼有视觉刺激，所以比广播在感官上冲击力要更大。在时间、环境条件允许的前提下，人们更希望同时在听觉和视觉上得到满足。

电视新闻一旦呈现出故事化和文学化倾向，无疑将使观众很难将其与电视剧区分开。我国观众是从央视的《百姓故事》栏目开始认识电视新闻故事化的，随后四川卫视的《新闻连连看》等一批以讲故事为主的新闻栏目迅速地红火起来，用故事化手法制作新闻，使电视新闻报道呈现出勃勃生机，也迅速成为各媒体的新宠[④]。自故事化为开端的新闻娱乐化，路子越走越远，

---

① 杨皓．抖音迷思［J］．检察风云，2018（10）．

② 高存玲．移动端短视频App“使用与满足”研究——以快手App为例［J］．新闻知识，2016（12）．

③ 张素琴．论我国电视新闻娱乐化现象［J］．西部广播电视，2016（10）．

④ 刘晓瓯．电视新闻故事化中存在的问题［J］．新闻传播，2012（12）．

未能脱离开过度娱乐化，甚至庸俗化的问题。

三、广播新闻娱乐化案例分析：《城市猎手》[①]

早在2000年，我国就出现了过度娱乐化的广播新闻栏目。我们以当时杭州西湖之声广播电台的新闻板块节目《城市猎手》为例，来看看当时改革的创举，在今天可能存在的一些问题。《城市猎手》是一档在中午播出的新闻板块节目，整档节目由三个小板块组成，包括新闻、简讯和热点关注。

（一）新闻事实：听众竞猜代替直接播报

《城市猎手》在播报语态上做了调整，不但主持人像聊天一样介绍新闻内容，还引入了听众的热线参与，对新闻内容进行竞猜。比如，讲到广东省学生发生了压力病问题，主持人即提出有几成学生得了压力病，听众则通过热线电话进行竞猜，然后主持人把正确答案告诉听众。

虽然学生罹患压力病，乍一听是一则令人哭笑不得的新闻，但其背后折射的是多少家庭将要面临的挑战和中国教育存在的顽疾。而作为一档新闻节目，竟然煞有介事地让主持人和听众电话连线，竞猜新闻事实，实有过度消费新闻之嫌。

（二）新闻编排：猎奇事件先于重要时事

不得不承认，在2000年互联网还并不发达的年代，《城市猎手》的选题在广泛性上难能可贵。我们依旧以前文所述的同一期节目为例，新闻板块选择了4条消息：广东中小学生发生压力病、大连中小学生的午餐问题、中央戏剧学院在广东招生时发现不少学生没看过话剧、西安下了泥雨——皆为颇有猎奇性质的社会新闻。而在简讯板块中，才一笔带过地谈到了我国西北地区植被遭到了破坏、铸铁水龙头质量低劣、深圳无人售票车发现大量假币等重要国内时事。

不难看出，编创人员在节目内容的构成上力求丰富多彩，尽量涉及社会生活的方方面面，注重可听性。但这与新闻选材中“放大取小，以小见大”

---

① 部分内容取自：沈健．试论广播新闻娱乐化——从《西湖之声·城市猎手》改革谈起［J］．浙江广播电视高等专科学校学报，2000（02）．

的原则不同，而是搁置了国内大事，优先选取猎奇小事，在版面上也更加侧重、放大，无疑是新闻娱乐化的表现。

（三）新闻语言：招徕参与影响准确表达

由于这是一档依靠听众热线参与的UGC广播新闻栏目，所以在《城市猎手》的主持过程中，两位节目主持人有相当一部分时间都在运用娱乐节目常用的鼓动语气来激发听众参与节目的兴趣，并配以“热情、欢快、节奏奔放”的新闻间隔音乐。

很显然，首先节目音乐的色彩完全不适合当天“广东中小学生发生压力病”“我国西北地区植被遭到了破坏”“铸铁水龙头质量低劣”“深圳无人售票车发现大量假币”等负面新闻报道，营造出一种“事不关己，高高挂起”的氛围。另外，主持人用娱乐节目的方式不停招徕听众热线参与，必然会使用夸张、悬念等故事化的表达手法，这与广播新闻语言的准确性要求背道而驰。

四、广播新闻娱乐化的治理

（一）重塑创收与绩效评价体系

我国广播媒体绩效评价体系处于起步阶段，按评价主体来分目前主要有三种：一是主管部门根据有关办法对广播媒体宣传任务完成情况、节目获奖情况、节目空播情况和财务运行情况等进行的宏观考核，以事后业务考评和财务监督为主；二是广播媒体自身针对节目收听情况、广告收入、预算执行以及内部人事工作量等进行的内部考核，以节目收听率和经济创收考评为核心；三是学者或媒体研究机构自行构建的广播媒体绩效评价体系。[①] 其中，第一种评价体系常见于全额拨款事业单位性质的广播电台或定向性、公益性频率；第三种评价体系多作为学术研究或体系完善的参考项。第二种评价体系则是市场化频率最常用的，也是认可度相对较高的评价体系。

而如果将广播内容产品从公共服务的视域下进行评价，节目收听率和经济创收便不应作为其评价体系的核心项。公共服务绩效评价体系，是根据公众的需要提供公共服务和公共产品，又根据公众对公共服务和公共产品的满

① 田瑞锋. 构建基于平衡计分卡的广播媒体绩效管理体系［J］. 会计之友，2016（9）.

足程度来评估管理绩效，从而确定公共组织对公众负责、提高服务质量的公共责任机制和运行机制。[①] 广播新闻节目的绩效评价体系应该独立于音乐、娱乐、体育等其他节目，不应单纯以收听收据、广告收入、地面推广等商业化要素来核算，这样无疑是助推广播新闻的娱乐化乃至低俗化。更不应在广告招标时开放广播新闻节目软广告、关系稿等内容，维护新闻的尊严与体面。

（二）多方监管与自律相结合

目前在世界范围内，广播电视节目的监管都存在尴尬。美国的行政监管机构是联邦通讯委员会（FCC），可以对违反法规的低俗节目进行行政处罚，甚至吊销营业执照。但 FCC 在监管节目低俗化时，也必须保证自己行使的权利不能违反《宪法第一修正案》。这使得 FCC 往往力不从心，处罚迟迟难以落实。因为当电视媒体因触犯反低俗化法规而受到重罚时，往往会以“言论自由”作为抗辩的核心依据而获胜。而依据宪法规定，英国和日本的行政机构一般不直接干涉电视节目的内容生产。尽管英国和日本都存在有类似于美国的 FCC 的监管机构，例如英国的 BBC 理事会、广播电视标准委员会（BSC）、日本的广播协会经营委员会等，但是它们并不具有行政处罚的权利，行使的监督职责接近于社会组织。[②]

在中国，除了广播电视行政监管部门的监听监看阅评机制，大多数广播电台也都建立了长效的受众、专家听评机制，通过征文、问卷调查、访谈等形式对节目进行评估。中央人民广播电台总编室受众研究处每周收集整理《受众信息》向全台进行传达公示，而各中心、部门和公司也都建立了相应的奖惩机制。对提出表扬的节目制作人进行奖励，对内容错误、读音错误的编辑、记者和播音员主持人进行惩戒。而随着广播事业体制变革，出现了节目委托制作的模式。如《国家应急广播·高速加油站》栏目，由国家应急广播中心出资，委托中国交通广播（央广交通传媒有限责任公司）制作并落地播出。所以，该栏目除了接受普遍性的监管，还受出资方及其委托的听评员

---

① 蔡立辉．西方国家政府绩效评估的理念及其启示［J］．清华大学学报（哲学社会科学版），2003（1）．

② 管成云．广播电视节目低俗化治理——基于美、英、日三国的比较研究［J］．云南社会科学，2013（5）．

单独监管，更加保证了节目的内容质量和品质，成为一种值得借鉴的模式。

所以，行业自律在规避广播电视低俗化倾向的过程中发挥着重要的作用。仍以美国为例，美国全国广播电视协会除了主导建立了电视节目分级体系，协助 FCC 对低俗节目内容进行管理，还制定了职业规范，对广播电视从业机构的行为进行自我管理。播出机构每年要向 FCC 提交节目播出守法情况报告。拥有 1225 家商业广播电台的美国清晰频道公司（Clear Channel），推出了“负责任的广播节目计划”，对低俗节目内容进行自查、自纠和自律。①

（三）提升广播核心竞争力

前文提到，广播新闻的娱乐化很大程度上是因为竞争压力大，遂以一味迎合、讨好的方式生产内容。所以，在激烈的媒介竞争中，想方设法提升广播的核心竞争力十分关键。广播媒体的核心竞争力就是能够更有效地向受众提供所需产品或服务，并获得盈利和可持续发展的能力，这种能力是广播媒体在长期经营中积累而成的，根植于广播媒体的组织文化和价值观中，深深地印上了广播独特的烙印，是其他媒介形式所不能替代的，如广播的媒体文化底蕴、听觉美感、移动伴随性以及广播的区位优势等。② 曾几何时，在家中购买并摆放一台收音机，成为一件具有收藏性和设计美感的事儿，也使收音机丧失了其原本的功能属性。所以，除了呼唤广播内容产品变革，我们更期待未来的终端变革，以及中国广电业的整体转型升级。

有研究者认为：中国广电业的整体转型的实质，是在信息技术革命突进、全球化程度加深速度加快和国家经济社会加速转轨的大背景下，一个处于上层建筑与经济基础的结合部，既是传播工具又是文化信息产业，兼有强烈政治属性、经济属性、公共属性的行业系统，在宪法制度的根本约束下，在政府、市场、社会的互动中，在行业自身规律的作用下，在多元力量的博弈中，调整自身、适应环境，完成理念重塑、业态变迁和制度重构的过程。③ 从 20 世纪广播的诞生到普及，我们已经见证了广播媒体曾经创造的突破性成绩，

---

① 广电总局发展研究中心课题组：庞井君、杨明品、吕岩梅、周菁．美国对电视节目低俗内容的规制及其启示［J］．东岳论丛，2013（1）．

② 王欢．从媒介生态视角探析广播媒体的核心竞争力［J］．现代视听，2014（3）．

③ 邢建毅．试论中国广电业的整体转型［J］．中国广播电视学刊，2008（4）．

那么今时今日广播是否还有这样新的发展机遇？答案握在广播人自己手里。

第四节 广播新闻的跨媒介传播

广播新闻的跨媒介传播，早已不是在融媒改革之初，将广播内容原封不动或稍稍加工便上传在官方网站、微博、微信、客户端等互联网平台这么简单了。原本的二次加工逻辑，已经完全无法适应新媒体时代的先进生产力。一家家跨媒介超级传媒集团的组建，标志着内容生产不再受样态“模具”的限制。一般来说传媒集团资产规模庞大，业务结构复杂，其发展逻辑不同于业务单一的小型传媒组织，数字化转型过程中内容生产和资本运作应该并重。① 就像时尚界的品牌跨界合作，广播与纸媒、电视和新媒体联合推出了不少“联名合作款”，值得深入研究。

一、广播新闻跨媒介传播案例分析

（一）广播新闻与报纸跨媒介传播：《直播广东》

2009年，广东电台新闻广播的新闻杂志型栏目《直播广东》开播，广播节目与纸媒实现跨媒体深度合作。《直播广东》每期90分钟，以消息加专题的新闻杂志形态呈现，直播连线是节目的主要实现方式。前30分钟板块为《今日头条》，关注发生在全国各地尤其是广东本土的8—10条新闻。《南方都市报》记者和评论员在连线中提供最及时的事实进展或深度解读，包括事件的最新动态、背景实质，涉及公共利益、社会影响、政府服务等角度的点评。后一个小时为话题板块，主要反映广东人的物质文化和精神生活，每天选择一两个话题，并将其分解为具有广度或深度的几个层次。②

① 龙思薇．海外传媒集团数字化转型的路径与思考［J］．现代传播（中国传媒大学学报），2013（08）．

② 王媛．新媒体环境下广播新闻的内容生产变革——以广东电台《直播广东》为例［J］．中国广播电视学刊，2013（12）．

1. 快人一步，体现广播优势

《南方都市报》是全国知名的都市报，在广东本土的受欢迎程度更是可想而知，而这档栏目打出“明天的报纸今晚听”的概念，无疑是借《南方都市报》之名，打响了自己的知名度，也道出了广播自身的优势——不仅仅是报纸的有声版，而是真正意义的快人一步。

2. 抛头露面，打造界面人物

《今日头条》的消息报道以《南方都市报》记者直播连线为主，主持人评论、采访音响为辅。以往读者阅读《南方都市报》上的新闻报道，只知其名，未闻其声。而通过广播电话连线，名记者、名编辑的声音第一次出现在读者耳中，无疑将《南方都市报》的读者转化为了《直播广东》的听众。

3. 听众反哺，营造话语氛围

读者在阅读《南方都市报》时，囿于纸媒的局限，并不能直接对编辑记者发表自己的观点和看法，难免有些不畅快。而《直播广东》通过电话连线参与话题讨论的对象可分三类：普通听众、专业领域人士、新闻评论员。普通听众朴实、直接的观点恰恰与专业领域人士、新闻评论员形成鲜明对比，不仅仅是形式上的增补，还形成了“三足鼎立”的话语氛围，使言论更具平衡性。

（二）广播新闻与电视跨媒介传播：《提问上合》《青之岛　友朋来》[①]

2018 年，中共中央印发了《深化党和国家机构改革方案》，方案提出：组建中央广播电视总台。整合中央电视台（中国国际电视台）、中央人民广播电台、中国国际广播电台，组建中央广播电视总台，作为国务院直属事业单位，归口中央宣传部领导。撤销中央电视台（中国国际电视台）、中央人民广播电台、中国国际广播电台建制。对内保留原呼号，对外统一呼号为“中国之声”。[②] 在地方，广播电台与电视台合并，甚至形成传媒集团的先例已不少见。而体量庞大、体制复杂的“中央三台”合并，这在业界和学术界都引发了大讨论。在合并之初，人才和内容的融合共享第一时间登上了舞台。央广《新闻和报纸摘要》栏目播音员开始为央视《新闻联播》栏目配音，“五·一”“五·四”等大型晚会由三台主持人联手主持。同时，一批跨媒介

① 部分内容引自中国之声微信公众号。
② 中央决定组建中央广播电视总台［J］. 中国广播，2018（4）.

传播的融媒体节目集中推出，给听众、观众和网友都带来了全新的视听感受。上海合作组织成员国元首理事会第十八次会议于 2018 年 6 月 9 日至 10 日在山东省青岛市举行。6 月 4 号下午开始，中央广播电视总台央广中国之声特别节目《提问上合》与中央广播电视总台央视新闻频道特别节目《青之岛　友朋来》，首次实现了一场跨越屏幕和电波的交流。

6 月 4 日下午 15：28 分，一场史无前例的特别直播同步出现在了电视屏幕与电波之中。两边直播间中就坐的嘉宾们也是你来我往，亲切交流。访谈期间，嘉宾们也不断接到对方直播间里抛来的各类问题，并进行深入评析。当天，还有两位来自中国国际广播电台的记者——资深记者、媒体观察员洪琳、和前驻哈萨克斯坦记者李晶晶也作为节目嘉宾参与观察互动。央视主持人张羽还在直播中，把问题抛给了做客央广直播间的国广前驻巴基斯坦记者王琦。① 而看似顺畅、简单的直播，背后却存在不少难度和风险。

图 1　央视直播画面②

1. 技术难读

技术上，广播团队过去有过视频直播的经验，但从未有过真正意义上的“与电视视频直连”，尤其是这次直播实际上要完成的是三方直播间通信（央广北京 + 央视北京 + 央视青岛），任何一路线路中断，对于技术部门应对都是全

---

① 引自中国之声《新闻纵横》栏目相关报道。

② 图片引自中国之声微信公众号。

新且巨大的挑战。节目设计之初，技术团队列出了三大项十五小项若干小小项风险隐患。为此，央广播出传送中心研判过各种风险和难点后，与央视技术部门密切配合，双方拿出方案，又用近一星期反复调试和演练，最终保证了线路始终通畅。而且，在播出全流程中，播传部门给予节目编辑和主持人全力支持，在多套应急预案和充分人员保障下，直播全程没出现任何技术瑕疵。

2. 导播难度

导播的难度则在于，广播记者和编辑全都是第一次担当视频导播，第一次面对复杂的调音设备，一切经验都是从零起步。几天里，广播团队内部反复调试，将全流程细化到了秒，演练了一遍又一遍，“在游泳中学会了游泳”。直播期间，央视摄像和编导也在导播间负责视频传输和切换，以及与央视直播流程的对接和倒计时数秒。

3. 主播难度

直播间外的问题解决了，直播间内的挑战又来了。《提问上合》主持人王娴说，绝大部分时候，广播主持人都是“面壁”直播，最多有一两个近处嘉宾，“镜头到底是什么？内心一万个不懂”。第一天并机直播时，央广主持人王娴和央视主持人张羽其实并没有完全按照节目脚本走，原本的设计是两个直播间之间会有更密集的互相插话，但在直播中，信号在青岛和北京隔空传输，两位主持人明显都意识到了信号传输的滞后、延时，最终俩人有默契地保留话题信息量、但减少了话头的传递。

（三）广播新闻与新媒体跨媒介传播：百度路况播报联盟

移动互联网时代，由于阅读设备的变化，内容的服务形态更加贴近用户，贴近用户使用的场景。在这样的背景下，新闻内容被赋予了新的使命，已经不仅仅是门户时代下单纯的资讯，而是一种基于不同场景的具体服务。点开搜狐新闻客户端 5.0 版右上角的个人中心，再点击“路况播报”后，搜狐新闻客户端将切换到电台模式。在这个模式下，搜狐新闻客户端将依托搜狗地图的云服务，自动搜索你附近几公里的路况信息，并通过声音自动播报给你。[①] 这不得不让人联想到广播电台的路况信息播报，但与新媒体

① 风林火．新闻客户端为何玩起了播报路况？［EB/OL］．http：//old. geekpark. net/topics/211889，2018. 6. 20.

相比，广播电台的信息来源相对单一，且场景化呈普适性和公共性，并不能一对一地向用户提供私人化的定制信息。

为了解决这个问题，百度地图于 2016 年 12 月成立路况播报联盟。广播电台和百度地图的结合是基于双方互补式诉求基础上的双赢合作，不仅能让广播电台从百度地图获取到更加权威、及时、多维度的路况数据信息，百度地图也能获得更加广泛的场景应用、更多渠道的受众触达。不仅如此，路况播报联盟还一改传统以地图为核心向广播电台放射状传输路况数据的结构，实现了电台间数据信息的共通，提升了信息传递的效率，对于升级广播电台听众的出行体验、提升社会整体出行效率亦大有裨益。解决了采编成本升高但信息获取效率不匹配的难题，同时还为交通广播电台带来更为丰富的播报维度。值得一提的是路况的“文字播报”页面，页面文字直接呈现为适合广播的口语化表达，完全节省了路况编辑的环节。这种有别于传统路况采编模式产出的更精准、更便捷、更具时效性的内容。依托大数据的海量信息源，百度地图自动化及时捕捉交通热点，让传统播报系统在互联网平台的助力之下变得智能化。①

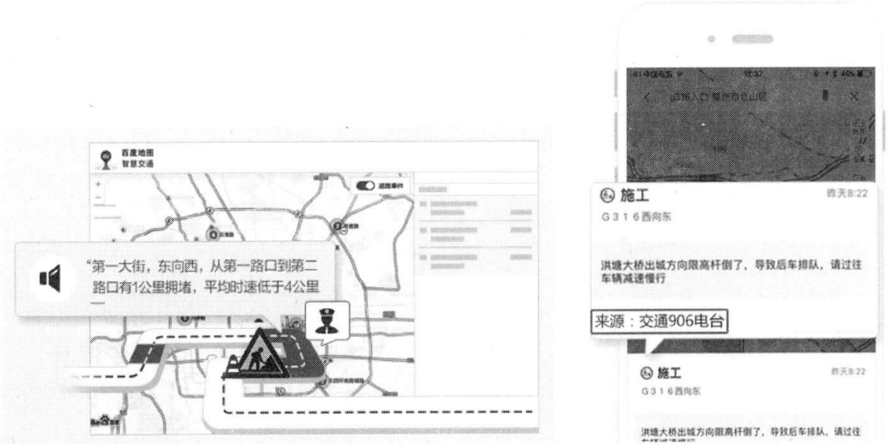

图 2　百度地图智慧交通与广播电台内容互补②

① 凤凰网. 百度地图路况播报联盟一周年　大数据 + AI 颠覆传统路况采编模式［EB/OL］. http://tech.ifeng.com/a/20171204/44789902_0.shtml，2018.6.20.

② 百度地图智慧交通. 百度地图路况播报联盟［EB/OL］. http://jiaotong.baidu.com/fm/，2018.6.20.

二、广播新闻跨媒介传播现存困局

广播新闻的跨媒介传播，让我们见证了广播新闻在融媒时代新的生机和可能性。当大张旗鼓运动式的融合大潮向我们涌来，其中的一些困局也逐渐浮出水面。

（一）形式大于内容

目前，相当一部分广播新闻内容的跨媒介传播，存在形式主义的问题，甚至是赔钱赚吆喝，将媒介融合做成了招徕生意的方式。例如大多数广播电台都在做的视频化直播，很多只是在直播间安装了一台家用摄像头，然后通过网络进行直播。在360水滴直播上我们看到，像安徽交通广播、济南经济广播、武汉女主播电台等在短时间内观众人数均已达到近百万，眉山综合广播观众人数甚至早已超过100万，每天在线评论互动数千条。① 但据笔者观察，由于直播间电脑一般不打开360水滴直播页面，所以大多数主持人并不会在直播间隙通过摄像头与网友互动。但摄像头记录和传播的，却是部分主持人在直播过程中玩手机、打瞌睡甚至是一些不太雅观的动作，这对广播电台的界面形象无疑是一种伤害。另外，由于360水滴直播与广播信号传输并无对接，所以网友听到的是摄像头采集到的直播间环境音，而并非完整清晰的广播内容。所以，网友在评论区讨论的也大多是主持人的长相、穿着打扮，几乎无法参与广播内容的讨论。

（二）收听内容缺失

智能终端兼具声音、图像和交互的呈现功能，可以弥补传统广播的一些缺陷。但在广播端的直播中，主持人往往会主观假定听众具备随时接触和使用智能终端的条件，从而引导听众通过智能终端获取更多周围内容甚至核心内容。例如，微信公众号开通“关键词回复”功能后，用户只需要向公众号发送设定好的关键词，就能获取相关信息的推送。有些广播节目另辟蹊径，在传统广播端呼吁听众通过微信公众号回复某关键词，来获取与节目相关的

---

① 佚名．广播电台大批转战360水滴直播“可视广播”成趋势［EB/OL］．http：//news. chinabyte. com/22/13659022. shtml，2018. 6. 20.

文字、图片、视频等内容。然而对于此时此刻不具备接触和使用微信条件的朋友来说，便陷入了信息孤岛，客观上缺失了节目涵盖的这部分内容。传统广播的伴随性特点，决定了它在实时交互性上具备一定的缺陷。而如果传统广播过度重视交互性内容的生产，特别是在传统广播端进行长时间、持续性呈现的话，也恐怕会流失另一部分忠实受众。

（三）融合导致分流

由于各种媒介的传播方式和传播特性不同，所以，尽管称为融合传播、跨媒介传播，但各种媒介呈现的内容必然存在一定的差异性。在这一过程中，融合可能会变成分流受众的“罪魁祸首”。2018 年 5 月 20 日，大型公益寻人节目《等着我》为增添“三台融合”“台网联动”的强大力量，CCTV－1 与中央人民广播电台中国交通广播央广网、央视网联袂打造的伴随式融媒体视听节目《等着我，我会找到你》进行了同步广播及视频直播。《等着我》寻人团团长、导演受邀做客直播间，讲述寻人故事、回顾寻人历程。[①] 从受众的角度来审视，这档“伴随式融媒体视听节目”似乎在逻辑上有些混乱，因为其“伴随”并不能真正实现——电视也有声音，所以在收看电视的同时并不能很好地收听广播内容。另一个层面，观众在收看《等着我》节目时，可能对某一寻人故事的历程十分感兴趣，很可能索性关掉电视转而去收听广播。同理，当节目主创在广播端讲述了一段非常感人的寻人历程时，听众很可能想看到他们团圆的场景，于是跑去看电视。而当受众的情绪无处宣泄时，来到网站留言评论，发现网站又分别有广播和电视节目的两路直播信号，他们又将面临更多选择。融合，也就成了分流。虽然这其中有利有弊，但对于传播模式相对单一的传统广播端来说，弊大于利。

三、广播新闻跨媒介传播未来趋势

（一）各终端实现差异化发展

2014 年，中央人民广播电台上线中国广播、央广新闻客户端，中国广播客户端为移动端、车载端、智能 TV 端等终端用户提供全国电台直播、直播

---

① 引自央视一套微信公众号。

回听、精品点播等音频收听服务；央广新闻客户端以新闻阅读为基础、音频为特色、可视化新闻为核心的 1 +1 +1 式产品布局，以“大新闻都在这里”为产品定位，在媒体融合背景下形成广播记者与新媒体记者共同生产的音视图文综合报道模式；2014 年，湖南广电芒果 TV 手机终端“芒果 TV”客户端上线，以精选、有料、会员、直播等多个板块进行精细化运营，提升了强势 IP 的影响力及会员体系的运营价值；2016 年，上海广播电视台形成了“一个平台、三个产品”的新媒体格局：一个平台即 BesTV，三个产品即“看看新闻 Knews”“阿基米德”和“第一财经”新媒体矩阵。[①] 从微博、微信公众号到如今纷纷打造自己的台网、客户端，可以看出传统广播的跨媒介传播不再只是将声音产品“格式转换”成文字、图像和交互，而是打造差异化的内容生产流水线。在人才培养、产品策划、内容生产、绩效评价等方面，都不再依附于传统广播端，甚至可能反哺传统广播。

（二）广播新闻全媒体化采制

以往，广播记者随身携带一支录音笔就能展开采访。但未来，随着发稿需求的变化，仅仅采集声音物料远远不能满足日益扩大的生产规模。2018 年全国两会期间，中央人民广播电台中国之声首次采用 360 度全景视频浸入式动态报道两会，听众进入全景视频体验间，可以触摸屏幕随意旋转，360 度无死角。点击图标，还可以直接听到主持人的现场直播，并看到现场记者的状态。如果想与现场提问记者来个亲密接触，直接点击图像，便跳入提问的真实情景。如果想一边“听”现场提问，一边“看”人民大会堂，任意切换画面，只需不停地触摸屏幕转动。全景视频为网友提供交互式阅览，还支持使用 VR 眼镜来感受现场的氛围。点击画面下角的“眼镜”按钮，将手机放入 VR 眼镜中，只需要通过头部摆动即可转换视角，切换画面，更具临场感。[②] 而相比这些现代化报道“黑科技”装备，更需要提升的是广播生产者的专业技能，这可能会给广播行业的人才需求带来很大的变化。

---

① 李向荣、臧亮、王松芸．台网一体化发展视听新媒体的思路与实践——中央人民广播电台台网融合发展探索之路［J］．传媒，2018（9）．

② 部分内容引自中国之声微信公众号。

（三）形式与内容比重再权衡

前文谈到了部分广播电台的跨媒介传播存在形式大于内容的问题，但在未来，随着技术成本的降低和受众审美情趣的提升，内容生产者必将面临形式与内容比重再权衡的问题。我们应当从三个角度来思辨，形式是否干扰内容传播。

第一，形式本身是否具有讨好性。2014 年巴西世界杯足球赛期间，杭州之声以一组女主播光腿穿球衣照片开启世界杯报道宣传。于形式而言，美女性感照片本身就具有讨好性，取得的关注度和参与度与其内容产品质量本身无关，本质上是一种恶性互动。

第二，形式是否匹配内容传播需求。每年的大年三十，很多广播电台会对央视春晚进行声音转播。语言类节目和歌曲类节目当然问题不大，但舞蹈、魔术和杂技类节目却不适合通过有声广播的形式进行直接转播，但据笔者观察，大多数广播电台不会做任何处理，这显然是不符合传播规律的。

第三，形式是否违背新闻伦理和传媒法规。某交通广播救助一位从辽宁大连通过救护车转院到北京治疗的先天缺陷婴儿，在被明确告知车载氧气瓶不足、希望患儿尽量通过睡眠节省氧气的情况下，多次试图连线陪车的医生和患儿家长。诚然，从广播内容传播的角度，电话连线带来的现场感和紧张感是令节目加分的。但这样的做法，的确有悖道德伦理。

第四章　广播互动法则

广播互动是研究新广播不可回避的一个重要问题，这源自于互联网时代对大众媒体之服务功能的突出强化。在广播媒体不同的发展历史阶段，因为互动理念的认知程度、互动需求的强弱和互动技术手段的制约等，对于“互动”的理解也有不同。互联网的发展催动了多媒体间竞争的加剧，“互动”成为当代媒体的基本标配，媒介使用者的主体地位和控制地位被强化。那么，广播媒体的互动与其他媒体形态的互动有什么样的区别？广播互动在什么样的语境下发生？考察前者在于发现广播互动的独特性，考察后者在于寻找广播互动的深层动因并认识它。

第一节　广播互动的层次

21 世纪以来互联网影响下的广播互动，已经与 20 世纪 80 年代广播热线电话时期的“互动”有着很大的差别。对于电子媒介而言，广播是现代大众媒介中第一个实现实时互动的媒介，这意味着电视媒体亦从广播互动中汲取了最初的形态模式，也印证了互联网诸种互动模式中，其中基于语音实时交互便捷性的历史渊源，可以追溯到广播媒体。广播互动包括：受众与文本的交互，传播者与受众的交互，受众之间的交互，广播媒体与社会的交互四个层次。

一、受众与文本的交互

新技术的推动下，今天的广播互动，不再仅仅是听众通过哪些具体的途径或者方式参与电台节目，更多是指在何种程度和合作方式上听众与电台共同完成对声音信息的消费和服务过程。在这一过程中，电台节目及其衍生内容与受众之间互动关联最为密切。

广播联盟 2012 年数字广播发展小组的德国专家麦克·莱歇特（Michael Reichert）谈到[①]，广播媒体在德国率先真正实现了多媒体的融合传播。我们理解，广播与电视媒体无法直接融合。广播与互联网可以融合，电视与互联网可以融合。在媒介融合的大层面上，广播和电视或可通过资源和人财物的合理化分配强化各自媒体内容生产领域的传播能力。

从电台的角度而言，需要为听众提供的媒体内容及其他服务包括——同步提供、最便捷获取的、海量优质音频信息，以辅助收听广播直播节目。这些音频资源对于听众而言，要最为便捷搜寻、下载和编目，听众使用体验放在首位。针对这一点，2012 年英国即推出了互动广播（interactive radio）的理念，这一服务概念贯穿在其所有广播平台中，致力于在媒体文本层面，深度打造更为易接近的、个人化的广播接收模式。“读者是根据文本制造出意义的主动制造者，而不是已建构成功的意义的被动接受者。”[②] 与电视媒体相比，广播在文本层面与受众之间的互动关联更为积极，听众介入电台节目，参与内容互动的方式可分为以下几种：

（一）受众参与行为作为节目的主要内容

电台的情感热线节目、互助类节目等，受众通过热线电话或者是网络留言等方式成为节目内容的重要构成环节。

（二）受众参与节目的编辑

广播电台部分节目设立业余编辑，主要由固定的热心听众作为特约编辑，

---

① EBU RADIO. DIGITAL RADIO IN 2012 [EB/OL]. http://digitalradioconference.ebu.ch/NRG-Forecasts12/NRGDigitalRadio2012_complete.pdf, P9.

② ［美］黛安娜·克兰. 文化生产：媒体与都市艺术［M］. 赵国新译，南京：译林出版社，2001：14.

编辑一小部分广播节目，直接在电台播出。

随着媒体融合进程加深，一些音乐类节目，借助跨媒体工具，既可以为受众提供多媒体的内容选择，同时受众的意见和观点也会十分便捷地即时反馈在节目播放列表中，客观上受众参与了对于电台节目的内容选择。意大利晚间音乐节目 RaiTunes 在 Facebook 上的粉丝页面是一个非常开放的空间，平均每天受众上传 60—100 首 YouTube 的音乐视频。在节目直播的过程中，听众就像是听演唱会一样，持续在 Facebook 上相互交流。而在节目结束之后的几分钟，RaiTunes 团队发布一个 YouTube 的视频播放列表，收集刚刚结束的节目中播放的歌曲，可用于听众的收听存档，推荐给自己的亲朋好友，促使社交互动的增加。

（三）受众有机会参与决策电台的播出内容

新技术促使电台播出内容与受众需求之间的匹配度增强。电台往往综合调动一切可能的信息渠道，重视节目策划前的提前预告和吹风，第一时间发布相关的节目进展信息，与受众形成交流和互动。

（四）受众制作在电台可以播出的节目

对于电台而言，专门由专业人士生产专业的内容，有别于互联网 UGC、PUGC 内容生产模式。听众制作节目在电台中播放，典型代表是 2004 年前后作为用户自制声音节目的播客，其传播意义不仅是个人表达的自由，更体现了信息传播的开放性和共享性，模糊传播者与受众之间界限。大众对于播客的认识，来自于传统电台的推介，例如 2004 年 10 月 BBC 开始在“直播五套”（Five Live）中的“争论”（“Fighting Talk”）节目中进行播客试验；2005 年 1 月扩展到“第四套节目”的“我们的时刻”（“In Our Time”）；2005 年 4 月进而扩展到 20 多个节目中。电台目的是提高收听率，客观上扩大了播客的知名度和影响力。当然目前来看，PUGC 和 UGC 内容已经成为互联网音频平台的主要内容形态，与电台的信息传播作出区隔。

（五）广播节目资源库与受众需求的数据匹配

对于电台日常播出的节目，过去多数电台没有进行全面存档。但随着媒体存储能力的提高，对于节目资源库检索能力的提升，电台节目资源库的二次或者多次开发成为可能。对于此类节目的开发，与受众当下的需求密切相关，强化了数据分析手段与受众需求之间的匹配度。

综上所述，节目文本与受众之间的深层互动，在于受众在何种程度上拥有与电台对话的权利，并在何种程度上参与决策传播的内容。

二、传播者与受众的交互

电台主持人、记者和编辑与听众之间的交流，最早的形态是信件和热线电话。今天的信件变成了微信留言、电子邮件等，但热线电话依然还在应用。

阿基米德（上海）传媒有限公司研发的广播电台融媒体交互工具，如前面章节所述，包括：随时随地可以启动的手机直播系统；用户和主播可以方便地进行短音频剪辑、直播交互、短视频呈现；电台的数据分析工具实现了广播节目制作者与受众各类评价标准的全数据科学分析体系。

对于当前电台实际发展而言，一年数百场的线下活动是电台传播者与受众最直接有效的互动方式。广播线下活动的方式很多，例如车展、自驾游、广播听友见面会、各类广播选秀大赛等。值得一提的是广播丰富的公益线下活动，例如每年的爱心送考、植树、救灾募捐等。线下活动可以直接沉淀用户数据，增加听众的忠诚度，促进听众线下社交圈子的形成，为品牌客户创造价值，塑造广播栏目的品牌意识，提升节目广告价值。

台湾 Kiss radio 每年平均约有 300 场大大小小的活动，除了不定期的客户专案活动，也举行大型主题活动。BBC 组织的广播社会活动，重视品质效果。例如每年举办的草地音乐节成为全国乃至世界的音乐盛会，产生更深远的媒体社会影响。

从社会资本角度而言，广播组织的线下活动深层意味在于：个体参与活动是为了创造资本，人们期望籍借广播媒体上的交往能够实际地在现实生活中得到“回报”，切实地帮助实现自己的现实需要，那么仅仅停留在广播节目内的交流显然无法满足这样的需求。迈克·费瑟斯通指出消费文化中人们对商品的满足程度取决于他们获取商品的社会性结构途径，取决于人们建立社会联系或区别、实现身份定位的要求。①

电台往往花费大量的时间和精力组织听众开展丰富的社会活动，把传统

① ［荷］约翰·赫伊津哈．游戏的人［M］．北京：中国美术学院出版社，1998：13.

媒体的影响力扩展到广播线下活动中，实现节目与听众生活的对接。广播的生命力是建立在以现实社会关系为基础，强化社会个体的成长机会和社交活动中的良性互动。

现象学家胡塞尔谈到，为了消除自我认识中的私人性和主观性，达到对世界的共同认识，不同主体之间要相互交流、彼此沟通，并设身处地，转换视角，承认他人的主体地位和主体性。传播者与受众之间的互动关系可以分为四种情况[①]：

1. "假相倚"，即传播者根据自己的意愿进行传播，受众虽然拥有媒介，但对传播内容不感兴趣或者未加注意，这一情况下，传播者与受众之间是一种假相倚、假互动；

2. "非对称相倚"，即单向性的互动，传播者自以为自己是在根据受众需求进行传播，但受众却不予理睬，或受众提出了要求却得不到传播者的响应；

3. "反应性相倚"，即双向性互动，传播者有计划、有目的地根据受众需求进行传播，受众也是有计划、有目的地受传。

4. "彼此相倚"，也是一种双向性互动，但与前一种不同的是，传播者是有计划的、有目的地根据受众需求进行传播，而受众也是有计划、有目的地受传。

有学者据此指出："传播者与受众要建立和谐的传受关系，使传媒对受众的引导富有成效，应该尽量避免互动的假相倚、非对称相倚，而要使互动成为反应性相倚和彼此相倚。"[②]

三、受众与受众的交互

萨瑞塔·雅迪（SaritaYardi）谈道："交互体验为人们开启了挑战社会规范，探索趣味，发展技能，实现自我表达方式的可能性，提供的场所意味着社交世界的延展及自我导向的学习、独立。交互设计的新技术呈现和表达，

① 参见孙瑞祥．新闻传播与当代社会——一种传播社会学理论视域［M］．天津：天津社会科学院出版社，2003：117.

② 郑兴东．受众心理与传媒引导［M］．北京：新华出版社，1999：219.

使得体验传播中的视觉符号、声音符号和影像符号向综合数字符号转变，突破了对单一媒介的依赖，从而启动自身全面的功能拓展。”① 融媒体背景下，借助多媒体内容获取手段，各类媒体实际上提供给受众的内容，从形态上看，已经丰富到没有什么太大的差距。因此媒体间竞争点将体现在特定的媒体类型给受众带来什么样的差异体验？特别是对于受众与受众之间关系的建立，受众社会身份认同带来怎样的价值？

广播听众最关心的是通过使用该媒体的信息服务与他人产生何种关联和互动交流，如何有助于传递自己创造的文化，在信息传播、交友、玩耍和自我表达的世界中追求自知与认同的自由度。广播促进人与人交流的核心不在于媒介形态的表层，优势在于声音具有深度沟通的特质；广播促进交流也不在于短期的效果，而在于长期潜移默化的效果，这也是由广播声音传播的特性所决定的。②

如果没有用户的积极活动，所有的平台和设计都将只是形式或者空谈。媒体激烈的竞争，促使基于节目内容的竞争，也逐渐延伸到广播媒体的附加内容上，如媒体提供的社会交往能力、社会关系拓展、话语平台等。广播内容本身如何纳入或者嵌入当地听众的深度社会交往和日常生活中，成为至关重要的一点。

随着我国城镇化进程的推进，人口流动的加剧，传统的邻里交往关系也发生了变化，基于固定的地理区域范围内的社会成员的交往需要一个新的平台进行整合。过去广播新闻可以作为人们监测生活的重要媒介，但是现在它只是人们众多检测社会环境的一个元素而已。如果人与人之间的交流和互动成为媒体成长的一个关键因素，那么人与人之间可能建立什么样的联系范围就成为媒体必须考虑的内容。广播媒体平台如何促进受众之间的社会交往成为未来发展的重要方向。

四、广播媒体与社会的交互

广播作为一类媒体形态与社会的交互体现为“社会动员”，其模式主要

---

① 马中红．新媒介与青年亚文化转向［J］．文化研究，2011（4）．

② 孟伟．广播听觉传播本质解读［J］．现代传播，2004（3）．

包括：公益服务社会动员；应急救援社会动员；商业活动社会动员与粉丝运营；政治宣传中的社会动员等。我们尝试从社会互动理论来看广播媒体与社会交互方式及作用。

主体间性（Intersubjectivity）① 是现代大众传播交流理论的一个核心范畴，它是与主体性相对应的重要概念。胡塞尔现象学交互主体性的理论中首次提出。在新兴媒体传播中，以文字、声音、图像等媒介形式为中介进入交流而建构起来的主体间性，代表着共主体性与互主体性，它展示的是一种“主体——主体”的交流结构。交流，其实就是互为主体的主体之间所进行的相互作用、相互对话、相互沟通和相互理解。以主体间性为基本结构的交往活动，同以主客体关系为基本结构的物质生产活动对人的存在具有同等重要的意义，在人的存在领域，自然客体是构成人与人交往的重要中介之一，也就是说，人常常通过占有或加工手边的物而与他人发生关联；同时，进入人的实践领域的物也以人与人之间的交流为中介，重构彼此间的相互关系。从历史发展趋势来看，通过现代媒介手段实现交流，在未来人类生活中将占据越来越重要的地位。

“主体间性传播”研究中的受众遵循“传者—文本—受众”三要素的双向互动，强调传播者与接受主体通过文本达成对意义的共生。“主体间性理论”强调主体之间的交流首先是一种共同参与，一种主体的分有、共享或一种共同创造。它强调相互间的映射、协商，融合渗透，也体现为相互校正、相互调节，甚至相互否定的批判功能。

主体间性传播是从整体上认知广播媒介的一个开始。我国广播作为一类媒体形态的系统研究还远未完成。广播媒体与社会交往的宏观研究，是广播受众、广播传播者、广播文本，以及三者之间关系研究的关键点。过去，我们未从一个整体角度认知广播媒体，或者媒体与人发生的关联。在一个相对局限的范围内，来认知传播者主体和受众主体的特性以及相互之间的关联，

① A. 莱西在《哲学辞典》中将“主体间性”定义为：“一个事物是主体间的，如果对于它有达于一致的途径，纵使这途径不可能独立于人类意识。……主体间性通常是与主观性而不是客观性相对比，它可以包括在客观性的范围中”。A. 莱西：哲学辞典，伦敦：麦克米兰 1986：113.

在这个过程中，传播的客观性难以保证。[①]

探究广播互动传播的社会文化意义，既是广播内容传播的根本出发点，也是多媒介竞争环境下广播未来生命力所在。

第二节　广播互动本质

一、互联网技术重构反馈模式

传播行为是在人类的社会互动中进行的，没有人类的社会互动，也就没有传播行为。互动被定义为“对一种媒体的潜在能力的度量，这种潜在能力能够使用户对媒介沟通的内容和（或）形式施加影响”。[②] 反馈是互动的一种具体呈现方式。

Web1.0 时期，传统媒体开始建设网站。这一时期尽管网站内容简单，但反馈活动真诚而活跃。Web2.0 时期，底层驱动力是数据，用户能够参与制造内容并传播内容，这意味着受众对传播者呈现的内容不仅反馈的途径多样，同时对传播内容具有了自主生产并发布的机会。Web3.0 时期，网络社会的个性凸显，基于技术推动建构起新的传播秩序，逐渐成长为一种影响并颠覆传统媒体和传统传播模式的新思潮和新观念。

Web3.0 时代的网络传播模式，将是以社会化媒体为中心的，非典型性部落化的。[③] 互联网是服务于人类社会发展的工具。在这个意义上，互联网工具重构了现实社会生活的信息传播模式。以 HTML5 为例：HTML5 语言再次加强了新兴媒体内容的扩展性。通过 HTML5 语言，信息能够被用户更方便地

---

① 单波．在主体间性交往的意义上建构受众观念——兼评西方受众理论［A］．新闻与传播评论·2001 年卷［C］，武汉：武汉大学出版社，2002：140.

② ［意］玛格赫丽塔·帕加尼．多媒体与互动数字电视——把握数字融合所创造的机会［M］．罗晓军等译，北京：人民邮电出版社，2006：109.

③ 王湛．非典型性部落化—Web3.0 时代以社会化媒体为中心的网络传播模式［D］．广西大学硕士学位论文，2012.

分享，甚至打破不同终端和平台的界线。HTML5 语言可以便利地实现多媒体及交互式元素的植入。过去一旦进入 App，就进入了一个封闭的圈子。而借助 HTML5 语言，这一封闭性将会被打破，使得用户可以非常便利地将内容链接到其他平台，大大增加其他用户接触到一类产品或者内容的可能性。

我们回到传统广播媒体，传媒新技术远不是一种辅助的工具，更应理解为一种技术理念。传统广播媒体的系统改造应更接近互联网原生的使用原则，并与广播媒体特性和传播内容相匹配。

综上所述，新技术是对“传者—渠道—内容—受众”之一基本传播模式的重构和颠覆。从传者角度，单一信息发送者转变为多维传播节点；从内容传播角度，网络使得媒介形态不再成为束缚内容传播的因素，特别是声音内容因之获得前所未有的增长，人们开始发现声音介质独有的传播优势，多样化的音频内容选择，使个体对于媒介的真实需求得以显露出来；从渠道角度，内容的分发变成了一种重要的营销课题；从受众角度，受众身份与传播主体的身份之间可以随时迁移；从效果角度，传播行为、内容与传播效果之间评价的契合度增强。

二、私人话语的公共表达

2018 年互联网音频领域谈论较多的应该是程一和刘筱。前者主打情感类睡前陪伴，其全网订阅人数已经超过 1200 万，累计播放量达 25 亿次；后者的“夜听”粉丝量已达 2500 万。远超传统电台的单一节目的播放量和受众关注量。从节目形态上看，仍然是传统节目形态的一种延续，未见突出的变化。其爆发性的增长秘密在哪里？是节目制作的精良？是互动方式的多样？是推广模式的专业？是一对一的个性化定制？是主持人的专业化程度？

主持人与受众之间的直接交互，是拉动收听的一种方式。如果将“互动”的概念泛化，从节目初衷、节目语态、内容选择、更新频次、粉丝维护、窄众传播、渠道便捷、单一垂直等几个角度考量，那么这两个出色的互联网音频媒体处处皆体现出“交互表达”的意愿。抓住了一个特定的夜间场景，以私人朋友式的语态与话题定时与受众“约会”，这是一种更为“内化”的交互。每一个听众都明白，同时收听的人群众多，不但无损于私人化的体验，且有助于一种“夜听”群体感的塑造。

这正是传统广播的灵魂所在。例如热线电话节目，是一种私人化表达的渠道和公众讨论会的结合体。人们打入电话的目的可能有两个层次：一个是实际的层面，他们要解决实际的难题、要获得他人的建议、要表达自己的各种需要，甚至只是发泄或者获得支持，等等，而另一些沉默的听众，在这个过程中由感受疑惑到找到答案，获得一个完整的旁观者的身份认同；另一个层面是更深层次的心理层面，对于热线节目的听众来说，多少有一点窥视的成分在其中①，私人电话强化了参与热线的听众的一种复杂感受，似乎与主持人个人交流，但又明确知道自我暴露在广大听众面前。在广播发展的过程中，过去曾利用社交媒体的自发性，延伸了上述功能，增加了受众互动的机会。但是无限延展“互动”机会和增加互动的手段、延长互动的时间，就有助于形成“爆款”的广播节目？答案是否定的，过去没有出现。今天互联网音频领域自媒体的爆发，确让我们不得不更深入思考音频媒体“互动”的本质——互动层面更多体现在与受众个体心理深层需求的契合上，哪怕受众未能与主持人说上一句话，但在心理不知道认同、神交了多少回。

三、群体分享中的个体自由②

过去针对传统电台的夜话类节目，往往认为私人化问题应该以何种方式引起大众的兴趣？传播者会从倾诉者的角度考虑问题，其初衷是为了找到疏解的通道。个人化问题一旦纳入公共关注的领域，往往会被动具有了观看甚至娱乐的成分，传统电台的主持人会出于职业责任感，协调两者的关系，以保障热线节目的品质和收听率。对于专业的主持人而言，职业素养促使其花费较多时间分析各种参与者的动机，研究表达性内容、展示性内容和忏悔性内容的分类比例和标准，在保证当下收听率的前提下，提升大众媒体的社会责任，维护媒体长久的专业化地位。

今天，传统电台的主持人和制作人仍然需要具备这样的职业素养。但同时又可以从互联网音频的“爆款”中获取经验：媒体融合的深入发展，实际

① 参见 Andrew Crisell, *unerstanding radio*, Second edition, Routledge, 1994: 197.

② 孟伟. 广播热线节目的人文反思［A］. 语言文学前沿（第 3 辑）［C］. 北京：中国传媒大学出版社，2013：108.

上增容了广播节目内容平台，FM 端的节目引流只是广播展示给受众的一个方面，互联网端的多媒体内容，以及互联网端的节目容量，促使传播者的内容表达和受众的内容选择都获得了空前的自由。深入探讨互联网音频节目的成功案例，发现其更为重视兼顾“群体分享”与“个体表达”自由之间的关联。主持人或者制作人，又需要去兼顾此类互联网化的受众新的需求，触发受众“互动”“心动”的收听状态。

互联网锻造了“分享”与“个体表达的自由”，这是受众实现交互需求的根本。

四、大众化中的泛商业化

大众媒体的过度商业化趋势，不仅仅在于从媒体运营角度上面临着广告增量的压力，同时这种压力也直接渗透到具体节目的价值观传递上。

广播作为声音媒体，尽管与视觉类媒体在娱乐化程度上有很大的区别。但中国互联网近年来的发展，娱乐化和泛商业化成为一种普遍的存在。节目中追求泛商业化的风潮，会影响到受众的“真交流”意愿，可能更多的会鼓励一种“展示”的交流倾向。

交互在这个意义上会成为一把双刃剑，一方面带来了广播传播的大众化普及，惠及更广大意义上的普通民众，这是大众媒体的积极文化意味；另一方面也会身不由己卷入到商业化的大潮中，变得与最初的传播本意面目全非，甚至是在深层意义上，是对个体听众自身意志的某种误解甚至伤害。

此外，泛商业化也会直接忽视受众的某种“真需求”，促使这种交流和互动能够产生商业行为，却无助于社会意义的积极建构。

五、媒体化中的互动性

“媒体化”（Mediatization）意味着人类对媒体的依赖性更强，与媒体的关系也需要重新审视。媒体传播的变化与社会文化的变革紧密地联系在一起，而这种变化更多演变为一种互动性。对于受众而言，拥有了更为积极的互动条件和互动权力。

“媒体化”进程在全球各地发展程度不同，西方发达国家体现更为突出。智能手机的使用模式更多体现了当下人们追求“速度和效率”的流行生活方式。智能手机强大的连接能力，唤起了我们对广播曾经拥有的传送能力，以及与世界听众交流能力的记忆。在这个意义上广播媒体的“互动”就更无法停留在一个形式和手段的层面，而是应从整体语境、系统布局、受众内在需求等多个维度上，在内容层面，在渠道层面，在商业模式上，全面贯彻“互动”的积极理念。

新媒体影响下，“互动”成为媒介传播中一个标志性的特征，其背后是对受众资源开发的重视，对受众生产能力的重视。广播的未来发展关键在于密切关注新媒体技术和新的受众需求趋势，掌握数字化时代“互动传播”理念的精髓，发挥声音媒介特性的独特优势，发挥广播声音传播不可替代的传播价值。

第三节　互联网催动广播受众之变

新媒体技术催生下，大众的参与、共享文化不再是支流，不再是隐性存在或者短暂的现象，逐渐成长为社会交往方式和媒体产业的一个组成部分。媒体特别是互联网媒体全面渗透大众生活，突破城市与乡村，国家与地区界限，文化与日常消费渐趋服从一些普遍的标准。这为文化产品和服务高速发展奠定了基础。消费或者价值创造环节，体现的不仅是实用价值，而且还扮演着“沟通者”的角色，这意味着今天大众交流和互动的意愿和动力，都与过去发生了翻天覆地的变化。互动既是一种人类社会交往的源动力，更是社会产业发展的核心。共享和参与扩大延展了受众的体验性过程。互联网催动受众之变。

一、基于娱乐的全民社交

在互联网环境下，传统的受众发生了改变。新兴技术对受众媒体现实图景的重构，不仅带来了受众媒体使用习惯和行为的变化，更重要的是，深刻影响着信息的传播模式，给受众带来全新的媒体体验。2018 年《王者荣耀》、快手、抖音被称为跳皮筋、踢毽子、悠悠球之后的青少年三大娱乐神器。青少年并非媒体消费的主体，却可以成为引爆潮头的强势力，席卷社会各个层面，且据 Apple store 和 google play 下载量显示，快手、抖音国际版在日韩成为一种新的潮流。这些应用的用户体验呈现为：平台出规则，表达方式留给用户。

短视频社交的便捷和快速，搅动起最大范围的社会交往和基于娱乐的信息交互。客观上带来自媒体和信息数量的激增及用户选择的增多。正如过去广播、电视的出现改变了人们的生活方式一样。今天从媒介层面，已经完全可以实现为最大传播效果而自由布局多媒介的战略组合。无论主流媒体还是自媒体。广播身处其中，也不例外。

从传播学的视角看，“受众既是社会环境——这种社会环境导致相同的文化兴趣、理解力和信息需求——的产物，也是特定媒介供应模式的产物。”① 人们的媒介使用行为很大程度上是由一些相对稳定的社会结构和媒介结构因素所决定的。改变受众的，一方面是互联网这一大的媒介背景，另一方面则是互联网中涌现的各类产品，及其引发的社会表达和社会交往模式。

二、听觉传播与交互市场的建立

“受众”这个概念是一个基于信息被动接收而孕育出来的概念。互联网时代重新审视“受众”，实际上社会个体和组织均具有了更多主动性，包括参与信息、媒体内容的制作和传播的全过程，模糊了“传播”与“接受”主体的边界。

对于音频行业来说，这样的改变最直接的体现就是大量基于 UGC（用户生产内容）的网络音频应用的出现。用户在使用这些网络音频工具或者平台的时候，不再单纯作为被动的收听者，而是可以直接发出自己的声音，这样的声音不仅是对节目的反馈，更是直接参与到节目内容制作的环节，甚至成为一种主流。例如超过300 万声音自媒体聚居地的荔枝 FM，致力于“帮助人们展现自己的声音才华”，研发直播万人连线系统、S－VR 直播技术、串流解码技术等，以用户兴趣型分类互动进行语音社交，不是单纯的生产音频内

① ［英］丹尼尔·麦奎尔著．受众分析［M］，刘燕南、李颖、杨振荣译，北京：中国人民大学出版社，2006：2.

容的平台。

早期的UGC、PGC、PUGC等提法，往往站在传统媒体的理解层面，基于内容生产主体一方提出了这些概念。今天互联网音频领域，例如喜马拉雅和蜻蜓，在知识付费大潮的推动下，付费课程与语音直播均在2017、2018获得空前的关注，这意味着互联网音频平台在教育、娱乐领域已经形成了一整套平台规则和商业推广模式，在此基础上与社会各个领域的专业人士实现合作，推动知识和信息的语音传播与交互市场的建立，在这个过程中，完全不同于传统广播媒体电台与受众之间的关系模式。且深刻影响着音频受众对于音频媒体内容的接受和使用习惯，并反作用于传统广播。传统广播和互联网音频平台在这个意义上，实际上已经越走越远，很难在功能上实现融合。

音频内容生产成本低、易于操作和分享，并与个体生活密切相关，未来音频伴随性的功能有可能在出行、智能家居等领域获得最为强劲的发展机会。

三、广播系统性改造的动力

近年来，新兴媒体在信息生产、信息聚合、信息扩散、信息互动反馈等领域，逐渐突破了传统媒体的传播模式，改写现代人的交流、交往方式。那么，新兴媒体与传统媒体在传播流程中的互动和反馈有什么样的不同？这个“不同”或可探究“受众”之变的根本，以及传统媒体变革之路的方向。

“反馈”是任何一个完整传播流程中必备的环节，是对传播效果的一种主体反应。互联网都提供了全新渠道，可以更快更准确地获得反馈效果；同时，互联网信息传播流程更趋于复杂，反馈也相应更为复杂。

媒体融合背景下，传统电台需要纳入到规范的市场化竞争和互联网经济形态之下，进行行业系统性的改造，而并非表层的跨媒体、跨产业融合。传统意义上的“内容为王”的概念要改写。因为媒体内容不再是一种单一的决定力量。媒体内容如何与互联网的传播语境对接而进行内容生产？如何与前端的运营和媒体用户需求的数据化契合，在此基础上从事内容生产？广播的内容生产如何纳入到一个成熟的声音媒体市场化机制中？这些是广播媒体需要思考的根本问题，也是广播媒体在互联网时代，可能再度辉煌的希望。

对于中国传统媒体人而言，首要的还是应理顺生产关系和生产力之间纠葛，为信息的需求方、生产方和服务方建立起基于产业原理的互动机制，可持续发展的商业模式。

四、内容聚合与人群聚合的相关性

互联网环境下，人群依照传播内容的方式聚合，是一种普遍存在。当代信息传播活动中，个体表达的意愿和权利增强，当前传统媒体的改革指向，把传播力、公信力与其产业影响力的强弱之间建立起更为本质的相关性。这意味着传统媒体的改革，首先面对的是，不再是以往为维持自身基本运营为目标的被动市场化竞争，而是为新兴技术携裹、在互联网经济模式主导下的全面参与市场化竞争，这已经不再是行业政策保护可以庇护得了的了，这也正是目前一些前瞻性的广播电台领导层深刻忧虑的“生死存亡”所在。[①]

传统媒体中，广播往往在特定的时间版面播放固定的内容，方便受众与节目进行约会。互联网具有超链接、二次或者多次转发、点播收听和无版面限制等特点，音频内容聚合、受众细分、精准匹配环节更为灵活和自由。

互联网聚合信息带来的人群聚合，对于广告营销产生重要影响，也直接影响到传统电台的硬广告收入。《移动互联网商业模式创新与变革》一书中谈到了移动互联网人性需求的演变[②]：随着社会化的进程，人们的需求层次由基本的生存性需求开始逐渐向个性化的信息需求、社交需求演变。这样递进的需求正好被移动互联网的高速发展所满足了。

第四节　从广播语境到广播场景化

尽管今天的广播已经与10年前的广播无法相比，广播的节目形态、内容运作方式等方面已经进入全媒体的发展阶段。据此，有说法试图模糊音频媒体与视觉媒体之间的差异，差异小到音频媒体还有没有必要存在的必要问题

---

① 孟伟等．互联网＋时代音频媒体产业重构原理［M］．北京：中国广播影视出版社，2015：79.

② 胡世良．移动互联网商业模式创新与变革［M］．北京：人民邮电出版社，2013：25.

上。形式上的交融与借鉴，无法遮蔽两类媒介形态本质上的差异。这种差异体现之一：今天的广播媒体内容本质仍然遵循着数十年前关于广播语境的前人论述的核心，在此基础上扩展到广播的场景化。

一、广播语境的含义

语境是语言环境的简称，指的是人们用语言进行交际时的具体环境。语境有狭义和广义之分，狭义的语境是指书面语或者口语的上下文中一个语言单位出现的前后语音、词语或者短语等环境，即上下文；广义的语境指说话者或写作者使用语言进行交际时的具体场合及社会背景等，包括人的身份、社会历史环境等各种因素。[①]“广播语境”更多指的是广播内容与受众之间的一种话语环境。在广播内容生产中，需要考虑：如何营造特殊的更富有吸引力的独特语境，满足听众从其他媒介中无法获取的潜在需求。

我们所谈的广播语境，指广播节目制作者利用声音的不同反射效果，营造出广播话语、音响等发生的具体传播环境，这种传播语境体现出一种非现实的模拟特征，通过电波传递给广播听众；广播听众接收到在这一特定语境下发生的广播节目，因为个体自身的差异和个体当时收听情况、参与或介入节目的差异，又产生了富有个人特征的广播接收语境。我们把前者称为“广播节目语境”；把后者在广播节目与听众个体收听之间建立起联系的语境称为“广播接收语境”。

陈望道先生谈到语境构成的基本要素为“何故、何事、何人、何地、何时、何如”，简称“六何”。“何故”是指说或写的目的或意图；“何事”是指说或写的内容；“何人”是指写说者和读听者的关系；“何地”是指话语被表达的地点；“何时”是指表达的时间或者时机；“何如”是指怎样进行说和写[②]。对于广播媒体一个完整的传播过程而言，“何故”指的是“广播传播的目的”；“何事”指的是“广播具体的传播信息”；“何人”指的是“广播的传播者与传播对象，以及二者之间的关系”；“何地”指的是“电台的立足点、传播对象的收听场所”。针对听众而言，收听环境是在移动的交通工具

---

① 岑运强．语言学概论［M］．北京：中国人民大学出版社，2004：103.

② 参见陈望道．修辞学发凡［M］．上海：上海教育出版社，1979：7－8.

中，还是在家中、在公共场所中，不同收听环境影响听众的注意力程度和关注度；“何时”指的是“广播传播的时机”。“何如”指的是“广播节目的具体编排和制作、传播对象的接收方式”等。以上这些因素构成广播传播的语境。

传统意义上的广播语境与日常生活的语境不同，它是一种模拟语境。广播传播者通过发射装置发出信息，听众借助收听终端接收内容，听和说之间不见面，没有表情和手势的辅助交际，广播的传播者与听众在设想的现实中进行交谈，模拟一种类似人际传播的交流，使说者与听者处在一个虚拟的交谈环境中，营造对象感、亲切感、真实感与现场感。今天媒体融合的趋势加深，电台主持人做节目的同时，也会在平台上播放时时广播的视频直播，但形式上的改变，无法动摇传统广播数十年来沉淀下的媒介属性。

广播的语境不是单一的，而是多元的，主要有以下分类：采用节目主持人形式，模拟一对一，或者一对多地同听众进行面对面交谈的语境；运用广播对话形式，模拟两个有特定身份、特定交际任务的人物对话的语境；模拟现场介绍实况的语境，往往采用记者现场口播形式；模拟话剧、戏剧、地方戏等戏剧或者说唱的语言环境等①。

二、广播传播者构建的语境②

广播立足于声音传播的特点，根据声音透视的法则，依照个体受众的日常声音经验，建构起密切联系信息发出者与接收者、远距离异时空传播的话语环境。广播声音共振原理是声音透视法则的基础，贯穿在整个传播行为中。

根据声音共振、反射的不同，广播中的声音分为四种：基本没有反射和共鸣的户外声音；有一些反射回声，回声持续时间略长：超过通常的反射回声 0.2 秒，这表明声音发生在空间较大、周围有一些物品和家具的房间里，例如，图书馆里等；充满反射回声，反射时间较短，比如说在摆放了东西的、空间狭小的浴室中；反射回声较多，反射持续的时间较长，例如，室内陈设

① 参见林兴仁．广播的语言艺术［M］．北京：语文出版社，1994：51—55.

② 孟伟．声音传播——多媒介传播时代的广播听觉文本［M］．北京：中国传媒大学出版社，2006：73－74.

较少的、空旷的房间，会议大厅等①。

这些回声不仅表明环境的状况，例如空间的大小等，也表明了周围陈设的情况。这些环境状况在舞台、电影或者是电视上，我们只要看一下就会明白了，但在广播中，我们只有依赖回声反射来确认空间位置和环境陈设，进而才能发挥内视的能力和想象的能力。但回声确定广播中的环境、方位和陈设还只是广播利用声音营造语境的开始。

（一）广播声音透视法则

广播的声音共振，可以使听众确认广播中的人物或者事物之间的物理距离和空间环境，就如同电视中的画面一样，只是这种交际环境的确立是通过声音的透视法则来建立的。

从环境的反射声音，我们可以分辨出主体与环境距离的远近，建立起话语表现在时间链条上的空间感，音响正是构筑声音立体层次感的重要因素。

对于运动的物体，我们对其的认知来自于两个途径：一个是说话者周围环境对声音的反射，例如墙壁等，还有一个是不同的声音源之间的变化和差异。如果我们感觉不到环境的反射声音，那就意味着说话者所处的空间可能是在一个很小或者是开放的空间；如果感觉到明显的反射，那么可能在一个比较大的封闭的空间中，比如，会议室等。如果声音是从同一点发出的，我们就无法根据声音建立空间感，如果一个声音从众多的背景声中突出出来，那么空间的延展性也就呈现出来。从这些例子，我们可以看到空间依赖声音确立了起来，声音在建立空间感的构成中，是建立在透视法则的基础上的②。

广播的声音共振、反射作用远远不仅仅只是帮助听众确认空间方位。如果我们在广播中听不到声音的共振，那么可能制作者制作广播节目的地点是在录音室中，这就使广播声音如同发生在收听者自己的家里一样，例如，新闻广播的评述、关于当前事件的报道和一些谈话节目，因为在录音室中制作，可以自然地融入听众的生活环境中，削减或者是弱化物理距离带来的鸿沟，使广播者录制节目的语境适应听众收听的私人环境，虽然传受信息不在同一

① McLeish，R. *Radio Production*，3rd edn，Oxford：Focal Press，1994：234.

② Martin Shingler and Cindy Wieringa，*On air：methods and meanings of radio*，London：Arnold，1998：56.

个语境中发生，但声音质量的类同，弱化了这种差异性，广播对声音反射的技术控制使听众产生了亲密接触的私人媒介的感受。

相反，如果广播声音充满了共鸣和反射，听众一下子就会分辨出，这与家庭的、日常生活式的、现实环境下的声音有很大的不同，这也就使听众意识到这一节目是疏离日常生活的，例如对于广播剧来说，往往使用大量的共振或者是与日常生活不同的洪亮的声音来表现，以此来帮助听众暂时疏离世俗生活的“泥沼”，进入广播剧的意象空间；对于记录现实的广播剧而言，则往往会弱化这种声音的共振，目的在于强调现实感。

（二）广播声音共振控制与传播效果

广播声音的共振方式也决定着听众与节目之间的参与程度，换句话说，广播节目是以什么样的方式来影响听众，影响听众确立节目与自身关系的方式和交流程度，简单地说，可以带领听众走入自己熟悉的生活环境，也可以使听众疏离自己日常的生活，如果广播声音的利用不当，也很容易使听众排斥广播节目。广播节目的制作者要研究受众的收听心理，致力于总结不同的声音共振规律，利用共振方式与节目效果之间的呼应关系，满足听众不同的心理需要。

不同的声音效果对应或者是暗示着不同的声音发生环境。比如，繁华商业街上的各种声响和图书馆里发出的声响是完全不同的，根据这些特定环境下才能发出的声响，我们可以判断环境的特点，比如，比较轻声的谈话，伴随着金属推车摩擦地面的声音，我们可能会想，这个场景可能发生在医院、高档餐厅或者是其他什么地方，但是我们如果加上杯盘相碰的声音，偶然发出的喝汤的声音，就会立刻判断出这是在餐厅中，而不是在医院或者其他地方。每一个听众都有丰富的日常生活经验，广播声音的识别和还原不需要任何事先的专业培训。

三、广播听众的接收语境①

广播独特的声音透视法则，使异时空的传受双方得以建构起独特的交际

① 孟伟．声音传播——多媒介传播时代的广播听觉文本［M］．北京：中国传媒大学出版社，2006：75－76.

环境。在广播传播行为中，听众和主持人或者播音员是活跃的交际对象。听众个体的差异性较大，反馈的通道有一定的限制；播音员或者主持人尽管是信息传递中是最积极的因素，但实际上仍然无法控制广播传播中的整个语境。

（一）影响“接收语境”的听众个体因素

听众个体自我身份认同、社会阶层隶属、文化根源、政治倾向和话语权利等因素，影响着广播交际的话语环境。针对受众的“接收语境”而言，一个被动收听的听众和一个主动参与热线（网络直播贴、短信等）的听众，“接收语境”也发生不同的传播作用。影响“接收语境”的听众个人因素主要包括：

1. 听众个体的社会背景

社会阶层的不同，在话题讨论和观点上有一定的差异；即便是同一社会阶层，职业的关系，也成为影响的因素。要充分考虑到听众的这些个体差异，避免误解的产生。

2. 听众接收广播的环境

广播的收听环境可以归类为：听众私人的固定空间（如家中）、私人的移动空间（如私人轿车）；开放的公共场所（如商场、车站等）、封闭的公共场所（如办公室、公共交通工具中等）。某些特定的话题只能适合在特定的客观环境下收听，听众找到理想的接收或者谈话环境，提高舒适性有利于广播交际语境的成功建立。

3. 听众期望建立的话语关系

在日常的交际中，确定谈话双方的关系是十分重要的，在广播谈话中，特别是热线节目，有些听众渴望倾诉，希望建立倾诉者与精神导师之间的话语关系；有些听众彷徨无措，渴望听到一些安慰和建议，希望建立长者劝说式的话语关系……要尽量减少对话中相互关系的理解差异，建立无误解顺畅的交际语境。

4. 听众的情绪和感受

对谈话双方情绪和感觉状态的了解也很重要，比如说一方心情很好，很轻松，这个时候也许希望谈论轻松的话题，严肃话题的讨论会在接下来的谈话中，受到一定的情绪上的抵触。

话语容易引起情绪情感的变化，人类的语言可以传递微妙的感情，话语也容易被感情所塑形。在广播传播中往往依赖讲话者的语言确立起对其认识，这在很大程度上与讲话者当时的情感状态有关，讲话者收到的反应也一定程度上被情感状态所左右。在交流中，情绪和情感的波动频率要受到关注。一个人变得生气，可能是由对方的谈话引起的。

5. 听众的目的

要明确听众收听广播或者是参与热线节目的目的，特别是要理清一些交叉的目的，甚至是谈话的另一方自己可能都没意识到的深层的目的。就听众而言，认知和理解是有一定限制的，具体而言，无论是从意识形态还是从认识范畴上讲，都有一定的可接受范围，新闻传播只有符合受众预设的满意程度和可包容的范畴，才能够达到传播中的预期效果①。

（二）电台传播者对语境的主动控制

人类学家格雷戈里·贝特森（Gregory Bateson）谈到：每一个传播行为都是在传播两层信息，表层基本信息和隐含信息。表层基本信息是我们所熟悉的，隐含信息指的是依赖于（附着在）表层信息上，传达着我们进行传播行为的深层社会含义，或者说表明或暗示信息与个人之间的复杂关系。

也就是说传播行为并不是把信息从一个人传递到另一个人的机械性行为，而是在多层面发生影响的活动。贝特森还指出“传播是一种关系的传播”。有时候信息的传递和接收是不为人们所注意的，比如当我们特定的声音腔调加上很少使用动词的表达，会传递出紧张不安的气氛，尽管我们并不想这样做，可是却因此传递出了紧张和不安。

就广播话语而言，要尽量贴近日常人际交往中的人与人面对面的交流语境，语言要富有亲切感，以此来还原日常生活的交际氛围，在电波传递中营造出一个虚拟的、听众个体所熟悉的日常生活空间，在这个交际的空间中，来展开对话，而这种对话实际上又是在异时空下进行的。这就特别需要提高广播主持人对语言的驾驭能力。②

---

① Fowler, Roger, *Language in the news: discourse and ideology in the press*. London: Routledge, 1991: 66.

② 参见 Scannell, P. (ed): *Broadcast Talk*, London: Sage, 1991: 2—4.

电台传播者的主动性发挥体现在两个途径：一个是加强反馈；另一个是弱化传播者的强势地位，强调倾听。

反馈有个重要的作用，它可以帮助传播者判断信息接收者的需要程度和反映状态。反馈也有辅助交际的作用，或许最重要的是它帮助信息的接收者感受到身处于传播活动之中，注意到信息的发出者正在关注我们的反映，使我们更好地接收到这些信息，如果不能获得反馈，就会引起困惑。虽然反馈在信息的出发点和目的地之间建立起一个环形的机制，但并没有破坏传播中的线性模式。反馈是为了使传播更有效。移情是反馈的重要组成部分。我们要了解对方的情感或者情绪状态，虽然不需要去体验它，但要据此及时调整对话的状态[①]。

关于弱化传播者的强势地位，重视电台主持人培训的 BBC 早期即积累了大量的培训经验[②]：当播音员在播讲稿件的时候，要假设在写作稿件时所确定下来的对象就在你的眼前，你要想象你真的在和他（她）面对面地讲话，甚至可以做手势给他（她）。也许有人会认为这是白费力气，而听众是看不见的，实际上，每个听众都有丰富的谈话经验，一些特定的语气或者是语言段落之后的停顿有什么样特殊的意味，配合什么样相应的表情和语气，都是一种约定俗成的固定搭配，所以尽管是在模拟情景，相信听众是可以看到。播音员要模拟出逼真的谈话氛围——不同的听众再把播音员营造的氛围作为媒介内容的介引：一方面播音员的话语传递信息是媒介的内容，另一方面播音员的话语所营造出的氛围又作为一种形象化的媒介介引，听众会根据自己的日常经验，对播音员通过电波所传递来的谈话信息和谈话氛围进行二次修补。播音员所传递的信息是主要的内容，同时所传递出的谈话或者是交流气氛也是影响信息传播效果的重要参数，有时甚至不比信息传递的内容的重要程度低。

虽然电台的播讲稿件也许是经过反复修改的，但在播讲的时候一定要建立起即时谈话的情绪来，忘记曾经是经过很多次改写的这一事实，就如同第

---

① Thompson, Neil. *Communication and language: a handbook of theory and practice*. Basingstoke: Palgrave Macmillan, 2003: 88.

② 这部分是针对原文进行的二次解读，原文请参见 Martin Shingler and Cindy Wieringa, *On air: methods and meanings of radio*, London: Arnold, 1998: 41.

一次发生一样，有时候播讲中一些小范围的临时修改也不应该被禁止，即便是段落的调整，因为这在一定程度上也体现了谈话的随意性和自由性，也会留给听众一个接受心理的缓冲地带。如果广播谈话变成完全的念读，那么广播谈话也就变成了媒介的中介，听众需要自己解码，这时交流是封闭的，听众听广播就像面对一本书，或者是听一场官方的演讲一样。

BBC 培训新的广播播音员时，其中有一项技能是：要在事先写好的稿件中加入即兴的成分，并且在衔接处做到天衣无缝，使听众无法察觉，这些添加的即兴成分有助于听众产生广播语言是随意性播送的这样的联想①。对于专业的、成熟的广播播音员来说，即兴的编辑是为了消除人为加工的痕迹②。

弱化传播者强势地位的另一个重要途径是倾听。如果传播者不能有效地倾听，就可能导致传播行为的失误。

广播节目内容的意义发生在广播语境中，广播语境的复杂性决定了传播者既要营造广播“节目语境”，也要通过“节目语境”本身的辐射、牵引能力，以及有效地与听众沟通的途径来达到对听众个体“接收语境”的潜在控制，实现广播节目的有效传播。

四、广播场景化传播的价值

“广播场景化传播”，更多指向广播媒体在何种路径上，可以实现内容与传播人群的对接，并达成强传播效果。“场景化”在信息传播的层面有三个核心点：其一，媒体边界消失，无处不媒体。这意味着传统的媒体单位，已经无法自动区隔受众，随着媒体融合程度加深，媒体竞争更多是在场景化 + 特定人群的层面较量；其二，信息内容紧紧围绕个体的需求生产。过去信息内容的生产多与传播主体的意愿绝对相关，受众的主动性地位没有当前这样强势；第三，信息内容与个体需求之间没有间隙，以人工智能为技术基础，并具有信息使用和消费的唯一匹配性。这意味着海量信息生产依然成为可能，信息与人之间的自由匹配度增加。

美国记者罗伯特·斯考伯和谢尔·伊斯雷尔在《即将到来的场景时代》

① Wilby, P. and Conroy, A. *The Radio Handbook*. London and New York: Routledge, 1994: 122.
② Wilby, P. and Conroy, A. *The Radio Handbook*. London and New York: Routledge, 1994: 171.

中提出："以移动设备、社交媒体、大数据、传感器和定位系统为代表的五种原力构成场景传播的核心技术。"① 场景化传播，意味着新技术首先解构了传统大众媒体的边界壁垒，重构传播渠道、商业模式、传播者与受众之间的关系、传播效果评价等各项指标。广播的场景化传播，意味着传播目标"高度对象化"，这是对个体受众理念的一个突破和发展。

（一）场景化与"垂直化"

互联网时代，"场景化"也意味着传播的垂直化。垂直化包含两个意思：首先是传播一定是准确满足特定个体一定场景下的需求，若需求满足欠佳，传播效果必差强人意；其次传播行为围绕特定的人群、某类需求、某种产业、某类服务等，拥有一个完整的产业链，形成闭环，以保障提供给用户的内容和服务是持续的、稳定的。

随着媒体融合深入发展，对于广播媒体而言，基于"受众"的理解和认识应该是全方位的。未来 FM 端的广播有可能只是广播众多抵达受众的渠道之一，广播多渠道传播将是一种常态。当前对于我国广播内容价值的衡量，是否具有融入互联网内容竞争的序列，可能更集中在线下完整商业闭环的建立程度，这是更为良性地契合广播自身产业属性的路径。目前来看，广播的产业属性是业内发展的重重之重，关乎事业存续与否。正确面对和尊重产业属性，才能在广播媒体融合的进程中，助推广播传播力、影响力的建构。

（二）广播技术革新尚需带动广播系统机制的革新

在过去十几年的发展中，广播媒体从未放弃在技术上的创新与突破。从最初的创建网站，进驻微博，开发 App，研发改造内部工作体系和流程系统等，不断探索。

2017 年 12 月 18 日，湖南广播传媒中心与科大讯飞签约，共建国内首家"AI + 广播新技术"联合实验室，即"听说"实验室。科大讯飞是首批国家新一代人工智能开放创新平台。湖南电台与科大讯飞融合各自在内容、技术、渠道、运营等方面的优势，在音频聚合、内容组发、语音集成等方面研发技

① ［美］罗伯特·斯考伯、谢尔·伊斯雷尔．即将到来的场景时代［M］．赵乾坤、周宝曜译，北京：北京联合出版公司，2014：11.

术体系，尝试从广播内容生产模式上创新，带动新的广播内容评估模式，为广播受众提供前所未有专业、高效、高质量、稳定系统的广播产品。这些基于新技术的融合发展探索，充分利用 AI 语音自动翻译以及语义识别功能成果，建立起互联网时代电台语音文本智能编辑系统。

单纯的新技术与传统广播的嫁接，如果不改造广播本身的运行体制和商业模式，可能是舍本逐末，或者对于改革者而言，找不到方向，这正是当前广播业界的一种较为普遍的态势。

如果适应互联网的发展态势和规律，对广播体制机制，运转模式，内容生产模式，特别是商业模式进行革新式的变革，特定的技术支持匹配助力，新广播的转型才能够实现。

这意味着新广播的路径，无法寄托在技术单一的押宝式的推动上，而是首先对广播的内容生产模式、运行机制、商业模式进行整体的调整。

（三）锻造电台最有价值的“IP”

互联网时代，IP 可以带来流量，自媒体往往需要锻造一个平地而起的 IP。对于广播而言，固有的公信力和国家媒体的背书是电台 IP 的强有力的“法宝”。广播传播主体与受众的互动效果，与传播主体的影响力密切相关。因为受众分流在互联网时代，是一个不得不重视的基础课题。

对于电台而言，公信力打造就是业务的本分。成功的电台 IP 至少具备两点：电台是老百姓信服贴心权威的平台；电台的知名度全城皆知，具有最突出的品牌效应。

近年来贵州电台交通频率的经验可以借鉴：国家赋予的 FM 是一个牌照，今天对于电台而言不能简单认为广播就是一个频率，因为广播要做融合，只有彻底做真正的互联网平台概念，才会有异军突起的效果。

贵州交通频率具体做法是：系统的广播内容体系打造。首先，清理一切不利于电台公信力的广告和节目形态；其次，不是打造几个知名的节目或者是打造有个性和知名的主持人，或者借助名人了量，而是完全遵循广播本身的传播规律和具体的内容规律，用最大的专业精神，做最专业的广播内容，但并非在单几个节目制作的精良程度上单纯打磨，而是洞悉互联网的传播规律，以频率为方阵，进行系统的内容体系打造，平台的大 IP 效果才能做出来。

贵州交通频率一个突出的案例是对“剧情性质小插件”的使用，全天64次加入具有“人格化”的“微剧”要素。其作用是：首先促使电台的节目具有整体的人格化特性，这首先在于电台的定位极其精准，并拥有特定的频率性格的定位——“阳光和快乐”、出租车司机的“娘家人”。其次，淡化广播中广告对内容的负面影响；再次通过“微剧”以人格化方式传播社会新闻，传播大众媒体的媒体理念，提倡公益精神和社会主义的理想精神，这些均可以渗透入“微剧”中，群众容易接受；再次塑造起数个具有电台精神品格的“微剧”主人公的品牌，对于频率的形象塑造至关重要，对于线下活动的开展就有“影迷”一样的效果；最后对于电台IP养成，这一点十分重要。

媒体融合的深入发展，不仅仅是媒介边界的消亡，还在于无处不媒体。媒体赋权给了所有愿意表达并具有表达机会的人群。电台要适应这一发展的趋势，找到新型主流媒体的发展思路。在受众与传播者身份的转变和迁移中，占据先机和主导地位。

第五章　广播运营法则

我国广播运营始终都是电台面临的最紧要任务之一。融媒体时代广播广告创收的难度更大。互联网商业模式深刻影响着传统企业的营销模式，反过来也波及媒体的盈利模式。电台如何盈利？如何打造媒体公信力？两个看似不相关的问题更为紧密连接在一起。近年来，电台船小好调头，积极改革，在平台化、社群化运营、知识付费、语音直播以及垂直营销等新领域均有多种尝试，迎接挑战开辟广播运营的新天地。

第一节　广播广告与广播活动

一、广播体制与广播运营

自广播事业诞生以来，各国的广播电视体制因体制、业态环境等原因各不相同。纵观世界，目前最主要的三种广播媒介运营模式为：以英国 BBC 为代表的公共广播模式、以美国为代表的商业广播模式，还有为数较少的欧洲和发展中国家盛行的政府控制下的有限商业运作的国营广播模式。随着媒体融合的推进，源自不同体制下的广播媒体，呈现“异彩纷呈”又“殊途同归”的特点。

（一）商业广播模式

商业广播是在世界各地普遍存在的一种媒体运营模式。对于商业广播而言，本质是产权的私人所有制，以及在此基础上实施的管理制度。私营媒体机构以商业营收为运营目标，广告是私营广播的主要收入来源。

美国的商业广播在世界上最为发达，今天的美国广播业中仍然以商业广播为主导，私营商业电台占全美的80%，公共广播电视及节目供应商所占份额很小。

从20世纪90年代末起，美国广播逐渐走入数字化的时代。同期，数字技术的运用，提高了广播的播出质量，同时也兼容了原有的收听终端。互联网能够利用其跨区域传播等特点将调频台的高质量传送不再局限于本地传播，并使节目得以保存，打破了播出时间的限制。互联网传播技术的发展，还催生出许多互联网广播台。

新媒体时代的商业广播仅仅投身新媒体技术的潮流，将传统广播、数字化平台、现场活动作为三大核心平台，广播行业收入也分这三个平台来统计。以美国最大的商业广播公司i Heart Media为例，在美国150个广播市场拥有超过850家电台，同时通过i Heart Radio平台进行在线内容发布，还专注于户外广告业务，年收入在20亿美元左右。它将通过多个平台实现的用户覆盖能力看作是自身的核心竞争力，并用明确的数据来表述：传统广播盖约2.5亿听众，所有的数字化产品每月独立访问约9000万，社交媒体粉丝约8000万，每年约2万场活动的覆盖，以及户外广告1.5亿的用户覆盖。①

（二）公共广播模式

公共广播，指公共服务广播机构或公共服务广播体制，是由政府编列预算或公共基金提供资金所成立、运作的非营利性电子媒体。它的基本特征是公共所有，以提供公共服务为目标，强调服务的普遍性和多样性，公共广播以非营利为宗旨，作为服务社会的公器而存在并发挥作用。公共服务广播机构通常由遴选出的社会各界代表组成管理机构主持，对全社会和全体公众负责。公营机构的经济来源主要是视听费，但也不绝对排斥其他来源收入。

因此，独立于政府和市场是公共广播的两个基本特征。独立于政府是指在设计上和具体的制度安排上，公共广播电视具有独立编辑权，节目不受政

① 滕朋、黄蓉．美国商业广播百年流变［J］．中国广播电视学刊，2006（07）．

府的直接干预。独立于市场也是一个相对范围。由于公共服务广播是一种国内广播体制安排，以民族国家的主权范围为限，因此国内的公共服务广播的业务如果延伸到了国外，就往往采取商业性运行的方式。如广播节目、出版物和衍生产品的售卖等。[①] 从总体上说，各国公共广播的节目基本上做到了独立于政府，英国的 BBC 可算典型。

21 世纪以来，以互联网为代表的新媒体逐渐成为人们生活中不可缺少的一部分，并对传统媒体发起猛烈的冲击。BBC 应时而变，从传统的广播电视媒体转身成为多媒体的公共服务机构。BBC 在实现从单向传播模式到互动传播模式的变革过程中，BBC 的公共服务理念在挑战中表现出鲜明的时代特性，但对公共服务精神的坚持和致力于优质内容的品牌形象却是不变的根本。

一是拓展公共服务平台。1997 年，BBC 先觉先行，“BBC 在线”（BBC Online）成为世界上最早建立广播电视媒体网站之一，2007 年 BBC 推出了自发研制的数字播放器 iPlayer，为受众提供网络数字点播服务。

二是传承优质内容服务。随着互联网等数字媒体的发展，BBC 调整自身定位为以按需索取的视听节目与信息服务为主的 360 度全平台新型传播媒体，并始终坚持“公共服务”机构这一角色，在市场竞争下通过追求品质和权威性，全力维持节目质量和社会责任。

三是积极促进公民的媒介参与。肩负着公共服务之教育职责的 BBC，旗帜鲜明地开展了系列媒介素养培育行动，以保证公民在信息获取、信息使用等方面享有平等发展的机会和权利，这也成为 BBC 构建其公共服务的新导向。

四是积极拥抱新技术手段。新媒体技术时代，BBC 始终以技术迭代、内容细分、社会责任和用户体验为抓手，在优质与流行、迎合与引领之间寻找平衡点和着力点。例如打造“新闻 + 社交”的信息传播模式，加大社交媒体平台上的短视频推送力度，抢先试水 VR 与 360 度全景视频报道，开发数据新闻等。BBC 于 2015 年底上线了创意共享平台“品尝者”（Taster），在平台发布新闻和娱乐产品创意半成品，直接获得受众的反馈，使用户参与内容生

---

① 参见邓炘炘．动力与困窘：中国广播体制改革研究［M］．北京：中国经济出版社，2006：364.

产，共同完成。[①]

（三）国营广播运营模式

国营广播主要是指国家拥有并直接经营的电台、电视台。主要特点是，资产为国家所有，政府直接领导和管理，领导成员由政府任命，业务活动受到政府的监督，往往是非营利性质事业单位，经费大部分靠国家拨款，有的辅之以受众缴纳的视听费用以及广告费用，允许有限的商业经营行为。实行这一体制的国家主要是一些社会主义国家，多数发展中国家，少数发达资本主义国家的国营台。中国的广播事业就是国营广播模式的代表。[②]

中国的新闻事业在创立之初就选择了一条不同于西方的中国特色发展道路，新闻媒体在发挥社会公共价值的同时，更明确媒体机构要具有鲜明的党性特色，要坚守党性原则，这就决定了我国的广播机构首要宗旨就是要充当“党和人民的耳目喉舌”。[③] 1978 年，党的十一届三中全会拉开了当代中国改革开放的序幕。同年，财政部批准《人民日报》等八家新闻单位实行“事业单位，企业化管理”，直接催生了我国广播媒体产业化的快速发展。

从 2003 年开始，我国的数字广播、网络广播在这一时期涌现，许多传统电台纷纷建立自己的网站，开始网络广播，并入驻网络大型的聚合类广播平台如银河 radio、叮叮网络电台收音机、新浪微电台，同时，网络原生电台也可以茁壮成长，豆瓣电台、青柠网络电台、猫扑广播电台，是互联网原生音频媒体的早期代表。

2013 年以来，随着 3G、4G 移动互联网的迅速普及，新兴媒体技术的突发猛进，受众接触媒体习惯的变迁，听众收听广播的时段呈现“多元化”、“碎片化”特点，许多传统广播业外的人开始看到了广播声音的价值，瞄准音频产业开发，传统广播媒体也不得不走上因时而动的变革之路。

一方面，传统广播媒体开始了媒介融合之路，除了官方微博、微信以外，还不断尝试开发新媒体产品，包括网站、客户端、采编工具（平台）、广告

① 张艳秋．BBC 公共服务模式：挑战、传承与创新［J］．电视研究，2011（10）．

② 邓炘炘．动力与困窘：中国广播体制改革研究［M］．北京：中国经济出版社，2006：367.

③ 冉华．论传媒结构的合理建构［R］．中国媒体发展研究报告 2010 媒体卷．武汉：武汉大学出版社，2011：244.

营销工具（平台）、社交媒体管理工具（平台）等；另一方面，由互联网原生企业、其他传统媒体、广告公司和技术公司开发的互联网音频媒体拥有与传统广播媒体不一样的格局和发展势头，如蜻蜓FM、喜马拉雅FM、荔枝、考拉FM等音频平台占据互联网音频市场主要份额。

在融媒体发展道路上，传统广播媒介的对内容生产运营探索一直没有停歇，主要有制播分离、主持人（栏目）工作室、中央厨房、项目团队负责制等产业转型尝试。

在经营模式创新方面，国内广播媒体踊跃探索，许多广播电视台正在尝试进一步促进经营模式的创新与变轨，不断向平台化、数据化、社区化、垂直化方向发展。内容的付费下载或收听、音频直播打赏、音频版权交易、广播与电商购物的结合、跨界的线上线下营销活动以及基于本地生活的O2O服务等，不一而足。①

中国广播的生产和经营始终坚持把社会效益放在首位，在保证社会效益的前提下，实现社会效益与经济效益的统一。② 所以，对于广播体制改革而言，如何促使公共服务性内容、宣传性内容以及商业内容的分层、分类运营，如何让自己通过运营体制和模式的不断革新在与新媒体竞争浪潮中获得长足的生存发展空间，是我国广播运营体制正面临的重要课题，也是广播实现融媒体理念革新的发展基础。

二、中国广播广告运营

中国广播最早的广播广告始于1980年中央电台的《广告》栏目，广播广告的经营也走过了38年历史。作为广播市场化探索的重要业务板块，广播广告在迎战互联网浪潮的挑战下也在不断进行改革创新和探索。

（一）传统广播广告市场现状

据《2017年全国广播电视行业统计公报》显示，近几年的广告市场，传统广告和互联网广告的份额一直此消彼长，传统广告经历严峻的下行趋势，

① 中国经济网．广播有了新玩法 工作室制激发活力［EB/OL］．http：//www.ce.cn/culture/gd/201612/21/t20161221_18925897.shtml，2016.12.21.

② 翟国选．双重属性下的现代广播宣传管理［M］．北京：当代中国出版社，2012：7.

连续三年负增长，而广播除了在 2015 年轻微下降 0.4% 之外，均保持着增长的势头。电视广告收入继续下降，广播广告收入增幅较大。2016 年全国广播广告收入为 145.83 亿元，占全国广播电视广告收入的 9.42%，2017 年全国广播广告收入 155.56 亿元，比 2016 年增加 9.73 亿元[①]。在广播广告总体收入上升的大背景下，其中有着较为明显的因时而动的产业转型和结构调整。[②]

2018 年，广播媒体面临着融媒转型与广告经营的双重挑战。在广播电视广告收入下降的大环境下，广播广告仍然保持 6.67% 的高速增长，但增幅在收窄，降至 10% 以下。

2018 年上半年，虽然广播媒体规模回落，但受众品质提升，在品牌广告增长遭遇瓶颈的情况下，传统广播广告逐渐在向数据、品质与口碑营销转变。广告经营过于依赖交通广播的现象也面临调整，在移动互联网快速发展的情况下，当城市道路拥堵情况达到一定程度时，部分私家车主选择不听广播，而采取其他的替代娱乐方式。2018 年上半年，尼尔森网联全国 35 城市收听调查数据显示，全车载市场触达率由 16.06% 下降至 14.51%，车载触达率首次呈下降趋势，与私家车保有量持续提升的趋势相反。越来越多的广播受众转移到网络端，这意味着传统广播广告的增值空间正在日益被网络挤占，广播媒体融媒转型迫在眉睫，需要加强移动端融合，实现真正的融媒与转型。[③]

（二）中国广播广告运营新趋势

1. 利用新媒体技术，广告形态推陈出新

在新的媒体竞争环境下，传统广播电台正日益学会采用互联网思维，通过节目创新，将受众转化为用户，进而创新广告形态以适应新媒体化营销环境。

广播电台从受众需求角度出发，充分利用新媒体技术，广告形态推陈出新。首先是用大数据管理和价格管理模型调整、优化频率广告价格，提高频率广告播出饱和度；其次是利用互联网技术，通过媒体融合创新广播广告产

---

① 每经网．国家广电总局：去年广播电视服务业总收入 6070.21 亿元，电视广告收入继续下降［EB/OL］．http：//www.nbd.com.cn/articles/2018－06－05/1223465.html，2018.07.02.

② 黄京华、朱琛．中国广播广告概况［J］．中国广播，2014（9）．

③ 搜狐网．2018 年上半年全国广播收听盘点［EB/OL］．https：//www.sohu.com/a/239346438_738143，2018.07.03

品；第三是积极开发以“电商”“互联网+”广告为代表的新型广告客户市场；第四是利用好各类平台推出个性化定制服务营销。如哈尔滨交通广播，在微信公共平台开发订机票、查询机场进出港情况、车辆违章信息服务，提供订购演唱会门票服务，让听众从“听”广播转变为“用”广播，并在这一过程中实现增值。

2. 广播活动成为广告营收生力军

在传统广告营销形式实现突破越来越困难的当下，活动营销成为越来越多传统广播电台广告营销的抓手。一方面，通过组织线下活动进行直接的增量营销。例如河北交通广播2017年共完成各类公益和商业活动100余场，其中商业活动创收超过2000万元，公益活动募集善款300多万元，连续举办五届汽车文化节，2017年该活动现场销售汽车2617台，成交金额4.82亿元；另一方面经营广播品牌活动吸引广告投放，或者为品牌广告合作商做活动营销，并通过全介质、全媒体、多平台的整合营销推广，达到品牌传播和经济收益的双赢。如上海东方广播中心的品牌活动“辰山草地广播古典音乐节”连续三年与“光明乳业”品牌合作，通过城市圈户外媒体、传统权威媒体、网络视频直播等制造话题进行分层次、多频次传播，使光明乳业产品在广告接触率、近期饮用率、最常饮用率等方面都有较大的提升，营销效果得到商家认同。①

3. 内容营销成为广告策划深耕领域

内容营销是充分将企业品牌精神与时代相契合的话题相结合，依托时间、地点的场景因素、情感因素以及娱乐因素，让广告形式更为柔性化、节目化，在潜移默化中达到影响受众和用户的目的，这种营销形式当下成为传统广播广告的升级版。

例如，2016年上海广播动感101频率与崂山矿泉水合作，专门定制了“动感101喝水时间”专题策划，以新颖的广告形式，完成了2亿元广告订单的突破；中国之声2016年春节期间为去哪儿网打造场景化专属广告产品，进行内容营销。该策划结合春节期间出行、旅游的特定场景，“去哪儿网”大数据平台相关的资讯内容服务，再配合场景化表现形式的广告播出，传播效

① 黄京华、王冰．2016广播广告：稳定与趋变［J］．中国广播，2017（02）．

果得到了企业的肯定。

4. "广播＋电商"模式进一步深入发展

基于越来越多的传统广播研发了自己的融媒体平台或工具，广播电商作为重要的营销形式已经变得越来越普遍，多家主流广播电台，如辽宁台、江苏台、吉林台、湖北台等都陆续尝试广播＋电商的营销形式。

例如，珠江经济广播创立"双十一"广播＋电商直播购物节，用户可以边听广播、边看电视或视频、边玩微信"喊红包"、边在广东广播"呼啦"商城进行下单购物，体验全新的购物模式，2016 年"双十一"期间自有的电商平台"呼啦商城"访问量超过 30 万，累计销售额突破 550 万元，比 2015 年增长 77%。[①] 福建广播为全国广电量身定做的电商开放平台——广电天团，以"地标特产直供、政府推荐背书、广电包装优选、新媒体宣传分销"的多重优势，为消费者提供品质保证、价格实惠的优选商品，是"广电＋电商"的媒介融合新平台，也是广电总局指导下的"全国广电电商产业联盟"的服务平台。[②]

5. 广告与营销一体化，跨产业融媒体转型成趋势

由于新媒体不断出现，传播环境空前复杂，单一的广告已无法有效地到达消费者了。在这样的背景下，传统广播广告公司不仅要能够提供传统的广告服务，还需要整合公关、活动、跨界合作、促销、直销、互动等多种手段，以实现广播产业价值值最大化。当前广播媒体构建产业链主要采取以原有产业链为中心、仅仅依托广播核心资源，逐步向前后端和周边拓展，涉猎亲子教育、旅游、户外体育、医疗、出版、娱乐等不同领域。例如江苏交通广播举办首届江苏汽车露营大会，苏州音乐广播创办"人文音乐课"品牌讲座活动，江苏广播举办第一届"大蓝鲸杯"足球锦标赛暨江苏广播足球嘉年华，打造江苏广播全新的竞技体育 IP；邯郸音乐广播 FM1028 与民间资本共同合作建立"1028 音乐餐厅"，这是全国第一家具有广播属性的主题餐厅，江苏广播瞄准亲子类营销市场，打造咪你豆童玩音乐节，成功推出了江苏广播全新的亲子 IP，打造"你好横店"江苏广播横店影视旅游嘉年华，积极开拓外

---

① 黄京华、王冰. 2016 广播广告：稳定与趋变［J］. 中国广播，2017（02）.

② 福建电台内部资料。

埠旅游市场。[①]

三、广播品牌化运营

品牌是指消费者对产品及产品系列的认知程度。对于广播而言，品牌经营是广播产业发展的核心。因为广播受众接触率最高的是频道、栏目、节目，其质量高低，影响大小，决定着收听率，决定着产业方向。[②] 品牌也是广播收听率的集中体现，是竞争力的象征，因此广播的管理者应当有明确的品牌战略，采取各种方式提升品牌效益，根据广播自身的情况，下面从集团、频率、栏目、内容及活动五个层面展开介绍当下广播的品牌战略。

（一）集团品牌

打造集团品牌，就是打造整个传统广播的品牌生态，有助于提升广播媒体旗下各个层次品牌的市场吸引力，长期吸引相应的听众群体与广告主群体的注意力，提高忠诚度。

中央人民广播电台早在2010年4月开始了建台以来第一次全面系统的品牌重塑工作，发布全新的品牌标识系统，包括主品牌及旗下子品牌的视觉形象系统、音乐形象、品牌宣传口号等，并对旗下子品牌的标识进行规划与整合，建立了包括公益性、个性化、企业型和其他四类子品牌体系。2015年，在由世界品牌实验室发布《中国500最具价值品牌排行榜》中，中央电台的品牌价值为117.75亿元，比2010年进行首次品牌重塑时的品牌价值（37.95亿元）溢价率超过200%。品牌排名国内广电品牌第九位，纯广播类品牌第一位，中央电台现代化媒体品牌形象打造卓有成效。[③]

（二）频率品牌

广播频率品牌，即以频率为单位的品牌建设。频率的品牌战略主要有两种方向，专业化频率和类型化频率两种。目前，我国大部分广播频率处于专业化的发展阶段，频率类别包括新闻、财经、经济、交通、音乐、文艺、生活、健康、体育、戏剧、城市、国际、农村、老年、少年、女性等。因此，

---

① 内部资料。

② 徐蓉．广播品牌管理研究［M］武汉：湖北人民出版社，2013（01）．

③ 宋青．新媒体环境下中央人民广播电台品牌建设与评估诊断［J］．中国广播，2016（04）．

以专业化频率为单位的品牌建设在中国颇为活跃且极具代表性。频率层面的品牌建设，包括定位、视觉听觉标识体系、台歌等，占据目标听众的心智。例如浙江广播“全国唯一女主播电台”FM1045 以中高端有车一族为目标对象，用完美女声诠释个性、时尚、品质的都市生活，拥有个性鲜明、独树一帜的“活力时尚、轻松快乐、柔美亲切”女性广播频率品牌形象。

类型化广播品牌国内也有不少尝试，比专业化广播内容定位和品牌定位更具体，通过自身的同质化突出频率的个性特色，受众收听无需节目单，就可以收听到自己喜欢的内容。2002 年中央人民广播电台第三套节目改版推出的“音乐之声 Music Radio”可以算是中国类型化广播的典范，音乐节目占据频率节目内容的 100%，歌曲从电脑曲库自动挑选，每个小时主持人只有 7 分钟自由发挥的时间。[①] 广西人民广播电台于 2009 年全面改版的 950 music radio、930 私家车电台、970 女主播电台等，都是在类型化运营理念下诞生的频率品牌。

（三）栏目品牌

打造品牌栏目是广播品牌经营的重要方面，广播听众一般都是通过以往对各台栏目的了解审慎选择广播电台，通过持续不断地收听，感到满意，从而养成某个收听习惯。品牌栏目的打造有个成长成熟的过程，不是一蹴而就的，成功的品牌栏目可以发展成工作室，继而开展多元业务延伸，延伸产业价值链。

《直通 990》是上海新闻广播 2011 年开播的一档民生类节目，为生活在上海的市民解答政策、法律、生活等各类问题。通过电台节目设置，在栏目中搭建平台、对接政府资源和民生服务。节目至今已有 7 年，它不仅逐渐成为上海新闻广播的品牌节目，获多个新闻奖，同时节目组团队也逐渐设立节目工作室，发挥团队资源整合优势，开发出多个相关品牌产品系列，包括核心产品广播节目《市民政务通—直通 990》 + 微信公众号“直通 990”；衍生产品包括广播线上品牌《为好人点赞》《上海民生访谈》；线下活动品牌《为公益行动》《民生课堂》《社区大讨论》《上海公益巡礼》；短音频产品系列

① 李秀磊．经营广播［M］．北京：北京大学出版社，2010：177.

《通言无忌》《小巷“总理”说》；以及年度报告《上海民生报告》等，由此构成工作室的产品矩阵，拓展外延、开发系列衍生产品，接地气、重实用性、长于运营，在没有多花费一分节目经费的情况下，获得共计200万元的政府、机构项目合作收入。[①]

《轻松活过100岁》是湖南电台新闻频道开发的一档公益健康类栏目，基于“定制化直播平台、服务型微信公众号及小程序、多方内容分发渠道”的融媒体矩阵，高度黏合爱健康、喜养生、追求生活品质的受众，以广播品牌栏目为切口，又吸引“互联网用户”回流到广播平台，实现真正意义上的多媒介“融合”。节目开播五年以来共接听热线近6万多次，获得中广协“全国民生影响力十强广播栏目”，国家卫计委“中医中药中国行”优秀宣传媒体，2018年《轻松活过100岁》融媒发展提质升级，融媒平台对栏目进行碎片化二次传播，为用户提供周边“增值”服务，打造成为集广播+视频+互联网三位一体的全网健康IP节目，通过融媒、社群的布局构架，《轻松活过100岁》融媒矩阵已实现年度吸附广告收入460万元。[②]

（四）主播品牌

主播品牌，即广播频率或者广播栏目的主持人的品牌效应，主要包括主持人品牌、节目品牌。很多情况下，听众喜爱广播频率品牌是从某个主持人、某个节目开始的，常会因为某个广播主播的“品牌效应”而忠诚于某档节目、某个频率。打造主播品牌，就是围绕主持人品牌开发周边的经济价值。

2017年无锡广播为塑造自身品牌，挖掘主播品牌价值，启动了2017“无锡广播十佳主持人”、“十佳网红主播评选”活动，作为无锡广播的品牌建设项目之一，该评选活动建立在连续举办了四年的“十佳主持人评选”品牌活动经验基础上，紧密结合新媒体时代趋势，增设“十佳网红主播”奖项，吸引了网络群体的关注，有效扩大了受众群体和无锡广播的主播影响力[③]。

2018年以来，无锡广电中心以头牌网红主播、都市生活广播主持人飞翔

① 魏雪雯，阳欣哲．广播政务节目创新模式探索——以上海广播“直通990”工作室为例［J］．中国广播，2017（12）．

② 湖南电台内部资料。

③ 明珠网．2017无锡广播十佳主持人、十佳网红主播评选揭晓［EB/OL］．http：//news.thmz.com/col58/2017－11－24/1128843.html，2017.11.24.

为核心，成立飞翔网红工作室，先后推出无锡广电首档网络综艺节目《@2018新年心飞翔》、全媒体节目《飞翔的麦克疯》、打造首个无锡广电主持人电商品牌“飞翔家的花果茶”，设立“我心飞翔”公益金，整合社会资源主办校园主持人大赛、歌手大赛，推出“寻找锡城最美笑容”、“牙模甄选”、“飞翔千人团购会”，三场活动广告吸纳量20万，活动当天现场签单直接带给商家营收超过200万元。[①]

（五）活动品牌

广播活动品牌，即广播频率旗下知名的听众活动或活动的品牌，一般按年举办，不是一次性的活动。广播活动品牌的优点在于通过体验式营销提升听众的认知度与忠诚度，受众可以从空中到地面，从下上到线下，身临其境地体验品牌理念，通过公益活动或者商业营销提升品牌形象，创造经济价值。[②]

广西人民广播电台每套频率都有其品牌活动，如2005年广西交通广播1003发起“爱心送考”公益活动至今坚持13年，影响力遍及广西14个地方；此外还有2011年教育广播930开始举办的“私家车环球自驾之旅”线下活动、2013年创办的综合广播新闻910“帮我谢谢TA”、文艺广播950“音乐先锋榜”经典活动、2014年经济广播970女主播创办的“环江申遗代言”活动等。[③]

北京交通广播的“1039俱乐部”对俱乐部人群定位进行分析，对品牌进行包装设计，确立了“1039发现”“探新奇、乐未知”的两大活动品牌IP推向市场。基于品牌活动，与多个目的地和景区合作，开创“目的地营销”的良好合作模式，如从2016年9月至2017年4月与重庆武隆喀斯特集团公司联合举办6场自驾活动，共带领327人次共计92车次连续不断多批次从北京奔赴武隆；2018年春节“1039俱乐部”组织的“声动南极”极地包船项目，

---

① 无锡广电中心内部资料。

② 陈俊、余明阳、王思宇．融媒体时代广播产业的品牌生态探索［J］．中国广播电视学刊，2017（02）．

③ 宁倩．广播品牌活动培育与社会价值传播的互动研究——以广西人民广播电台为例［J］．视听，2016（12）．

创造了客均单价超过9万元、150人包船的业绩。[①]

四、广播活动营销

在广播市场化运营道路上，广播活动营销作为建设广播品牌，创造产业价值的重要手段，几乎成为所有广播媒体运营者的共识。

广播活动营销的出发点一般分为两种，一种是为提升品牌影响力的公益活动。公益活动可以和媒体报道相互配合、促进，形成良性互动，通过新闻传播扩大媒体影响力，为广播梳理一个负责、积极的社会形象，提升广播媒体品牌形象和品牌价值，具体来看，广播的公益活动中还可以分为对自身品牌建设的公益活动、和社会合作的公益活动；另一种是对广播产业价值链探索的商业营销活动，大众媒介的活动营销属于一种注意力经济，和广播活动营销创收的基本途径就是利用活动吸引受众注意力，并把这部分注意力出售给合适的广告商。[②] 由于广播的社会属性，商业营销活动在执行过程中不能偏重经济利益而淡化了媒体的公正、客观与权威性，都需要在维护自身形象和品牌的同时，兼顾营收。

（一）品牌建设活动

广播的品牌建设活动，一般是指广播媒体举办以自身影响力，打造品牌形象的营销活动。一般是以中小型活动为主，例如广播电台周年庆、主持人见面会、星主播大赛、社区活动等，活动规模一般比较小，容易落地，活动偏重媒体自身的品牌营销，淡化商业色彩，在增强听众忠诚度，增加频率活力有较好的效果。

例如，中央人民广播电台音乐之声针对收听人群，每年组织数十场走进校园的系列演唱会“音乐之声校园行”，举办小型夏季户外演唱会，尝试中型户外演唱会《最爱音乐汇》，推出新人新作为主题演唱会《音乐星势力》等不同形式和主题的活动，面对面拉近了听众与广播的距离，对培养音乐之声收听群体，推广音乐之声品牌形象都起到了很好的作用。[③]

---

① 北京交通广播内部资料。
② 傅珊珊．广播节目运营实务［M］．北京：新华出版社，2008：6.
③ 高蕊．《音乐之声》的类型化运营之道［J］．传媒，2017（18）.

近年来，上海人民广播电台着力打造系列音乐IP品牌活动，比如做了25年的《东方风云榜》音乐盛典，2005年被评为首届上海市媒体优秀品牌，运作七年的“经典947辰山草地广播音乐节”，通过一系列创意、多产业融合的户外活动，让古典音乐不再“高冷”，依托上海人民广播电台平台优势的Love Radio《最爱金曲榜》是Love Radio于2017年创办的大型项目，主要以“线上节目+单元”、“线下明星乐享会+地面活动”为呈现方式，最终以音乐盛典的形式为一年的金曲榜画上圆满的句号。[①]

（二）公益推广活动

广播的公益推广活动，一般是指广播媒介以谋求社会公共利益为出发点举办的活动，支持、推动公共事业和文化事业的发展，以实现扶危济困和乐善好施为目的，具有公益性质的活动形式。公益活动能够打造广播节目的特色品牌，形成巨大的凝聚力和影响力。

如今，许多广播媒体通过开展一些社会公益活动来提升品牌，例如南宁生活广播推出“爱的小桔灯”公益助学活动，南京新闻广播“朗读者”（为盲人）读书活动，由江苏音乐广播和江苏省儿童少年福利基金会共同打造的公益品牌活动“音乐种子”春蕾助学行动灯，这些活动都已成为持续多年的品牌活动，在关怀弱势群体，践行社会责任，增强广播的感召力和信任度，缩短听众距离，以及树立良好的社会形象上都起到了良好效果。

打造公益活动的同时也能给广播带来经济效益。为打赢十九大报告精神提出的“脱贫攻坚战”，许多媒体开始将公益活动的方向瞄准精准扶贫。广州市广播电视台与定点扶贫村——广东省清远市阳山县鱼水村，开展专项扶贫项目。FM106.1广州交通电台阳山鱼水村策划推出“1061阳山县鱼水村扶贫西洋菜项目”，通过扩大本土农业生产，产生更多就业岗位，给鱼水村93户237人贫困村民的生计提供更好的保障；江苏交通广播网2017年共举办9场“富民行动”精准扶贫公益活动，累计销售金额超过150万元，视频直播观看量超过500万，也带动了中石化、五星电器、格力电器等品牌参与其中。截至2017年11月底，江苏交通广播网已完成了233场活动，吸引广告投放

① 上海电台内部资料。

超过700万元。[①]

（三）商业营销活动

广播的商业营销活动，大多为盈利创收而创办，活动成规模或成系列，影响力大。活动能回馈给广播频率以巨大的凝聚力和商业价值，达到广告短期增长的目的。[②]

此类活动一般分为两大类，一是为广告品牌客户量身打造的大型推广活动。这是广播活动规模的推动力。比如，统一企业从2001年起，和全国数十家城市电台合作了多年“统一冰红茶校园歌手大赛”、电台与中国移动合作举办M－ZONE人PARTY“明星见面会”，这些有商业合作伙伴的项目，常常可以获得双赢；二是广播媒体主动参与的跨界营销活动。围绕广播媒体核心资源，拓展产业周边，力求实现直接的经济效益，突破传统广播广告经营困境，实现产业转型。例如郑州都市广播自2016年起策划的品牌活动“DJ看你的”到目前为止已经开展7季，涉及房地产、汽车、餐饮、教育等多领域，累计创收300万元。特别是“DJ看你——主播在山上”活动，仅500元的设备成本，就引来50万元的广告创收。[③]

广播活动的公信力可以有效反哺频率品牌，实现了频率品牌推广和活动品牌塑造的双重目的。辽宁交通广播的“975杀价帮”活动是一个汽车团购品牌，使频率在广告市场尤其在汽车行业的影响力明显提升。从2016年10月至今，“975汽车杀价帮”一共做了16场，总成交额达到6.8亿元，成交量2989台。

新媒体时代，很多广播基于融媒体平台开展产业融合和商业营销。从2016年下半年开始，“在南京”融媒体平台通过“中央厨房＋本地团队”，创新性的“平台＋产业”媒体融合模式深入体育、旅游、餐饮等多种行业，线上线下全面助力精准扶贫、对口支援、乡村振兴工作。[④]

---

① 搜狐．打破传统广告行业下行“紧箍咒”［EB/OL］．http：//www.sohu.com/a/222299011_613537，2018.07.15.

② 许嵘．全媒体时代的广播活动营销［J］．视听界，2012（06）．

③ 搜狐．打破传统广告行业下行“紧箍咒”［EB/OL］．http：//www.sohu.com/a/222299011_613537，2018.07.15.

④ “在南京”内部资料。

第二节　广播社群运营

随着互联网粉丝经济和社群经济的兴起，广播的社群经济亦成为改革探索的一个新领域。社群对于商业公司而言，意味着市场商业变现的实力；对于电台而言，国家媒体的属性和音频媒体的属性，均决定了社群和粉丝运营与互联网媒体及其他商业公司的变现方式有所不同。部分频率或者是节目类型粉丝变现可以很直接，但是多数电台的节目不太适宜单一的社群运营和粉丝经济支撑。影响电台更大的，应该是社群、粉丝经济的整体社会经济氛围以及其理念。

一、广播社群与社群经济

媒体融合的背景下，广播电台逐渐认识到要巩固和提升市场价值，就必须将“以内容换广告”的经营思路转变为“以服务换用户”的理念，为用户提供个性化的服务。基于此认识，越来越多的广播电台一方面进行更加专业精细的内容产品制作，实现对用户的精准集纳；另一方面，充分利用融媒体手段，聚合相同兴趣的社群进驻，收听节目、分享经验、聚合人气、推广产品，围绕社群经济延长产业链，成功改变了单纯依赖广告收入的经营模式。

（一）广播社群

广播社群是指人们通过广播媒介的个性化、互动式传播而形成的，通过收听广播节目，共同活动，相互影响的集合体。

在互联网兴起之前，广播社群这一形式就已经存在，电台节目通过热线电话、短信、听众来信维系粉丝关系，继而针对节目固定听众开发广播听众俱乐部，实行会费制、积分制，定期举行线下沙龙活动，召开座谈会，征集意见改善节目，或进行产业链拓展营销。

在融媒体的今天，听众不仅可以通过声音机、手机、iPad、车载设备、居家音响设备等收听广播，更能够通过微博、微信、QQ、论坛等多种方式与主持人进行交流、沟通和讨论，实现信息共享和即时互动，多元的社交平台让广播社群的建立更为便捷和稳固。

当前电台社群的组建除了依托自建的融媒体平台之外，还集中在微博和微信这两大社交媒体，微博微信公众号提供粉丝互动、话题讨论、个性化定制等，渠道更加多元、便捷，传播效率更高。

（二）广播社群经济

社群经济，指的是社群商业化。社群经济是一群有共同兴趣、共同价值观或有共同特点的人抱团取暖，建立情感关联，从而创造价值的行为。[①] 目前，社群经济在市场经济中有不同的展现形式，但都体现了社群的内核。比如共享经济下的滴滴打车，粉丝经济的代表小米、魅族手机的传播以及团购，水滴众筹等等，也包括广播音频领域的《罗辑思维》的运营成功。

广播社群经济的产生更多是基于人对于品牌的信任与情感。一般来说，广播基于栏目或频率的公信力和品牌影响力吸引了一批忠实听众。但只有广播的粉丝变成稳固、基于信任和良性互动的社群，才能在此基础上持续制造噱头，实现社群经济的外溢，产生商业价值。

广播社群经济与主播粉丝经济是当前人们常相提并论和混淆的概念，但其实社群经济与粉丝经济有一定的差别。粉丝经济是社会化客户关系管理的精髓，是社群经济的初级阶段，其核心是粉丝的互动和参与。[②] 如表一显示，与主播粉丝经济相比，广播社群经济是更加稳固、长期的去中心化的社群，其消费行为是一种基于意义和充分发挥组织协作特点的行为。

《罗辑思维》的创办思路从一开始就厘清了自己社群经济的定位。社群的搭建者一般在互联网圈内有一定的知名度，但会隐身于幕后，普通用户一般不知道他们是谁，只是慕平台之名而来，而粉丝经济一般是以明星为中心的紧密组织。[③]

---

① 搜狐．社群邦：社群与社群经济的区别在哪儿？［EB/OL］．http：//www. sohu. com/a/210677625_ 100080988，2018. 6. 25.

② 陈浩文．植物医生：另类经营道与术［J］．中国连锁，2014（9）．

③ 杨慧．社群经济及社群运营策略探析［J］．商，2015（24）．

表1　主播粉丝经济与广播社群经济对比[①]

分类	主播粉丝经济	广播社群经济
关系程度	紧密	较为灵活自由
情感理性与表现形式	非理性与理性并存；排斥	理性；包容
传播形式	以明星主播为主的中心化传播	人人之间的去中心化传播
协作动因	维护明显主播权利、形象与利益	品牌价值、生活理念
产出内容	基于原有价值生成文本	社群生成新意义、新价值
圈子构建所需时间	短	长
用户协同边界	有且十分明显	无
消费特点	基于文化的符号消费	基于意义的价值消费
自组织协同	无；基于明星主播本身	有；基于组织内部的价值认同

（三）广播社群经济特征[②]

随着社群经济的兴起，越来越多的广播电台、音频节目构建自己的社群，例如伏牛堂、吴晓波公众频道等，这些社群虽各自特征明显，但是总结来讲，有以下基本特征：

1. 注重品牌。对于一个广播社群来讲，首要凝聚粉丝受众忠诚度的是品牌的影响力，一个社群的品牌背后，主持人是社群的灵魂，对主持人认同感是凝聚广播社群成员最根本的保障。因此，运营社群首先一点就是树立自己的品牌。

2. 独家内容。成功的广播社群都要定时定期保证一定高质量的内容输出，自制节目、推送文章或者信息共享，这些内容要是有态度、原创的内容。因为广播社群作为一个特定的人群存在，它的内容必须是有价值且符合特定人群需要，不能是模棱两可迎合大众的，这样才能形成认同感，增加粉丝听众黏度。

3. 重参与感。作为广播社群经济的主要群体，社员渴望表达自己的态度，渴望参与到广播节目当中找到存在感。成功的广播社群的特点一定是注重社员互动环节的建设，为成员搭建沟通渠道，提供针对性服务，线上充分

---

① 孟伟．互联网＋时代：音频媒体产业重构原理［M］．北京：中国广播影视出版社，2015：113－115．

② 参考杨慧．社群经济及社群运营策略探析［J］．商，2015（24）．

鼓励成员发言、参与、共建，线下通过聚会、沙龙培训等形式让成员得到充分的参与感和互动的乐趣。

4. 互利共赢。社群经济的一个重要特点是将广告营销转化于无形，通过广播社群福利的形式发放，让每个成员在社群中既是一个获利者，同时也应该是共享者，如罗辑思维有专门的成员福利，有各种赞助商的友情赞助，如乐视赞助过罗辑思维成员电视，以及黄太吉赞助煎饼等。

5. 社群经济变现。目前社群经济主要的盈利模式包括广告、电商和粉丝打赏三种，其中电商变现预计将占到50%的份额，对于广播社群经济来说，内容型电商，通过购买VIP会员、知识付费等方式，精准个性化定制音频内容服务社群受众。

二、广播社群构建原则

目前，我国大部分广播频率处于专业化的发展阶段，除了新闻、财经、经济、交通、音乐、文艺、农村、女性等频率，也包括一些方言、小语种、电影、摇滚等小众频率。频率的专业化、垂直化发展产生了一批小众垂直的广播粉丝用户，新媒体社交技术的日新月异，在这样的环境下，广播社群的构建有着天然的优势以及自有的特点和构建原则。

（一）公共的广播和私密的社群

对于广播来说，公共空间之下互动的内容会产生难以把控的弊端，社群是私密性的、个性化的。构建广播的社群就需要处理好公共性与私密性的关系。

（二）广播公信力的先天优势

听众选择收听电台节目，一定程度上表明听众对于电台的认可，且能够与电台建立起信任关系。广播公信力在社群形成方面有着先天的优势，但是电台粉丝和用户成长为社群，需要将用户与电台的关系延展为强关系，广播电台自身需要高度重视公信力的建设和维护，努力提供高质量的内容，通过更加安全、便捷的新技术服务平台，满足受众个性化定制以及多样化需求，推动关系的进一步发展。

（三）声音魅力凝聚社群人心

持续发挥广播内容价值，不断挖掘声音的潜在功能，广播社群才会更有活力。声音传播在凝聚人心上有着得天独厚的媒介优势。广播音频传播的特性与视频传播比较起来，具有真实性、想象力、伴随性等特点，会带给用户更加自由的体验，能够更好地服务于用户的社交性交往。

三、广播社群运营路径

（一）内容 IP 化

广播社群的经营模式一般采取品牌战略，通过建立广播工作室或专项基金，尝试广播 IP 战略。IP（Intellectual Property）就是知识产权，特指具有长期生命力和商业价值的原创内容运营。具体到媒体来讲，指的是拥有版权的原创产品，是媒体的核心资产。

佛山电台通过谐音打造“花生”IP，已有包括花生 FM、花生宝贝、花生游、花生商城、花生体坛、花生微票、花生电竞等系列产品，服务范围涉及日常生活的各个方面。围绕亲子及少儿教育内容，还打造了花生宝贝（冬）夏令营、花生宝贝小主持人大赛等系列品牌活动，同时联动教育培训机构，创建“花生宝贝语言艺术教育基地”、“花生宝贝陶艺培训基地”、“花生宝贝户外拓展基地”、“花生宝贝牛津英语考试基地”等，“花生”已经成为逐渐脱离传统广播真正实现独立产业运营的 IP。①

此外，广播内容的体现离不开主播。一般一个主持人带火一个栏目，也就制造了一个粉丝集群。② 在融媒体环境下，把主播人 IP 打造成网红，是广播社群运营的拓展路径。如北京文艺广播的“吃喝玩乐大搜索”团队深耕微信，创建独立 IP《吃喝实验室》和“微服务平台”，包装推广熊丽、夏铭、楚函、高磊、孙涛等六大主播 IP，通过打通“OTOTO”（on line/on air/on site）建立消费社群生态闭环。

（二）听众转化为用户

具有高价值的 IP 节目资源，就具有了会员付费的先天优势，可以打造付

① 佛山电台内部资料。

② 王德珮．个体凝聚社群——城市广播竞争优势分析［J］．视听界，2009（1）．

费会员，通过收费提高用户黏度，转化用户，凝聚社群。

南京交通广播的《欢乐点点》节目将中国传统相声艺术的表现形式，巧妙地融入广播节目里，现已运营了13年。2016年6月1日成立欢乐点点工作室，以节目作为基础，致力于打造立体的传播平台和以听众为本的活动项目，目前节目拥有粉丝数十万，在一年多时间内发展了12000名收费会员，每个会员收取102.4元会员费（频率呼号FM102.4），这在全国广播领域是很罕见的，仅这一项就获得上百万元的收入。收费不是目的，而是手段。听众转化为用户，既增加了与节目和主持人的黏性，同时通过节目和活动得到了增值服务和超值回报。

北京交通广播台的“1039俱乐部”针对会员进行社群化管理，制定详细的会员等级分类及积分消费方式，采用专业的会员管理系统进行会员数据的统计与分析。社群化管理的手段也在不断更新迭代：通过旅游偏好梳理微信群，在群里推送更有针对性、更契合会员需求的特色产品；着力培养有媒体眼光、有服务责任心、有关爱热情的销售和领队队伍；2017年“1039俱乐部”还着手开发了语音导览小程序“听会玩”——在提供语音导览的同时整合线上线下的用户资源。

（三）构建节目社区

移动互联网时代，用户注意力趋于分散化，信息接收行为呈现碎片化，对于广播节目收听而言，听众从各种终端收听节目，以车载和移动互联网为主。

佛山电台自2012年开始重点打造粤语音频移动客户端“花生FM”，佛山电台6套频率每个节目在“花生FM”上都有一个主播圈，在节目直播的同时，听众可以参与主持人的话题讨论互动，通过主播圈增强用户黏性和转化率，形成用户社群，使广播深入用户社交圈。2017年底至2018年初，《城市俏佳人》的节目主播圈推广一款面膜产品，听众在收听节目的同时，可以通过直播页面了解产品的图文信息，并且点击链接可直接跳转到商城页面，实现了从广告到销售的闭环。产品上线不到一个月时间，销量达2000盒，销售额超过30万元。[①] 湖南电台新闻频道《轻松活过100岁》基于节目和主持人特点，打造了微信公众平台全媒体矩阵、10个以不同系统疾病归类的微信“病友圈”、《轻松活过100岁》微信小程序，为用户提供线上诊疗、就医指南、名医挂号等服务。

（四）节目众筹与众包

“众筹”英文表述为crowdfunding，即大众筹资或群众筹资。是指一种向群众募资，以支持发起的个人或组织的行为。众包，指的是一个公司或机构把过去由员工执行的工作任务，以自由自愿的形式外包给非特定的大众网络的做法。[②]

国内不少广播电台尝试众筹和众包的广播内容生产形式，2015年1月初，珠江经济广播电台《风云再汇》节目发起众筹项目，节目的忠实听众可以对喜欢的广播节目进行筹资，成功后听众成为节目会员，因此组建成众包社群，享有多重优惠政策。2016年1月，乌鲁木齐新闻广播的团购节目《团长来了》“大家一起来众筹”环节，主持人通过个人微信建立了40个500人的微信群，听众只需付1元—8元不等的价格参与众筹购买商家优惠券或者礼品。[③] 2018年4月28日，无锡生活广播《我心飞翔》节目开办10周年，飞翔网红工作室采用电台粉丝和专业人士音乐众筹的模式，从前期创意策划、作词作曲、单曲DEMO、编曲配器到合成完成了原创歌曲的录制。[④]

（五）广播社群活动

随着广播社群的诞生，除了线上的内容服务、互动体验，越来越多的广播社群开始注重线上线下活动的价值。广播社群活动的主要出发点，一是拓展新市场，提高广播栏目品牌知名度；二是吸引广告客户和社群用户的直接参与，进行增量营销。广播社群活动在维护自身形象和品牌的同时，兼顾营收。

中央人民广播电台文艺之声的《海阳现场秀》，依托于过硬的节目质量

---

① 《城市俏佳人》内部资料。

② 众包．百度百科［EB/OL］．https：//baike. baidu. com/，2018. 06. 30.

③ 楚雁．广播“众筹”开拓互动新市场［J］．新媒体研究，2017，3（07）．

④ 内部资料。

吸引粉丝，通过大数据分析划分粉丝群体，量身定做三大广播线下活动，分别为“海阳乐跑团”“现场观演团”与“海阳环球旅行团”。其中“海阳环球旅行团”计划利用三年的时间，由主持人带领用户环游世界，参团费属于行业高价团，适合追求生活品质的人群。其中“澳大利亚高端春节行”首日报名不到20小时，就有450人付费申请。[①]

（六）社群垂直营销

所谓垂直，就是直接将注意力集中在某些特定的领域或某种特定的需求，提供有关这个领域或需求的全部深度信息和相关服务。[②] 基于社群共性需求的垂直运营与定制开发深藏着巨大的产业价值。当下，音频市场的垂直化运作也成为各大平台争先尝试的风口。“启蒙听听”是一个主打亲子教育的社区，与用户共同生产有声数字内容，目前“启蒙听听”App已累计了300万用户，因为深度垂直，正在向绘本售卖、互联网广告、付费听读等方面拓展；[③] 北京音乐广播的《节奏驾到》也依托自己的粉丝特点，打造聚会、运动、音乐等因素集合的潮流新风尚微信活动服务号，在圈子营销中不断深化粉丝经济的长尾链条，拓展节目的影响力。

北京人民广播电台《听听糖耳朵》每21：00－21：30播出，节目以“广播＋新媒体”的媒介融合理念为基础，在亲子教育社群中进行垂直营销。2017年6月1日上线的《听听糖耳朵》会员系统平台，以家庭为单位完善会员数据信息的采集方式，截至2018年5月31日已注册家庭40532个，注册会员43659人，2018年5月页面浏览总量16536826人次。2017年第四季度每个月，团队陆续生产销售三款自有IP衍生产品，创意演播立体书《虎印传奇》、糖耳朵安眠小睡枕和《糖耳朵21天好习惯养成涂鸦册》，截至2017年销售额为60423.03元。[④]

---

① 唐子云．广播活动客厅式圈子营销初探—以“海阳工作室”线下活动为例［J］．中国广播，2017（07）．

② 柏从新．只为特定场景买单，垂直细分社群火爆．“今日头条”客户端，2017.02.21.4.

③ 李菁菁、洪燕．“重新部落化”时代的“鼓点”——论融媒广播的社群化传播［J］．中国广播，2018（01）．

④ 内部资料。

（七）社群广告思维创新

音频社群运营，与传统广播节目的粉丝互动和管理有着很大的不同，随着广播内容传播载体、广播粉丝到用户的身份转变，广告营销思维也需要与时俱进。

1. 双向精准选择投放。广播社群可以连接用户和商家两端，一方面可以寻找适合社群成员特点的精准广告商，另一方面分众化的受众便于广告商的选择，能够针对不同类型的社群精准投放广告，也不会造成用户的排斥和反感。

2. 变广告为福利。互联网时代，广告不再仅限于投放贴片的模式，还可以以赞助的模式，作为会员福利发放。这样既给了会员福利，又制造广告效应和口碑效应，达到双赢的目的。例如 2015 年 3 月，阿基米德从平台最大的一个社群“东方风云榜”发出的第一单广告，是为社群成员派发价值千万元的福利。① 阿基米德 FM 提供的社群广告成为一个经过验证的、与传统广播有机对接、与受众精准匹配的强交互广告平台，目前与徐州、湖北、上海等台已先期签署了社区广播广告合作协议。②

3. 情怀营销。一个社群的粉丝用丝会对品牌情有独钟，并且爱屋及乌，对品牌下不断推出的新产品充满期待。情怀是一种新型的推广手段，情怀所赋予产品的人文价值观是一种理念和态度，相比于挖掘产品自身的硬件特点，给产品注入了品牌精神和人文价值情怀，更能牵动粉丝的购买倾向。

4. 病毒式扩散。社群经济中，病毒式传播作为一种基于社交媒体时代新的营销方式逐渐被推广开来。一篇独家 IP 内容或者研发的新产品经过社群成员的社交传播、口碑扩散后，会迅速成长为热点。因为当社群成员对社群产生归属感和信任感时，会情不自禁地为社群中的品牌做宣传，社群成员的自愿参与、主动传播会使得营销费用大大降低，使得广告信息更能精准地到达目标受众。

---

① 站长之家．阿基米德的音频社群路［EB/OL］．http：//www.chinaz.com/start/2015/0912/445652.shtml，2015.09.12.

② 搜狐网．2017 年“广播 +”调研报告［EB/OL］．http：//www.sohu.com/a/224023596_738143，2018.07.15.

第三节　广播平台化运营

一、广播平台化运营趋势

（一）“平台化”概念

“平台”概念是典型的互联网概念。一般是指具有开放、兼容、延展和综合承载特点的网络平台，是一种基于价值创造、价值传递与价值实现的商业逻辑。平台化运营，是一种以互联网平台化为基础的运营管理思想，既是现行许多互联网公司的运作模式，也是许多传统行业作为应对多元化市场的必然发展方向，不断融入信息时代的转型之举，是一种有效的资源管理方式。主要有以下优点：

一是平台可以维系用户。传统行业叫客户，在平台上转化为用户，为用户提供数字化、全方位的服务，用户在平台上使用业务会产生依赖性，有利于用户的沉淀和维护。

二是平台可以增加营收。互联网化的平台运营，也为企业开辟了多元化的增收渠道，通过不同平台业务，从中收取广告、佣金、增值业务收入，为营收增加途径。

三是平台对传统业务给予补充。通过平台可以满足用户纯业务之外的其他信息和服务需求，令运营更具活力，业务运营可持续发展。

四是平台可以更加准确掌握用户大数据。用户在平台上使用业务产生的数据可以为运营商研究用户特征提供最原始数据支撑，用于用户体验改进和下一步的精准推广和营销。

（二）广播平台化延伸产业价值链

当前国内广播电视产业链主要通过制作节目来赢得听众的收听，通过节目的影响力来获得广告投放，基本上是以“上游节目制作 + 中游听众 + 下游广告销售”的产业链形式。对广告的依赖程度过大，收入渠道单一，成为当前我国广播在经营方面的突出问题。①

随着媒体融合的深入发展，广播产业链中的听众来源、节目生产、广告营销都与互联网越来越密不可分，互联网平台化对于产业链重构思路也波及广播行业。

广播平台化，顾名思义，是指广播媒体利用平台化运营方式管理资源的形式。互联网时代，许多广播音频应用的产品不断转型升级和变化，有不少应用在尝试将自身做成一家平台并嵌入社区，朝平台化、社区化的道路发展。如以网易云音乐、QQ 音乐为代表的音乐播放器应用的平台化，除了实现个性化歌单、电台、歌曲、MV 的推荐，更致力于将自身打造为一个音乐平台、音乐社区。在这样的背景下，传统广播媒体在应对融媒体时代的机遇和挑战时，不再满足于开发一个网络版电台和资源同步的 App，也同样在向平台化、社区化看齐，其中平台化更是较为普遍的表现形式。

“广播平台化”的本质是传统广播经过互联网平台改造后的集成化、在线化、数据化、可视化，其依赖的技术基础可以概括为云（云计算和大数据基础设施）、网（互联网和物联网）、端（直接服务个人的设备）三部分。②对于广播的平台化运营而言，云计算和大数据技术，可以聚合广播产业上下游信息，打造音频媒体开放和共享体系，打破传统广播与互联网音频媒体之间的行业壁垒，推动产业结构优化。

广播平台化运营是思维模式、运营理念上的“互联网+”转换，以用户为核心推动内部管理与系统改造，推动商业民主化进程，进一步激发广播音频产业活力、延伸广播产业价值链。

（三）广播平台化运营的主要原则和特点

1. 平台后端负责。后端即广播媒介运营者提供一个平台，这个平台可以是有形的互联网产品、网站、公众号、运作团队，这样的集成平台可以体现市场导向和媒体决策，是集权和分权的集合，是媒介管理控制的关键。

2. 传播者与受众的直接沟通。在平台上，下游用户可以直接沟通上游内

---

① 朱伟峰. 打造国际一流传媒集团迫在眉睫［J］. 中国出版，2009（Z1）.

② 《互联网+研究报告》解读［EB/OL］. http：//topic. aliresearch. com/market/aliresearch/eand. php？ from = timeline&isappinstalled = 0#rd，2018. 06. 26.

容生产平台，比如受众反馈节目需求，传播者即运营者才能根据需求进行生产或者调整节目，这样既将资源库存价值最大化，也保证了反馈信息流向了正确的地方，受众通过评价内容生产，也作为绩效考核的一部分。

3. 技术依赖。充分利用互联网大数据、云计算、LBS 定位等新技术，开发自有的一体化平台，使平台化运营才能发挥更重要作用。广播平台化的建设与运营也越来越依赖这些技术来定位用户、分析用户数据，为进一步改进节目和精准垂直营销做准备。

二、平台化运营形式分类

在“互联网 +”的大趋势下，越来越多的广播媒体把互联网视为传播领域的操作系统，连接更多的用户与商业资源，以用户体验为出发点，做完全的服务者。广播音频媒体不再只是单纯的信息内容生产者和传播者，而是成为集内容生产、产品推广、用户互动、商业经营等全方位的连接平台。①

广播媒体融合的实施路径是分不同层次渐进的，打造平台化运营的核心是通过交叉、延伸和拓展、革新广播产业运营模式和价值创造环节，实现整个产业链的价值增值。因此，平台化运营的路径也是分不同层次、形式和方向的。目前，广播媒体的融媒体平台化路径主要有以下几种方式。

（一）内容资源融合，打造广播转型平台

广播通过自身研发或者借助互联网平台，融合其他大众媒体，推出融合声音、视频、文本等多形态节目内容，改变传统内容生产方式和呈现方式，使其更符合现在和未来的目标听众和市场需求。以上海东方广播中心的阿基米德平台为例：

1. 裂变式传播提升内容价值。阿基米德平台推出的内容联动其他微博、微信等新媒体传播，推动平台上内容的快速裂变传播。近期打造的爆红产品《给 90 后讲讲马克思》系列党课就基于裂变式营销的思路。该节目首日通过上海新闻广播和阿基米德同步直播，当晚有 33 万上海听众收听了此节目，20 天总收听量累计达到了 1326 万人次。除上海以外，阿基米德连续向全网分

---

① 喻国明. 能够促进连接的模式才有未来 传统媒体如何在“兼容”中寻找机会？[EB/OL]. http://www.law-tv.cn/a/a/zhuanjiaguandian/2014/0711/1834.html，2014.07.11.

发，贵州、广西、山东、云南、甘肃、海南、新疆等全国 24 家省市级广播电台陆续联合播出，总收听量累计 2.7 亿人次。

2. 重视技术开发推助平台优化。广播的融媒体转型，离不开过硬的技术支持，融媒体平台建设一般需要在四个板块上实现技术突破：第一是自动化图、文、音、视内容解析；第二是更精准用户画像的用户洞察；第三是域外数据抓取和整合；第四是自动运维和架构。为此，阿基米德组建自己的技术团队，形成了自己的全链技术开发体系，建立了专门的数据实验室，利用平台数据帮助电台节目更精准化编排。

3. 重构广播价值，打造商业闭环。2017 年 5 月，阿基米德上线了“M店”新广告平台，注入更多移动互联网基因。“M 店”承担着广播从广告到销售闭环的重任。主播在节目中口播商品广告，推荐购买，用户边听节目边在阿基米德“M 店”下单，实现广播推荐、用户购买体验一条龙连接。

4. 关注主播经济，挖掘传统广播价值。主播是电台非常有价值的资源，广播平台正在探索 IP 之路。

（二）大数据融合，打造互联网化服务平台

近年来我国广播业在互联网化运营探索上，已经走出了诸多新路，其中之一就是充分发挥大数据技术在打造广播平台化运营中的角色和作用，挖掘大数据技术在服务节目生产、服务受众和服务商家上的价值，打造互联网化服务平台。

具体来说，广播要实现“服务平台”的融媒体转型，第一步是广播媒体内容平台的打通。然后通过对用户和商家进行大数据收集和分析，实时掌握用户的使用行为、习惯偏好和个人信息，以此细分用户需求，从而开展广播音频产品创新定制和专业化生产，努力完善优质音频产品及附加商品的相关定制服务，最终把听众转化成忠实用户，进而将流量价值变现，实现整个产业的系统升级改造，贵州交通广播就是在这一方面探索互联网化转型平台建设的典型。

贵州交通广播开发了一套具有自主知识产权的大数据系统，为广播的节目生产、市场调查、经营创收、应急服务等提供海量数据分析的“互联网+智慧交通云平台”。2014 年，贵阳市七千多辆出租车实行了标准化改造，在技术提升对车载广播的触及和管理，这就是贵州交广“云平台”项目实施的第一步。通过对车载系统智能终端的加装，不仅实现了出租车驾驶员上岗远程电子化管理、服务满意度评价，还增加了银行卡快捷支付及通信功能，以及对交通广播最重要的收听数据的收集和分析，这一整套系统的上线标志着贵州交通广播实施的“互联网+智慧交通云平台”开始启动了。

一是数据服务。现在贵州交通广播可以通过这套系统收集到每分钟车内广播频率的变化数据、（开车）开机时首置交通广播是否延续播出、分频率显示每小时收听车辆数据等详尽的信息。这些信息可以通过贵州交广平台中大数据项目进行梳理分析，并进行产业化的开发应用。

二是商家服务。贵州交通广播通过智慧云平台还可以知道收听车辆的基本情况：安装了“云平台”智能设备并登记在系统内私家车辆的车型、特征、价位、保险等相关信息，都将成为未来建立商圈拓展业务的重要数据支撑。

三是受众服务。贵州交通广播节目负责人可以根据数据显示的听众情况，有针对性地编辑节目内容，组织线下活动，让这些车主成为积极参与各项活动的活跃粉丝和高忠诚度的用户。受众“面貌”越清晰、节目定位越准确，对广播的节目生产和经营创收有巨大的指导性作用。

四是公共服务。“互联网+智慧交通云平台”系统在很大程度上承担着“应急广播”的工作，这套云平台控制系统能够对重要的突发路况进行推送提醒，确保城市交通的有序进行，云平台汇集的大量实时路况可为交通广播提供真实有效的路况信息。

（三）工作方式融合，打造全媒体业务平台

融媒体转型，内容生产机制和流程的再造是不容忽视的环节。近年来，借助大数据、云计算等，广播媒体在全媒体平台上实现了工作方式的融合，大大提高了媒体工作效率和质量，为跨平台的内容生产服务。

一是跨地区跨媒体资源共享云平台。2015 年 7 月中央人民广播电台研发上线“中国广播云采编平台”，以云采编、云媒资、云发布为基础，突破传统广播部门、频率条块分割的桎梏，建设统一的业务生产平台和灵活高效的业务运营流程。

二是顶层设计的业务管理“平台”。近年来，为了适应市场变化，越来越多的广播媒体从管理组织架构入手，采用全新的业务管理方式，形成一个虚拟的平台。一方面是尝试广播制播分离，北京人民广播电台是国内率先试行制播分离的电台，节目制作中心完成了从单纯的内部“订单式生产”向订单与自创相结合的节目生产方式的转变。① 两年多来，实现成品节目批量销售，销售信息到达的电台近100家，销售额达20多万元。另一方面是改革管理组织架构，2014年6月，上海东方传媒集团有限公司SMG整合12个广播频率，组建东方广播中心，启动“全媒体制作中心”项目，搭建全媒体采集与分发技术系统，是广播向新媒体转型的顶层战略设计。2018年，东方广播中心拟尝试“虚拟合伙人制”，用以解决主持人工作室制发展到后来的瓶颈问题，从根本上激发主持人、制作人、编辑队伍的创造力，形成媒体融合背景下新广播内容生产和创新的原动力。

国外近些年，广播的全媒体平台转型一直从未中断。美国国家公共广播公司（NPR）近年来不断进行新闻编辑部改革，调整组织架构和人员配置，致力于打造广播数字化、一体化运营、多平台发布的内容生产平台，与国内的“中央厨房制”有类似之处。从2008年至今，NPR不断进行改革，以打造一个深度一体化的新闻编辑部，实现新闻内容在传统广播、网站、App、社交媒体等平台发布，将传统内容生产与数字化内容生产进行整合，不断创新面向广播和数字化平台的内容生产方式，确保新闻内容在所有平台上的吸引力，使NPR在新闻内容发布和消费方面一直走在前沿。②

三、广播平台化运营目前存在的问题与对策

（一）传统广播融媒体平台改造和运营中存在的问题

随着网络通讯技术的创新完善，以数字平台、移动互联网为依托而形成的融媒体已对传统媒体产生了巨大冲击，对于广播媒体而言，在融媒体转型发展过程中还存在一些问题。

---

① 孙超．北京电台产业化运营新模式［J］．现代广告，2009（10）．

② 张晓菲．自打造融合发展型新闻编辑部—以美国国家公共广播公司的组织架构转型为例［M］．新闻记者，2015（6）．

第一，传统广播与新媒体融合的目标定位不甚明晰。多数广播电台的新媒体转型仅仅是参考照搬别的台的新媒体应用，没有属于自己的清晰的定位和特色，千篇一律，很容易在音频浪潮中被淹没。

第二，传统广播借鉴的一些新媒体形态与广播实操业务之间呈现两张皮的问题。传统广播借力发展的意识不强，不善于借助市场上已有的成熟技术、平台、渠道、手段，特别是基于技术系统改造、商业模式系统改造等领域。往往会出现，所借鉴的新媒体形态与广播的实操业务之间呈现两张皮的问题。

第三，现有电台人才仍需适应媒体融合的步伐。许多广播的新媒体平台运作团队都是传统业务原班人马，传统广播从业人员对新媒体技术的掌握和应用滞后于媒体融合的实际需要，而一些新录用的具有新媒体知识和技能的人才，又对传统广播缺乏深度认知。

第四，平台营收创新渠道匮乏。目前传统广播虽积极进行多元产业开发，特别是基于新媒体理念的运营开发，但目前广播广告仍是获取收益的主要来源，还没有探索出较为成熟可行的新盈利模式进行更新换代，广播产业转型节奏应加快。

第五，广播融媒体平台的商业转化效果应提升。广播进行新媒体融合的目标之一是赢取更多的受众关注广播。许多广播媒体虽然进行了融媒体平台建设，但是并未给传统广播媒体提供可观的受众增长数据，甚至如何将传统广播受众转化为新媒体平台用户都是一个亟待解决的难题。

（二）传统广播融媒体平台化运营对策与前景

1. 充分利用技术、平台、渠道为融媒体提供便利

目前移动数字技术的发展及多元音频平台的完善，为传统广播进行融媒体平台建设、促进相关业务的融合，开辟新的广播产业发展空间提供了诸多便利。广播产业的价值链可以在此基础上不断产生延展和裂变，通过重组和催发新产品和服务，吸引更多携带优质资源的合作者进入该领域，从而形成广泛的协同效应，借助现有的优势平台，为优秀的传统广播内容在互联网上找到出口，充分利用新技术、平台、渠道进行资源整合，做好传统广播与新媒体的无缝对接。

2. 基于广播商务服务的“泛信息化”平台探索

对于广播发展而言，利用新媒体平台进行媒体融合，一方面可以继续发挥自身信息传播的优势；另一方面可以探索广播商务服务发，建设“泛信息化”平台，改变先前传统广播产业“渠道盈利”为主的商业模式，不断完善自身的运营能力，打造与用户、合作商家多方互惠共赢的产业生态圈。

3. 从广播的“泛信息平台”到突出特色定位的融媒体运营平台

在泛信息化平台越来越普遍的市场背景下，广播媒体搭建平台，更要思考平台本身的流量和用户局限，如何做出特色，留住用户是广播媒体转型必须考虑的问题。因此更需要从自身资源优势入手思考战略问题，究竟如何以巧取胜，找到自身的特色定位，让融媒体平台脱颖而出，将用户、媒体、商家无缝高效地打通，实现整个广播产业化平台管理模式和运营数字化管理模式的融合创新。

4. 重视大数据技术支撑

一个盈利高、用户基数大、用户黏度高的平台，背后离不开海量数据的支持。大数据分析对广播产业转型的最大价值在于，利用媒体、用户与商家的数据分析来确定各利益主体价值点，从而得出最佳的产业发展节奏与路径。帮助广播从内容生产、运营传播链的根源入手，对广播平台中的内容生产与传播、用户与商家需求分析、产品推广、业务拓展及服务与效果评估等多个方面进行融合运营，进而大幅提高广播营销的整体水平。

5. 把握声音优势，打造全新音频阵地

广播最核心竞争力的资源是声音产品。利用传统广播丰富的音频资源和权威专业优势，并且发挥制作团队优势，针对互联网特性，制作满足平台受众需要的精品内容。加大对广播周边产品的开发，重视版权保护，在融媒体平台上推出“信息定制”服务，收取信息定制费，衍生新的产品和服务；突出互动和共享理念，建立以“声音”为特色的内容生产平台、集成平台和分享平台，以用户为中心，打造全新音频阵地。

6. 构建音频终端产业链，革新营销思路

加大音频终端产品布局，紧盯车联网、智联网发展趋势，与家居产品、电视、车载等市场实现跨媒体、跨产业营销，构建新型产业链，提升音频产品的网上影响力，丰富传统广告产品形式，变单一盈利模式为复合盈利模式。

7. 利用电商模式提升平台价值

随着互联技术的发展和在支付平台渠道的完善，音频平台开辟电商板块成为很多电台的选择。音频平台利用本身的资源优势，通过电商模式可以将盈利模式多元化、精细化、整合化和体系化。广播平台上的电商产品有两大类，一是纯电商，售卖为用户挑选的广告商品，范围涉及广；二是内容电商，主要集中在主播的音频节目以及周边产品如书籍、衍生小众节目、付费问答等，借助电商模式取长补短，从而提高自身的盈利能力和平台价值。

第四节 音频内容付费

2017 年上半年，移动电台用户规模继续扩大，达到 2.6 亿人，月均活跃用户 6557.27 万人，活跃用户规模平稳增长。拥有一定用户规模后，盈利模式成为各大音频内容企业加速探索的重点。目前音频内容企业略有成效的盈利模式主要是知识付费、直播打赏、智能硬件等，其中音频内容付费已成为传统广播与互联网音频媒体共同跻身的商业红海。

一、知识付费与广播内容付费

在传统广播融媒体转型和互联网音频媒体运营模式探索实践过程中，知识付费正成为传统广告投放之外争先尝试的盈利模式之一，目前知识付费领域做得风生水起的主要还是集中于以蜻蜓 FM、喜马拉雅、荔枝等为代表的互联网音频产业。

（一）知识付费概念及产品形态

目前学术界对“知识付费”还没有明确的定义，但常与“内容付费”这一概念混用。内容付费一般看作知识付费的原型，表现形式包括媒体订阅、在线教育、音乐视频版权付费、会员制，以及媒体平台所推出的内容售卖服务。[①②] 随着内容付费领域和社交媒体应用的发展，以及移动支付手段的完善，知识信息内容逐渐从内容付费产业中独立出来，成为独立的行业。[③]

国内的知识付费现象始于2011 年，少数网络社区推出了小范围的付费服务，如豆丁网推出的付费阅读功能；2013 年罗辑思维招募付费会员；2014 年微博开通打赏功能、豆瓣阅读推出付费专栏；2015 年微信推出赞赏功能等，这一阶段的产品形态以打赏、付费阅读为主，仍属于小规模、随机的个体行为。自2016 年以来，知识付费进入井喷阶段，问咖、值乎、知乎 live、得到、分答等 App 都在同年上线，2016 年被称为“知识变现元年”，这一阶段的产品形态以付费问答与专栏订阅为主，已经形成了黏性较高的粉丝社群，平台运营也相对稳定。[④]

当前，知识付费产品形态主要包括音频点播、在线音频讲座以及语音问答。具体可以分为以下几类：

一是注重内容多样实用性的订阅式平台，以喜马拉雅 FM 为代表；

二是主打“终身学习”知识精品平台，以得到 App 为代表；

三是以赞助等形式发起的知识分享会，以知乎 Live 为代表；

四是以付费专家解惑咨询为主的在线音频平台，以分答为代表。[⑤]

（二）传统广播内容市场的初级探索

目前所说“音频市场”，广义上不仅包括知识付费、在线电台、音频直播三种互联网音频形式，也包括传统广播内容付费，即传统广播节目的交易市场。

在融媒体环境下，传统广播节目面临渠道和内容的双重挑战。一方面，互联网音频节目和平台的蓬勃发展使得传统广播趋向边缘化；另一方面，与

---

① 极光大数据：知识付费行业研究报告［J］. 信息与电脑（理论版），2017（07）.

② 喻国明、郭超凯. 线上知识付费：主要类型、形态架构与发展模式［J］. 编辑学刊，2017（05）.

③ 搜狐网. 我们研究了28 家平台，为你揭开知识付费的现状与未来［EB/OL］. https：//www.sohu. com/a/139168550_ 467142，2018. 07. 05.

④ 中国产业信息网. 2017 中国知识付费行业发展趋势［EB/OL］. http：//www. chyxx. com/industry/201711/586121. html，2018. 07. 05.

⑤ 宋建超. 知识付费的发展困境和发展趋势探析［J］. 视听，2017（11）.

移动互联网时代多媒体化、娱乐化、个人化、碎片化的信息消费特征相比，传统广播的应对和变化不足，处于兵来将挡水来土掩的应对阶段，或者是简单的跟风和模仿式的顺应，未能形成系统的、有战略性的、全行业的主动应对。

真正的广播节目市场还没有形成，包括互联网音频媒体，也同样面临这样的问题。目前一些广播频率采用节目交换的形式来满足节目需要和电台品牌影响力的打造，节目交换由最开始的1万小时增长到了5万多个小时，大幅度提升精品栏目的市场需求量。[①] 近年来传统广播节目的制播分离机制，在一定程度上打破了长期以来的体制束缚，趋于广播节目的市场化运作。这些探索主要体现在两点。

一是跨区域合作，优质资源置换。通过与上级电台和其他区域的地方台的合作与交流，互相提高知名度，扩大影响力同时也为广播节目拓展销路，创造产业价值。2015年湖南广播整合全台资源打造“9万9办电台”音乐广播融合创新模式，向全国各级广播电台尤其是市县级电台提供极具竞争力的广播频率设计、深具传播力的电台节目产品、颇具营销力的创意活动策划，初步搭建起广播电台节目及运营一站式服务平台。目前该模式在河南电台娱乐广播、江苏新闻广播、河北私家车广播和石家庄财经广播、南宁交通广播、长春都市音乐广播等17家省级和省会频率应用。以《国生开讲》《刷刷朋友圈》《八颗牙齿晒太阳》《大牌主打歌》等为代表的品牌节目在当地一经播出即进入了收听市场前列。[②]

二是借力平台，拓展分发渠道。对于传统广播节目来说，多渠道成功分发是首要的节目推广策略，通过单一广播平台传播的广播节目变为通过多个平台进行分发和运营的产品，广播媒体从一个内容生产者向内容提供商转变。目前最主要的表现形是与各大音视频平台进行版权和直播入口合作，与蜻蜓FM合作是许多电台的首选，这其中包括整体频率的合作，也有品牌节目版权的付费交易。除了广播直播和节目资源上载，传统广播节目也会与平台开

---

① 秦爽．浅析媒体融合时期广播节目市场化［J］．中国高新区，2018（06）．

② 搜狐网．业界|“直击痛点，共享IP”湖南电台创新开启广播声音产品融合智造模式［EB/OL］．http://www.sohu.com/a/144746873_738143，2018.07.13.

展战略性合作，将一档广播节目作为一个产业链的源头，节目通过多渠道和平台去吸引用户，通过电商、服务等方式将用户变现。[①] 例如，中央电台经济之声的直播财经脱口秀节目《王冠红人馆》，不仅在中央电台经济之声频率播出，更与蜻蜓 FM 合作同步直播，播放量超过 1 亿，覆盖多种收听终端渠道，并通过微信微店向听众推介优质的原创产品，打造营销闭环。[②]

（三）付费音频市场

知识付费在音频媒体领域的体现，主要为课程付费。付费音频的形态早就存在，早期我们为磁带、光盘付费，互联网时代就体现为在网络平台上的软知识付费。音频类知识传播因其具有伴随性、碎片化、内容多元化等特点，站上了知识付费的风口。[③]

付费音频主要表现形式，就是用声音来传递内容、传递知识。声音是展示人格魅力的重要通道，比文字更容易生动立体展现人格魅力；音频的伴随性特质更能够适应碎片化时代人们在特定场景下的信息需求，要求它传播的知识内容必须是通俗易懂、易于吸收的。[④]

付费音频的付费模式主要体现为节目付费和平台会员付费两种，节目付费是通过名人效应强推头部优质节目吸引受众付费购买。会员付费是通过主打独家内容、高音质、会员折扣、会员活动等独享福利吸引用户购买会员使用权限。

目前我国付费音频市场按照内容形态可以分为两类：

一类为原生音频平台。如喜马拉雅 FM 与蜻蜓 FM 的付费音频产品，原生音频平台的付费产品由平台本身的 PUGC 产品演化而来，一般是从 PUGC 产品中剥离或升级出头部产品，作为优化用户结构及平台盈利的主要产品。2017 年，蜻蜓 FM 联合高晓松推出《矮大紧指北》付费音频内容，上线一个月后付费用户就超过了 10 万，流水超过 2000 万元。《罗辑思维》登录得到

---

① 张常珊．中国广播业现状观察与前瞻思考［J］．视听界，2014（2）．

② 朱珊珊、王军．融媒体环境下传统广播节目的市场化突围——以中央人民广播电台经济之声《王冠红人馆》为例［J］．中国广播，2018（1）．

③ 陈晨．浅析泛媒体传播时代我国知识型付费音频的发展［J］．艺术科技，2017（2）．

④ 南方都市报．方军专栏．重新发现声音：朗读者与知识音频．［EB/OL］．http：//epaper.oeeee. com/epaper/A/html/2017 - 04/19/content_ 23509. htm，2017. 04. 19

App 一周年实现总销售额 2.4 亿元，由此可以看出付费音频市场潜力巨大。

另一类付费音频形态则是知识分享音频平台。如“得到 App”的付费订阅产品、“分答 App”的付费问答产品与知乎的内嵌问答产品。知识分享音频平台的付费产品，主要是依托于团队或平台本身孵化的。

此外，传统广播媒介阵营也在借力融媒体平台打造付费音频。河北音乐广播听众主要集中在“70—85 后”一代，针对听众痛点需求，结合节日节点，河北音乐广播精心策划推出了两款付费音频商品——世界读书日推出《跟金话筒妈妈阿宝学讲故事》、六一儿童节推出《消灭小学生家长的焦虑 50 招》，依托河北音乐广播自有电商平台“乐商城”单独开辟专栏进行分发。在互联网音频 App 端也开辟分销，与蜻蜓 FM 等强势互联网音频 App 端签订战略合作协议，按一定比例进行分销，销量千余份，销售额近 10 万元，同时结合课程内容和线下产业相连通，赋予此类音频内容独特的商业价值。①

（四）付费音频运营路径

1. IP 战略，打造音频付费社区

付费音频，核心竞争力依旧是内容。高价值的音频内容是吸引高端用户、提升用户黏性，精准推送内容的前提。目前知识付费领域呈现头部内容趋势。音频平台竞相争夺成为知识付费领域优质 IP。例如互联网音频平台对名人高晓松、梁东等头部 IP 的争夺，深耕 PUGC（以 UGC 形式，产出的相对接近 PGC 的专业音频内容）模式，打造付费 + 直播的音频社区生态。此外与内容运营商的合作也是付费音频的主攻方向之一，2014 年底，蜻蜓 FM 并购国内最大有声小说版权商央广之声，获得大量优质有声小说资源。

2. 用户参与，打赏互动和增值周边服务

付费音频运营过程中，必不可少的是用户的参与和互动，尤其是语音直播环节中，用户的打赏、点赞和互动交流是节目内容构成的一部分，也是流量变现的最直接渠道。荔枝 FM 打造的音频平台盈利重心偏向粉丝经济。通过签约一批热门主播，积攒粉丝用户，然后为主播的铁杆粉丝开通会员服务，如《新闻酸菜馆》、《极客电台》、《贱康课》等节目只有会员能够收听，此

---

① 河北音乐广播内部资料。

外还能享受其他福利，主播可以通过粉丝的打赏获得收入，为主播设计一些周边开发，设计原创的产品，最终通过电商盈利。

3. 碎片化传播，打造精品付费订阅

信息碎片化时代，人们接受信息的习惯决定了最受欢迎的信息产品形态是什么样子。付费音频也要注重产品形态，开发移动碎片化视听阅读产品。得到 App 主要以专栏订阅 + 有声阅读 + 图文的阅读方式打造精品付费订阅专栏。

4. 终端布局，在硬件付费上下功夫

福建省广播影视集团的"广电 + 车联网"产业项目，简称"广电车盒子"。这一广电人研发的车载终端硬件搭载了与传统电台交互系统的云后视镜，在现有云后视镜的基础上，通过人工智能的语音互动，可以跟电台实现节目的交互，让听众抛弃了开车要通过手机才能与电台交互的模式，开启了广播节目、营销和广告的全新运作模式。这款硬件于 2017 年 9 月进入中国移动公司的物联网产品库，目前市场好评不断，期待长远效果的喜讯。

（五）付费音频的未来发展趋势

一是付费音频发力有声阅读领域。在知识付费浪潮中，有声读物将内容本身的价值前置，成为内容变现的重要部分。这种生产模式、经营模式的转变受到传统图书出版、数字出版行业的重视，或者在内部成立有声书部门，或者与有声读物生产机构、播出平台合作，重构图书出版产业链。所以，付费音频未来首先要面对数字阅读平台的竞争势力，如 QQ 阅读等阅读类软件，目前均有听书功能，书籍资源更为丰富。付费音频平台需要获取更多的优质书籍版权、制作更为优质的有声书产品来吸引用户。①

二是付费音频推送场景更精准。目前，越来越多的汽车装有车载的智能系统，车载的场景也适合具有陪伴性质的音频类产品的投放。针对汽车场景打造专属付费音频是接下来各大音频平台正在谋划的选题。智能家居市场目前正处于起步阶段，在技术发展的同时，为不同家居场景"量身定做"付费音频节目，也是付费音频未来发展的方向之一。此外，付费音频的主要消费

---

① 李秀丽、孟伟．有声读物的缘起与传播本质［J］．中国广播，2018（04）．

人群在“85后”到“95后”之间，针对这部分人群的上下班通勤时间、晨起和睡前的时间段打造碎片化的付费音频节目，并利用大数据，针对不同受众提供更精准的推送。

三是付费音频内容更个性化、多元化。2015年末才逐渐兴起的付费音频市场，还谈不到内容市场的成熟度。个性化、多元化的内容长尾将进一步发展，不同类型的付费用户需求不同，运用大数据的跟踪计算，未来付费音频市场格局远大。除了分享知识、技能等硬知识外，知识型音频的内容呈现出多样化的趋势，比如读诗、学习语言、欣赏名作等。未来，UGC和PGC将并存于知识付费音频领域。

四是付费音频更加注重用户体验。付费音频市场经过一年的爆发式增长，想在用户规模上再有爆发性增长已经很难，集中精力维护好现有的用户体验是正确方向之一。其中针对小众用户的垂直开发是未来优化用户体验的主攻方向。

五是内容付费常态化。当前在线音频的收入模式依靠广告、用户付费和IP改编。用户付费由来已久，未来将发展出内容、衍生、品牌三种主要的付费形式，随着高品质内容的涌现，用户付费将成为其主要收入来源。未来互联网信息过载趋势突出，时间会越来越稀缺，体验会越来越重要，付费就成为可一种对内容筛选、体验、消费的简单方式，成为一种节省时间成本的常态行为。

二、音频直播打赏

近两年来，网络直播迅速发展成为一种新的互联网风口产业。随着音视频直播门槛的降低和交互方式的多元化，社会大众很快接受这种传播形式，直播队伍逐步扩大，也预示着全民直播时代的到来。2015年，国内网络直播的市场规模约为90亿元，平台数量将近200家，直播平台用户数量达到近2亿，大型直播平台每日高峰时段同时在线人数接近400万，同时直播的房间数量超过3000个。[①] 在广播领域，音频直播也日渐兴起，音频直播打赏成为

① 赵梦媛.网络直播在我国的传播现状及其特征分析［J］.西部学刊（新闻与传播），2016（08）.

许多音频媒体争先试水的盈利渠道。[①]

（一）音频直播概念及特点

音频直播，即在线语音直播，是指人们可以通过网络收听到远端正在进行的音频实况，比如课程教学、歌唱、闲聊等，且两端能够实现实时互动。即使用已有的网络条件实现对音频信号的实时传输，并且能够在手机端或PC端实现流畅的收听。宽泛的语音直播内容类产品，大致可以分为三类：以荔枝FM为代表的网络电台模式，以知乎Live、分答为代表的在线问答模式和以千聊、朝夕日历为代表的社交模式。

本文所论述的狭义的音频直播，主要是指第一种以荔枝FM为代表的网络电台模式的音频节目直播，音频直播主要有以下几点特点：

一是借力平台，差异化发展。音频直播与眼球经济时代的视频直播背道而驰，不依靠颜值，缺乏视觉给人的直观感受，较难在短时间内吸引大多数人的注意，因而对内容质量和声音质量的要求更高，也更小众，需要借力网络电台和视频直播寻求发展，从作为网络电台和视频直播产业链的补充，进而发展为可以独当一面的产业模式。

二是声音社交延展价值多样性。在音频直播中，主播在线实时直播，粉丝听众打赏评论送礼，主播与听众连麦互动，这种“内容+主播+互动+情景”的社交模式使得声音得以互动传播，丰富其多样性。声音从只能收听，发展到可以录制，再到音频直播社交模式，声音元素在进化中与多种新媒体方式融合发展。

三是打赏成为主要营利方式。目前音频直播市场的盈利模式有打赏、广告、内容付费等，更多的商业变现模式仍在探索过程中。粉丝打赏成为当前音频直播市场重要的营利方式之一，具有直接、快速等优点。[②] 广告和内容付费是基于音频平台服务自带的传统模式，不单单是针对音频直播开发的专属变现模式。

---

① 北京日报．北京电台青年广播昨天开播［EB/OL］．http：//bjrb. bjd. com. cn/html/2017－06/27/content_ 144339. htm，2017. 06. 27.

② 李巧玲．在线语音直播的兴起与发展探析［J］．新闻研究导刊，2018（07）．

（二）音频直播市场现状

虽然中国的音频直播市场起步较晚，随着各类直播、音频平台的布局深入，在线音频直播的用户规模一直处于不断增长的阶段。2016 年在线音频直播用户为 0.69 亿，2017 年底用户规模达 1.12 亿，增长率为 62.3%，预计 2020 年用户规模将突破 2 亿。①

中国音频直播最早始于 2008 年的 YY 语音，但随后 YY 语音转向视频直播领域，停滞了音频直播。2016 年 8 月，微博推出红豆 Live，2016 年 10 月，荔枝 FM 上线语音直播功能，网络电台正式入局，而后，喜马拉雅 FM 和蜻蜓 FM 纷纷加入，2016 年成为"音频直播元年"。2017 年 8 月，陌陌上线语音直播功能，语音直播市场成为多方较量争夺的蓝海。

在音频直播市场中，也不乏传统广播参与的身影。2017 年 6 月，由主持人伍洲彤任总监的北京电台青年广播调频 FM98.2 正式开播，运用全媒体手段，注重"直播"属性，打造全国首个可视化融媒体平台，充分运用"视频直播""发弹幕""真人秀"等元素，将传统的"你播我听"变成广播节目的真人秀，要实现广播与视频直播的深度融合，更大程度体现广播媒体的价值。②

前文提及的湖南电台新闻频道《轻松活过 100 岁》立足广播，结合互联网、移动端发展趋势，搭建基于"定制化直播平台、服务型微信公众号及小程序、多方内容分发渠道"的融媒体矩阵，与英夫美迪数字技术、美时美客直播平台达成战略合作，搭建集智能导播、直播视频、社交互动、音视频点播、在线诊疗等多种功能的直播后台系统，实现跨区域、跨平台的多元化互动。节目在与技术平台共同开发直播间时，从户内直播间搭设开始，摄像机摆放、电视监视窗口、互动区主持人设置等均从"用户更好体验"出发，引发互动需求。

荔枝逛逛是自 2017 年起，江苏广播广告中心全力打造的一款基于大蓝鲸 App 客户端投放的商业视频直播类节目，双平台宣推 + 主持人实地探店相结

---

① 新浪网．语音直播爆火：荔枝 FM 改名荔枝转型语音直播平台［EB/OL］．http：//tech. sina. com. cn/i/2018－01－10/doc－ifyqqieu5576318. shtml，2018. 01. 10.

② 李夏至．北京电台青年广播开播打造全国首个可视化融媒体平台，北京日报，2017. 6. 27：15.

合的方式，打造《荔枝逛逛》节目105期，创收110万元。不仅为品牌打造出主题鲜明的逛逛内容，还捧出一批有影响力有知名度的“素人主播”。是一款轻量级的广播新媒体作品，变现能力强。

（三）音频直播存在的问题及未来

中国音频直播市场处于发展初期，既有无限机遇，也存在一定的问题，目前主要表现在商务模式模糊、娱乐性体验不足及内容质量不高等方面。

一是商业模式模糊单一。目前音频音频直播的商业模式较为模糊且单一，主要是粉丝打赏带来的收入，缺乏多元化、深入垂直的产业化营销手段，而且这些打赏收入多数集中于关注度较高的主播大V身上，不利于大众草根音频直播社区的繁荣和发展。

二是娱乐性体验不足。与视频直播相比，语音直播要胜出就要在内容、场景、社群、互动上提供视频所做不到的服务体验。其中，内容和场景无疑是最突出的优势，核心当然是内容，目前的语音直播平台抓住了内容这一块，但是互动、场景和社群的建设和开发一直处于粗浅尝试的阶段，不能充分满足用户的娱乐性体验。

三是内容质量不高。与视频直播用户相比，声音用户对内容的要求更高，但目前市场上的一些语音直播停留在“内容同质化、优质内容比重少”的阶段，为了吸引用户甚至用低质量内容打擦边球，多家音频平台因为涉黄被查。很多电台的直播节目为了吸引用户打赏，出现了格调不高，有损主持人尊严的言语和举动。短期内虽获得了一定的收入，但也是对电台公信力的某种伤害。头部大V的直播引流有待进一步挖掘，语音直播在内容方面的优势有待凸显。

因此，在线音频直播市场尚未发展成熟，存在一定的挑战，但与此同时，也意味着在线音频直播市场存在着较多的机会。在这个网络视觉审美日益疲劳的社会，声音传递的情感会更为内在、真实和富有想象空间。音频直播有其存在的必要性，也具有一定的发展前景。音频直播接下来更会在以下两个方向发力：

一是“直播+场景”，音频更适宜。目前，语音直播平台与不同行业尝试融合，深入每个行业的供应链里去，因此“直播+场景”的传播模式涌现。例如在开车、运动等移动场景下，解放用户双眼和双手，让音频直播弥补视频在移动场景下的不足，更符合用户行为习惯，满足用户碎片化信息需求。

二是“直播+垂直”，音频更实用。目前，语音直播平台涉猎最广的领域，是与音频介质密切相关的垂直行业，比如教育培训。当然也包括微信群直播等目的性非常强的垂直领域。与视频直播相比，语音直播去掉花哨的弹幕、鲜花等互动，更能将用户的注意力集中在内容本身，加上音频直播发起流程更简单，更轻量，费用也更低，更有利于知识的高效传播。

三、UGC 模式的长尾效果

音频付费的缘起之地在互联网音频平台。传统广播的内容付费，步互联网付费业务之尘，当然未来传统广播的内容付费探索必将更为深入，且更加具有传统广播的特质。我们考察互联网音频付费的主流趋势，为传统广播及音频媒体传播的整体格局提供思考的背景。

（一）UGC 对音频平台的价值所在

UGC，User Generated Content，也就是用户生成内容的意思。用户将自己原创的内容通过网络电台展示给其他用户。一般的操作流程比较简易，用户可以直接点击“话筒”进入录音界面录制自己的电台节目，完成后，还可添加背景音乐、文字说明等。在移动互联网技术快速发展的背景下，音频的用户自制越来越便捷和容易，相对比视频平台来说，其单纯依靠声音为主要生产元素，进入门槛、技术难度、生产成本也相对较低，因此 UGC 音频平台的发展较为迅速。

PGC，就是把 UGC 的 U 换成了 Professional 的 P，意为专业生产内容。窄播、懒人听书等都是这一类型音频平台的代表。相较于 UGC，PGC 的内容有专业把关，内容更扎实，更具说服力。目前，PGC 的来源一般是与电台电视台合作，购买版权。

但与 UGC 模式相比，PGC 门槛高，酬金或版权费成为音频平台主要的开支成本。两种模式不是截然对立的，这两者对于一个成功的电台都很重要。UGC 模式可以使音频平台内容更丰富，产生一定的用户价值，PGC 可以创造更富有的精品内容，相对减弱 UGC 同质化现象，同时借助社交好友关系链的二次传播，加大用户黏性和用户荣誉感。

UGC 模式对音频平台来说，可以作为一种新型的品牌建设手段和流量变现的前奏。一是 UGC 模式下的用户主动参与程度高，可以形成病毒传播效果；二是内容优质而多元化，为平台的品牌和变现营销提供基础；三是 UGC 可以沉淀核心用户，提高用户忠诚度。

（二）荔枝：搭建 UGC 内容生态闭环

因为 UGC 模式是由用户自发主动的一种生产模式，内容驳杂，质量参差不齐，不是所有的内容都能被用户接受，所以在平台流量上也出现最常见的问题：除了头部之外的内容，后面的内容都分发不出去。那么以 UGC 模式为主导的音频内容平台就形成了一个急需寻找出路的长尾市场。长尾市场是指那些需求不旺或销量不佳的产品所共同构成的市场。

荔枝 FM 是一款以打造"人人都是主播"为目标的音频播客应用，2013 年上线。2018 年 1 月，荔枝 FM 更名为荔枝，发布新的 LOGO 和吉祥物，专注语音互动平台的打造，并通过四个环节打造运营生态：

一是专注提高 UGC 内容质量。UGC 内容质量高低取决主播的水平，通过成立荔枝播客学院，为热爱播音的用户建立提升主播能力的营地特训营。学员与导师在线上课及讨论，大批量培养主播。普通主播可以发展成为成长主播、优选主播、签约主播，最终的签约主播可以得到更多商业利益。荔枝同时也跟许多明星、名人合作，开通星播客。明星的原创节目保证了 UGC 节目的质量和关注度，吸引到更多用户。

二是深耕"语音直播"商业模式。荔枝 FM 在 2016 年之前做了很多盈利模式的探索，如电商、粉丝经济，都没有成功，UGC 模式也限制了荔枝走向知识付费。荔枝 FM 用户以年轻女性和学生为主体，平台沉淀的大量用户自制内容调性以情感、娱乐为主，不具有走向知识付费为导向的 PGC 模式的先天条件。此时映客、花椒等视频直播开始大热，有主播就提议开通直播功能，2017 年 10 月，荔枝的语音直播功能正式上线，语音直播可以有效连接主播和听众，听众甚至参与节目一起生产内容，实时性互动性会更强，只要主播开播，用户就会登录，用户黏度更高。在语音直播的带动下，荔枝 FM 的用户数量、主播数量、内容数量飞速提升。

三是注重打造粉丝互动社群。UGC 音频平台要让主播生存，留住主播，更要留住用户。荔枝的核心竞争力在于拥有最大的播客社群，可以创造出大量原创内容。荔枝为了让用户跟主播产生联系，在互动区下面还建立了让主播交流的新社区，让所有人都联系起来，共同产生更多的内容，用户逗留时间更长。荔枝 FM 建立不同的机制培养不同的粉丝，将粉丝往铁杆粉丝的方向培养，即愿意付费、互动的用户，相当于 VIP 用户；并将粉丝群向活跃社区的方向打造，努力升级群活跃度，有利于开发主播私人定制产品信息或者写真集等周边产品。

四是建设精准的分发渠道。前期的所有环节可以引导主播在平台上创作优质内容，之后荔枝再通过平台的人工和智能推荐渠道分发到对应用户，精准到达用户，让主播与用户之间产生黏性，于是形成一个可以循环消费的生态体系。一个 UGC 音频平台要打造成一个可持续发展的生态系统，需要各个环节和链路都在良性发展的轨道上：主播可以提供优质的内容，优质内容可以有效精准分发到达听众，主播和听众形成社群产生黏性，听众给主播带来激励和收入，刺激主播可以源源不断产出内容。如此循环，整个生态环境可持续发展下去，就是在“内容生产—分发渠道—社群—商业模式”的链路中，构建成了自己的生态闭环。①

（三）喜马拉雅 FM：UGC + PGC + 版权模式

2018 年第 1 季度主要知识付费 App 中，喜马拉雅 FM 月均活跃用户数位列第一，为 7552.9 万人，用户流量优势显著；知乎排名第二，为 5278.0 万人；蜻蜓 FM 以 3296.2 万人排第三。②

用户的增加决定了商业价值增长，相对的广告价值也会增长，UGC 价值之一在于引流和刺激音频平台盈利，为音频平台在广告方面带来更多的盈利。以喜马拉雅 FM 为例，探索 UGC 模式引领下的盈利模式：

---

① 人人都是产品经理. 干货丨荔枝 FM 产品副总裁：UGC 产品的运营经验分享［EB/OL］. http：//www.woshipm.com/operate/444941.html. 2016.11.15.

② 小熊在线. 比达咨询：喜马拉雅 FM 月活用户数位列第一［EB/OL］. http：//www.shbear.com/2/lib/201806/26/20180626081.htm，2018.06.26.

一是UGC引流量，PGC树品牌。UGC模式是喜马拉雅FM最早选用的模式。自下而上的用户生产丰富了喜马拉雅平台内容，并且实现了与传统电台的内容差异化发展。随着用户对于音频质量诉求的提高，市场竞争越来越激烈，为了留住用户，喜马拉雅在400万草根主播中选出8万认证主播，并对主播进行专业培养，于此开始深耕PGC模式，形成了UGC与PGC相结合的内容模式，UGC负责内容广度，吸引流量和参与度；PGC用来维持内容的深度，树立品牌、创造价值。

二是争夺头部付费版权内容。除了利用自身资源打造PGC内容，头部内容更加成为PGC领域争夺热点。头部内容主要是指关注度相对集中的人、题材或IP。喜马拉雅FM推出精品付费专区，吴晓波、葛剑雄、袁腾飞等一众大V都入驻喜马拉雅。由喜马拉雅联手米果文化打造的头部IP《好好说话》上线首日销量破五百万，目前总销量超过五千万，同名书籍在京东单日销量达13000册，加印超过7次，已成为最畅销的知识付费原生IP。

三是广告仍是主要盈利模式。喜马拉雅FM的盈利来源主要以广告收入、粉丝经济以及智能硬件销售为主。其中，广告收入主要来源是位置广告、音频广告、品牌电台的商家行为；广告费是喜马拉雅最主要的收入来源，占总营收的70%－80%；粉丝经济主要体现为粉丝打赏、付费收听的用户行为；而其次是智能硬件收入，针对车主、儿童等目标人群，开发车载音频产品、儿童故事机等产品进行售卖。例如“随车听青春版”在淘宝众筹一个月期间获得超过6万笔订单，众筹金额高达731余万元。[①]

四是IP营销成音频广告新宠。IP营销是最近几年业界的新提法，品牌广告商通过人格代理生产优质内容来输出价值观吸引受众，提升品牌形象和好感度。2017年，喜马拉雅FM与广告商家的IP营销也是别出心裁。从“杜蕾斯又污又萌的杜杜电台”到“凯迪拉克的知识众筹品牌请客”，从“麦当劳刷爆社交圈的喜马拉雅甜筒”到“联手KFC打造的国内首次24小时三地音频大直播”。

---

① 和讯网．喜马拉雅FM商业模式：打造“UGC＋PGC＋社交场景”的多维度“耳朵经济”[EB/OL]．http://bschool.hexun.com/2016－10－20/186508570.html，2016.10.20.

四、数据化运营

互联网时代，“大数据思维”逐渐成为各行业用来迎战时代机遇和挑战的砝码之一，对于互联网音频平台运营，从内容生产制作，内容分发到广告营销都离不开数据的支持，“后台数据”已经成为音频媒体平台决策的最主要依据。过去电台的数据信息，本书第二章第三节已经有所阐述，这里不做赘述。

对于目前广播媒体而言，基于互联网的点播收听可以获得详尽的数据，电台的活动营销亦可以获得精准的用户数据，同时电台也在积极参与搭建社会化的数据平台，例如与停车场、出租车公司合作，以付费系统为入口，电台公信力为背书，通过盘活城市有限的车位资源，为出租车司机和乘客提供增值服务等具体的运营路径，获取精准的城市打车、有车一族的详细数据，为下一步的精准营销打下基础。

（一）数据驱动内容生产优化

数字化时代，只有全面上网、上线、上云，以各种数字化的方式，才能应对移动互联智能时代的挑战。① 对于音频媒体行业来说，大数据的首要价值就是驱动内容生产和节目优化。

我们以互联网音频媒体喜马拉雅 FM 为例。针对这一点，目前国内的广播媒体中较难找到类似突出的案例。广播行业正处于媒体融合深度发展的阶段，体制改革和广告增量的变革是媒体首要面对的问题。下一步的改革方向，必将体现在电台内容改革层面。

从内容生产到业务拓展，喜马拉雅 FM 实现了以数据作为驱动，高度重视对内容的交互大数据分析，据此建立起比较完善的主播服务与发展机制，构建更为科学和健康的商业服务体系。为基于音频内容发展的产业模式提供更为科学的决策基础。

前文谈及的阿基米德，是目前唯一由广播电台发起的，发展最为突出的聚合平台。入驻阿基米德的电台主播可以拿到每天的数据报告，包括在社区

① 出版人杂志．拥有 3.5 亿用户的喜马拉雅 FM 如何定义优质内容？［EB/OL］．http：//www.sohu.com/a/149204973_ 211393. 2017. 06. 15.

排名、社区活跃度、收听时长、收听人数、直播互动的热度、粉丝数等，通过阿基米德提供的用户画像数据，主持人可以调整节目的内容和表达方式，与受众的需求更为匹配。过去改版一档广播节目，很难拿到实时的受众反馈，多靠广播人的经验和直觉。

（二）数据精准匹配音频用户

现在的互联网内容平台都提倡个性化运营、个性化推送，要实现这两个目标需要建立在全面的用户数据掌握和分析的基础上，需要跟踪热门内容，构建用户画像，再通过数据分析、建模进行精准推送。

网易云音乐目前已经成为国内领先的音乐社交平台，其精准的个性化推荐系统比较强大。内容平台背后的数据分析，为个性化推荐系统提供了坚实的基础。成熟、系统的推荐算法矩阵建构起来。通过分析 3 亿用户的听歌行为、收藏行为和社交行为，网易云音乐每日可以得出近千亿的行为数据，并以此进行精准化的个性化推荐。①

（三）数据精准投放广告

广告仍然是电台和互联网音频媒体重要的盈利方式，甚至最主要的盈利模式，随着互联网带来的大数据便利，广告投放可以做到更精准，有的放矢。

目前多数一二线电台均拥有自己的网站、App，或者与某一家互联网音频平台合作。与过去不同，电台节目多数可以对平台数据进行分析评估，形成较为详尽且精确的分析报告，结合专业数据公司的数据、电台组织的专家听评会，以及广告主组织的专项调查，综合上述多渠道的数据，电台可以指定更为精准的广告投放策略，为广告客户制定详细的广告投放数据营销模式。通过大数据锁定目标受众的兴趣爱好，个性化信息需求，使广告商更能了解客户的购买倾向和对产品的评价和反馈，从而实现更个性、精确的广告投放。

（四）数据智能化终端传播

人类正在进入全智能时代，大数据、人工智能标签化已成为日常需要。智能手机、车载、可穿戴设备、智能家居等移动设备层出不穷，也为音频内

① 网易．为什么网易云音乐的个性化推荐这么准？［EB/OL］．http：//music. 163. com/#/topic?id = 18790124，2018. 02. 05.

容提供了更多的承载空间，这些智能硬件一般需要音频内容提供信息服务，与音频数据内容等软性服务搭配销售。未来音频媒体可以传播的场景只会越来越多，机会也更多。在场景化的分发中，只有数字内容才能被传播得更广、更远，也更加精准。

目前，音频媒体智能化传播主要有两种做法：

一是布局车联网市场。通过外部合作的方式，将内容输出到各类汽车的车载终端设备中。目前中央人民广播电台、福建台等，或者与汽车厂商签订合作协议，或者独立开发车载终端。

另一种是直接研发不同场景、不同终端的智能硬件，拓展场景收听市场。例如蜻蜓 FM 也在探索人工智能场景下的音频播放，与小米、天猫精灵、猎豹等智能音箱，海尔、美的、飞利浦等智能家居品牌，华为、三星等可穿戴品牌合作，共同打造多维、精准的场景化音频生活。①

广播运营是电台目前最为复杂、最为关键的任务。媒体融合发展的结果，最为理想的期望是传统主流媒体转型成功，赢取了大众媒介传播中的主动权，赢取了互联网媒体传播中的主动权，赢取了社会个体的尊重、信任和信赖！

① 搜狐网．不陪跑知识付费的蜻蜓 FM，品牌新升级后怎么飞？［EB/OL］．http：//www.sohu.com/a/229218949_ 104421，2018.04.23.

第六章　广播边界的融合

“媒介融合”（Media Convergence）这一概念最早由美国麻省理工学院教授伊契尔·索勒·普尔（Ithiel De Sola Pool）教授提出的。1983 年，他在其《自由的科技》（*The Technologies of Freedom*）一书中提出“传播形态融合”（The Convergence of Modes）。他认为，数字技术是导致历来泾渭分明的传播形态聚合的原因，各种媒介将呈现多功能一体化的趋势。[①]“媒体融合”是本书论证的起点，也是本书观点提出的大语境。站在电台的角度而言，广播内容层面的融合、广播工作方式的融合、广播技术融合、广播管理体制的融合，这四个层面的融合尽管看字面意思，似乎漏掉了诸如平台渠道融合等这样的字眼，但实际在解读中对相关概念和问题进行了必要的合并和交叉，“平台”“渠道”“运营”等与“内容”或者“技术”等交叉讨论。目前的框架比较适宜解读广播业界媒体融合的现状、成绩和问题，亦较为贴近广播业界实际操作的一种思考的方式。

第一节　媒体融合的大语境

作为独立音频传播方式的传统广播而言，音频是唯一表达方式。广播从业者就必须在音频中做足文章，幻化出千姿百态，甚至能看、能闻、能触摸，

① 陈力丹、董晨宇．“融合”背景下的媒介传播趋势与手段［J］．新闻传播，2010（8）．

进而身心无所不达。即使是多维度的整合与融合，声音的价值、直播流的价值也将永葆生机与活力，并将成为未来创新拓展的优势资源。基于这一认识就能理解，广播诞生以来，历经有声电影的竞争、电视特别是彩色电视的冲击，以及互联网的挤压，一次又一次地化解了危机，获得长足稳定的发展。

本节主要探讨，互联网技术推动下，当前传统广播与其他主流媒体情况类似，均面临着如何推进媒体融合的深度发展，向新广播转型的挑战和机遇。什么是媒体融合？从历史视角、学术视角和业界发展视角来看，广播媒体融合的要义是什么？这成为现在和未来广播媒体改革、创新和发展的大语境。

一、媒体融合的历史与现状

纵观媒体发展脉络，一种媒体的诞生和兴盛并不必然地伴随另一种媒体的衰落和退出历史舞台，不同媒体的诞生本身就是基于媒介市场蓝海，即未被发现的市场空隙，因为技术的进步，创新了一种新的连接方式，于是新的媒体诞生了。鲁珀特·默多克说："新型媒体的繁殖并不就敲响了老媒体的丧钟，现实证明不是这样，所有这些行业都做得不错。"①

杰克·富勒在《信息时代的新闻价值观》一书中也提道："新媒介通常并不会消灭旧媒介，他们只是将旧媒介推到它们具有相对优势的领域。"比如广播之于报纸，是声音之于文字和图片，二者之间鲜有交集，平行发展，相得益彰。比如电视之于广播，是视频之于音频，尽管电视是视频与音频以及图文的混合呈现，但电视的镜头语言直观、显性、张扬，往往具有欺骗性，蒙蔽了音频的想象空间，音频成为视频的辅助功能。在互联网技术频繁迭代、新媒体产品层出不穷、信息与需求都呈现多元化的情况下，传统媒体日益表现出传播功能一体化的趋势，平行发展的状况被打破，逐渐并轨，图、文、音、视频齐头并进，呈现出大而全、小而全的融合传播新局面，原有的特色与优势在无先例可循的快速融合过程中被稀释。鉴于互联网发展史上不断站上某个新兴领域高地的"独角兽"频繁涌现，媒体从业者自认为也嗅到了一种"风口"的气息，跟风追寻"风口"，试图分享互联网经济带来的红利，而又总是被潮流不断地洗刷与抛弃，转回头喋喋不休地絮叨体制机制的束缚、

---

① 潍坊学院新闻中心. 传统媒体 VS 新媒体，你翻谁的牌？[EB/OL]，2017. 7. 4.

资金技术的短板，终而望“风口”兴叹。

很显然，与传统的媒体运营模式相比，暴利、红利更具吸引力，似乎不费吹灰之力就能顶破当前媒体经营所遭遇的“天花板”，实现资本层面的突破。然而，暴利往往对应的是某种先天性的不足，很多时候被解释为“丛林法则”下蛮荒之地上的随心所欲、为所欲为，一旦开垦过度，带来水土流失、植被破坏，进而打破生态平衡时，往往也就意味着要被重点整治。这种发展的短板，是对资本嗜利规则、游戏虚拟规则的顺从，而忽视了主流价值的规范。

媒体融合走上前台，既是遵循传播规律的一种方向选择，也是新的传播环境中政府主管部门、媒体自身以及受众、客户共同作用的结果。媒体各要素之间、异质媒体之间、同质媒体之间、传统媒体与新媒体之间都在深入地推进融合发展，共同发力的各方也由此实现共赢。

二、媒体融合的研究

学者从不同的角度对“媒体融合”进行阐释。基于媒体技术融合的角度，美国密苏里大学新闻学院副院长布莱恩·布鲁克斯和章于炎博士认为，“媒介融合”是一个新闻学上的假设，也叫媒体融合。其核心思想就是随着媒体技术的发展和一些藩篱的打破，电视、网络、移动技术的不断进步，各类新闻媒体将融合在一起。

基于多媒体经营方式的角度，美国新闻学会媒介研究中心主任安德鲁·纳齐森（Andrew Nachison）将“融合媒介”定义为印刷的、音频的、视频的、互动性数字媒体组织之间的战略的、操作的、文化的联盟。他强调“融合媒介”最重要的不是平台的融合而是一种新的合作模式；章于炎、乔治·肯尼迪和弗里兹·克罗普撰文谈及，媒体融合是大众传播业的一项正常的项目，或者说是一个渐进的发展过程，它整合或利用处于单一所有权或混合所有权之下的报社、广播电子媒体，以增加新闻和信息平台的数量，并使稀缺的媒体资源得到最优配置。在规模经济和范围经济的作用下，这些融合的媒介形式以及被重新包装的媒介内容，将提供给受众更大的信息量，从而实现领先竞争对手、获得盈利、提供优质新闻的目的，并最终在数字时代的媒体竞争中保持优势地位。①

国内学者一般认为，“媒介融合”作为一种正式的学理性概念最早由蔡雯在2005年引入国内。②“媒介融合是指在以数字技术、网络技术和电子通讯技术为核心的科学技术的推动下，组成大媒体业的各产业组织在经济利益和社会需求的驱动下，通过合作、并购和整合等手段，实现不同媒介形态的内容融合、传播渠道融合和媒介终端融合的过程。”③

综合近几年国内研究成果来看，学者们都关注到了新媒体对于传统广电的冲击，媒体融合也成为学界重要的研究领域：

一是聚焦媒体融合背景下国内媒介融合发展现状与特点。杨伯溆提出了在媒介生态演变中政府力量不容忽视。目前媒介融合之所以可能，正因为政府对新媒体发展的实质性介入；④这种介入推动了对源于西方的新媒体的驯服，使得媒介融合有了未来。就融合而言，无论是新媒体还是传统媒体的未来，都取决于它们胜任政府宣传工作的程度；李正国、王跃进认为媒介融合是基于技术创新和政治、经济、文化等多种力量博弈、平衡而构建的充满革命气息的传媒变革。尽管近年来广播自身的规模也在不断壮大，但无论是融合程度、管理方式、增长速度、整体规模，还是在整个媒介领域的整合模式占有率，都十分粗放和有限。事实上，作为单个媒体，传统广播已不具备与其他传播形态全面竞争的能力。总体说来，传统广播在信息传播格局中原有的垄断地位已被打破，新的地位却未形成。⑤

二是媒体融合背景下广电媒体机构转型案例研究。以央视为例，陆晔探讨了国家级媒体要摆脱传统的栏目、部门、中心架构运作，而要以24小时实时发稿更新的动态新闻为骨架，以直播和现场报道为常态节目样式，力图搭

---

① 章于炎、乔治·肯尼迪、弗里兹·克罗普．媒介融合：从优质新闻业务、规模经济到竞争优势的发展轨迹［EB/OL］，http：//academic. mediachina. net/article. php？ id＝5313，2018年6月11日访问．

② 段鹏．媒介融合环境下我国广播电视发展的实践路径与建议［J］，中国电视，2018（3）．

③ 蔡雯、王学文．角度·视野·轨迹——试析有关“媒介融合”的研究［J］，国际新闻界，2009（11）．

④ 杨伯溆．媒介融合与国家介入的意义——以新媒介平台新浪微博为例［J］．当代传播，2015（9）．

⑤ 李正国、王跃进．媒介融合环境下广播发展现状、趋势及对策［J］．中国广播电视学刊，2014（5）．

建大编辑部资源高度整合的新闻运作平台；江苏广播努力打造广播与新媒体融合3.0版，探索媒体融合“三层楼”实践、“两微一端一网”的广播网络呈现和自主研发“微啵云”体系；[①] 英国安德鲁·克理斯尔（Andrew Crisell）教授认为，自诞生那一天起，广播在内容生产方面就与报纸、唱片等媒介进行了有效融合。今天，广播媒体的核心优势决定其有能力“自己走路”。媒体的生存发展能力源于媒体所拥有的核心竞争力。新媒体时代，广播媒体依然拥有其他媒体难以替代的核心优势。[②]

三、肇始于媒体整合的媒体融合

单一媒体发展结缘于特定的历史时期，与经济社会发展有关，与技术进步有关。报纸、广播、电视等传统媒体的发展在不同的历史背景下，呈现不同的形态。尽管新媒体诞生“并不就敲响了老媒体的丧钟”，但也不可避免地对老媒体带来影响，短期内甚至是冲击，这种影响与冲击大多是对受众的争夺与广告市场的抢夺，而后老媒体逐渐与之达成默契，形成妥协，竞争中有合作，合作中突出自身优势，做到人无我有、人有我优，获取尽可能多的份额，并在此过程中进行适应性的进化与成长，抬升竞争优势的准入门槛。

在这种背景下，广播与电视的合并浮出水面。两台合并，就是要建立一个广播电视事业产业统筹协调、分开运行、分类管理、整体发展的科学运行机制，有利于资源整合和结构优化。单就省级广电来看，自2001年广播电视合并开始，一直在推进中。2012年8月29日，云南人民广播电台与云南电视台合并组建成云南广播电视台；2014年4月23日，广东南方广播影视传媒集团以及旗下的广东人民广播电台、广东电视台、广东南方电视台合并组建成广东广播电视台；2015年1月28日，黑龙江人民广播电台与黑龙江电视台合并成立黑龙江广播电视台；2016年4月19日，河北广播电视台正式揭牌成立，由河北人民广播电台、河北电视台等机构合并组建而成。

不单是广播与电视的合并，更大范围的合并也在探索进行，推动了媒体

---

① 黄信．从“相加”到“相融”：江苏广播媒体融合实践和探索［J］．中国广播电视学刊，2016（6）．

② ［英］安德鲁·克理斯尔．广播电视与新媒体：过去、现在与未来［J］．中国广播，2017（8）．

集团的壮大与影响力的扩张。2016 年底，银川市整合银川日报社、银川市广播电视台，组建了银川市新闻传媒集团，旗下拥有报纸、电视、广播、网站、新媒体五大传播平台，初步构建起现代立体传播体系，提升了新闻传播力、品牌影响力、市场竞争力、媒体战斗力。

2018 年，广播电视合并达到高潮。2018 年 3 月 21 日，中央广播电视总台宣布正式成立。中央广播电视总台整合了中央电视台（中国国际电视台）、中央人民广播电台、中国国际广播电台三台资源。中央广播电视总台的组建，标志着广播电视发展进入新时代，重要任务就是不断提高主流媒体的传播力、引导力、影响力、公信力，而完成任务的重要抓手就是深化媒体融合，打造主流全媒体。中央广播电视总台成立以来，三网紧密联动，定期召集策划会，共同部署报道方向、展开分工合作，通过产品形式、传播渠道的叠加，有效整合三网传播力量，实现“1 +1 +1 >3”的传播效果；广播生产要素也开始融合。以文艺部门为例，从策划、采访、录制到主持、参演、传播，实现 6 个“一体”化：“一体策划”在于整合中央三台文艺节目的优秀编创人员，共同参与节目策划；“一体采访”令主播们走出直播间，走到一线，集“采、编、播”于一身；“一体主持”“一体参演”也在不同的环节，连通了播音员与主持人；“一体录制”令电台直播节目的场景走进人们视野，揭开了广播间神秘的面纱；“一体传播”使用广播、电视、网络同步直播，将各类媒体形式融会贯通，从而实现多渠道的覆盖，在受众与传播的意义上，进一步满足受众对丰富感官体验与优质内容的需求。

总台成立以来，已经在博鳌亚洲论坛 2018 年年会、中美贸易摩擦、第八届北京国际电影节等一系列重大报道中发挥出资源整合、传播融合影响力。

在新闻节目融合方面，中国之声开始与央视、国广多个部门以项目为抓手，商筹“信息共享、人员协战、平台联动”的融合报道格局。以重大宣传报道为契机，央广和央视完成首次互动直播。2018 年 6 月 4 日至 6 日，中国之声于每日 15：00 至 16：00 推出高端访谈节目《提问上合》，实现广播电视互动直播，与央视特别直播《青之岛，友朋来》联通互动，央广视频直播间与央视青岛直播间的主持人嘉宾共 6 人实现同框对话。《听，习总书记论改革开放》六集报道全部以习近平总书记系列重要讲话原声为主，以时间为轴，对党的十八大以来习总书记关于改革开放的重要论述进行了系统梳理，把不同领域深化改革脉络与举措条分缕析的同时有机整合，展示出习近平新时代中国特色社会主义思想逐渐形成和成熟的历程。节目不仅在传统广播重要栏目滚动播出，还在中国之声微信公众号和三台全网推送。

音乐节目融合方面，音乐之声“全金榜”与央视、国广两大音乐榜单公共探索总台音乐节目融合传播新模式。四月，国内三大国家级媒体流行音乐榜单——央广 Music Radio 音乐之声《全球流行音乐金榜》、央视音乐频道《全球中文音乐榜上榜》、国广 Hit FM《TOP 20 Countdown》首次同台“聚首”，连续三周在每周六进行三榜融合新尝试，三台主持人以《全球中文音乐榜上榜》为平台联袂主持，探索总台音乐节目融合传播新样态。

5 月 15 日，总台打造广播电视网络直播互动音乐节目《超级音乐速递》开播，每周二 19：30－20：30 在央视音乐频道及三台新媒体频道播出。数据显示，节目首期实时在线互动节目在线 133 万人次，点赞及评论数突破 30 万。加强总台内部融合的同时，强化与百度、腾讯等新媒体的合作，特别借助百度云、腾讯微视的大数据与网络技术，以用户实时互动的方式速递优质音乐内容，开启台网联动播出、全媒体互动点歌的新模式，让受众成为节目直播内容的真正决定者。据不完全统计，观看直播的观众近 2000 万。在电视直播的同时，还通过央视网、央广网、国际在线、央视音乐客户端、央广新闻客户端、国际在线客户端、ChinaNews 客户端以及央广音乐之声微信等三台新媒体平台同步进行网络直播。

文艺节目融合方面，文艺之声《文化聊吧》栏目播出央视文化情感类精品节目《朗读者》，在《品味书香》栏目播出《朗读者》受众自发朗读的声音内容。同时，文艺之声在《朗读者》前期录制阶段进行采访报道，并通过双方新媒体凭条同步传播推送。

多个央广与央视地方记者站共商选题、联合采访，加快记者站融合报道步伐。一是联合采访报道。央广、央视广西记者站对中广核广西防城港核电有限公司进行了联合采访。央广、央视宁夏记者站对“银川国际马拉松赛”进行了联合网络直播。央广云南、辽宁、大连记者站分别与央视云南、辽宁记者站就“国际博物馆日”选题进行了联合采访报道；二是商讨合作机制。央广、辽宁、大连记者站与央视辽宁记者站商定建立选题、内参共享平台融合报道选题。央广、央视重庆记者站将联合召开融合发展研讨会，商定建立突发事件应急联动机制和新闻线索、新闻选题共享机制，计划联合组织突发事件应急演练和内参采写培训。

总台以国际一流国家级现代航母建设为目标。成立以来主要以项目为抓手，不仅是广播与电视的强强联手，更实现了全媒体时代优质媒介资源和网络平台的融合，表现为广播电视互联网“你中有我、我中有你”的深度融合态势，全媒体覆盖融合的“化学反应”。

媒体融合是媒体平台整合在“互联网＋”背景下的深化，广播电视按照各自的行业规律壮大自身在新技术条件下的发展规模与影响，提升自身的发展短板，如广播的视频化呈现、更丰富的互动形式、更便捷的反馈渠道，以及参照互联网模式构建的用户平台与数据库等，在形式上表现为更全的媒体内容、更丰富的服务形式、更广的终端类型、更多的内容获取方式、更好的用户体验，在实质上体现的就是广电媒体与互联网业态、与新媒体的融合，即广播媒体的“互联网＋”。

四、基于互联网的媒体融合

互联网普及之前，传统媒体的整合主要是行政干预下的物理结合。不同的媒体在一个更大的、内部开放的平台上获得资源配给，并互相借力，协调发展，在组织架构优化、新闻采编统筹等诸多场景中合体运作。

随着新技术的发展，互联网不仅仅是信息沟通的工具，更成为社会运行的新的基础设施和基础构架，成为社会基础连接的方式，在此条件下，传统行业的边界不断被打破，媒体之间的边界以及媒体与其他行业的边界也被打破，传播的内容、提供的服务与传播对象的需求结合得更加紧密，传播更加一体化、融合化。广播电视的这种探索与合体由此向更多层面、更多领域深入；传统媒体与新媒体的融合，媒体与其他产业的融合，同样呈现勃勃生机。

媒体的本质就是广泛连接。媒体融合过程中，传统媒体的任务主要是要适应这种社会基础连接方式的变化，用新技术、新工具，适应新的业态去建立新的连接。基于互联网，媒体与社会各个方面建立的全面连接，公众可以在这个平台上进行充分的信息交流。在社会信息传播领域形成以互联网为基础设施和实现工具的新的传媒形态。浙江城市之声提出“广播＋”概念，将广播母体作为一个资源平台的核心特征提取出来，以“链接一切”的开放态度，与各种传播形态及新兴产业实现了跨界融合。①

2014 年 8 月 18 日，中央全面深化改革领导小组第四次会议审议通过了《关于推动传统媒体和新兴媒体融合发展的指导意见》，明确提出推动传统媒体和新兴媒体融合发展，要遵循新闻传播规律和新兴媒体发展规律，强化互联网思维，坚持传统媒体和新兴媒体优势互补、一体发展，坚持先进技术为支撑、内容建设为根本，推动传统媒体和新兴媒体在内容、渠道、平台、经营、管理等方面的深度融合，着力打造一批形态多样、手段先进、具有竞争力的新型主流媒体，建成几家拥有强大实力和传播力、公信力、影响力的新型媒体集团，形成立体多样、融合发展的现代传播体系。要一手抓融合，一手抓管理，确保融合发展沿着正确方向推进。

媒体融合已经上升为国家战略，是党中央着眼巩固宣传思想文化阵地、壮大主流思想舆论、掌握意识形态主导权作出的重大战略部署。网络传播技术的飞速发展，带来了传媒业的深刻调整，新兴媒体在话题设置、舆论引导等方面的影响力越来越强大，传统媒体的舆论引导能力面临越来越严峻的挑战，互联网已成为新闻传播和舆论斗争的重要阵地，直接关系意识形态安全。

媒体融合的要义不仅在于自身的生存发展，也在于重塑新型主流媒体不断提高新闻舆论传播力、引导力、影响力、公信力，占领网络舆论阵地，把握主动权，夺回网络舆论空间的主导权。

不但如此，媒体融合也是广播在新时代持续发展的必然。面对新的媒体竞争格局，广播必须自我革命，自我完善，自我转型，自我进化，需要牢牢把握人民群众对美好生活的向往，在新的技术条件下做出改变，满足更广泛、更多样的信息与服务需求。这不是简单的修修补补，不是对某一短板的“蓄容”，而是从理念到实践彻头彻尾的革命。

---

① 来钧、陈建海. 浅议媒介融合时代下的“广播 +”——以浙江广电集团城市之声的融媒体发展状态为例［J］. 中国广播，2016（8）.

五、广播融合的要义

在内外部因素的作用下，广播和新媒体在内容、渠道、平台、经营、管理等方面的深度融合，正在提升新闻舆论传播力、引导力、影响力、公信力，增强自身的综合实力，形成立体多样、融合发展的现代传播体系。

内容融合。一方面，广播坚守主流媒体的责任担当，充分发挥在信息采集、内容核实、分析解读等方面的优势，充分利用新技术平台，进一步提升内容的专业性和权威性。另一方面，加快建设内容融合生产传播平台，探索广播特色内容的融合生产与融合传播机制；坚持“移动优先”战略，先网后台，实现内容在新媒体的广泛传播，抢占网络舆论阵地。

渠道融合。广播通过现代传播技术、网络和终端构建新的渠道，实现内容的多元化传播、多维度反馈，广播听众与网络用户身份随时切换、相互转化，黏性增强。一方面，借助论坛、QQ、微博、微信等社交类应用和技术，打造社群，集聚忠实用户，并不断扩大用户规模，提升传播效果；广泛入驻内容聚合类平台，在聚合新闻客户端、音频客户端输出内容。另一方面，引进新技术自建客户端，为自身内容拓展新出口，并以此搭建专属用户数据库。

平台融合。国家新闻出版广电总局《关于进一步加快广播电视媒体与新兴媒体融合发展的意见》提出：“建立用户大数据平台，深入分析用户的群体分布特征和多样化个性化需求，以用户数据、用户画像作为节目创新和服务创新的重要参考，做到精准生产、精准传播、精准服务。”要利用大数据“提升用户体验，实现在互动中服务、在服务中引导，不断提升广播影视影响力”。重视用户、培育用户、发展用户、积聚用户、开发用户，建设媒体融合语境下的用户互动连接平台以及强大而精准的用户数据库，按照用户画像量身打磨内容，满足用户需求，又通过用户平台反馈的数据校正自身产品特征与形式，增强内容的适配性和场景性，精准推送，获得用户忠诚度，从而为内容变现奠定基础。

经营融合。媒体融合新业态下，广播加快经营融合，实现内部业务的深度整合，健全完善全媒体协同机制，探索整合营销路径，以满足广告主多要素传播、多场景发布的需求；积极培育市场主体，引入多种手段，探索新的商业资源、经营理念以及更加适应市场的运作模式。

管理融合，一方面是党和国家加强对整个媒介生态的管理，落实意识形态责任制，坚持正确的舆论导向，网上网下导向管理“一个标准、一把尺子”，统一管理和规范；另一方面，广播与新兴媒体互动发展，对广播机构提出了新的管理课题。在媒体融合发展条件下，广播通过深化改革推动形成一体化发展的体制机制，优化人才引进、培养和激励机制，重构新闻采编播流程，创新内容生产、传播、营销方式。

广播的融合发展，“并不是要消灭传统广播，而是应把传统广播做得更好。”① 因为融合，广播焕发出了新的生命力。

第二节　广播内容的融合

广播内容层面的融合是广播受众接触最为直接的层面，也是广播传播者媒体融合理念的具体体现。媒体融合背景下的广播内容呈现，与新技术、新的平台、新的渠道、新的推广运营理念等密切相关，是媒体融合最终检验的成果。本节把广播内容主要分为两类解读：一类是新闻报道类内容，遵从高质量新闻的创作原则，同时在内容呈现形态上契合最新的表现形式，着重提升其在渠道、平台等领域的融合推广能力，改变电台单一频率渠道传播范围和到达率有限的问题；另一类是对广播内容的呈现形态、互动模式进行融合式的创新，从打造互联网声音媒体产品的角度上强势推广，进行市场化转化，从而到达更为广大的人群范围。

一、广播内容与融合渠道传播

“融合传播是综合运用多种形态的传播工具，对同一新闻事件、信息内容向受众进行多渠道、全方位、多文本的传播。它区别于单一形式和物理介质的传播。其重点是如何更好地服务传播，而不是如何更好地进行融合，是

---

① 覃信刚．中国广播的下行、转型与上行［J］，中国广播，2016（3）．

在对社会新形态、传播新方式理解基础上的再出发。”①

新闻报道的融合集中体现在表达方式的多元化，使得广播传播的信息量日益丰富，在媒体融合深度推进的当下，传统媒体都不约而同地走向了富媒体的舞台，以传统表达方式为主干，嫁接其他的传播渠道，新闻事件呈现变得更加立体，受众对真相的感知更加真实。从这个角度来讲，新闻报道的融合进一步促进了真实性的表达，也进一步促进了媒体的公信力。

然而，不同的传播渠道对应着不同的传播语言与话语方式，这就对新闻报道提出了更高的要求，在不同的媒体上同一个新闻事实需要用不同的表达方式，如此方能在不同的渠道占领一席之地。江苏广播在南京长江大桥建成以来首次封闭检修时，新闻广播、交通广播联动，在“大蓝鲸”客户端推出全媒体矩阵互动直播报道，图片、文字、音频、视频、评论、弹幕、献花……呈现丰富、互动精彩，可听、可看、可读、可感、可交互，新闻更生动，吸引了越来越多用户的关注。

（一）从广播频率单一渠道到融合渠道传播的转变

“读者在哪里，受众在哪里，宣传报道的触角就要伸向哪里，宣传思想工作的着力点和落脚点就要放在哪里。”② 移动互联时代，新兴的传播平台层出不穷，从门户网站到聚合分发平台，从静态页面到动态页面，从文字图片到音视频，为了影响更多的受众，占领舆论阵地，广播触电上网，入驻微博、微信、今日头条、企鹅号、喜马拉雅 FM、蜻蜓 FM 等平台，秒拍、抖音等短视频应用的兴起，又给广播的增强型表达增添了新的动力与可能。“传统广播涉足网络直播，在倡导主流价值、传播社会主义核心价值观的前提下，应当注意‘轻装备、重互动；轻视频、重社交’。”③ 作为一向“轻量化”传播的广播媒体，在视频叙事时代依然采取了“轻量化”的形式。尽管在内容版权无偿分享方面还有着很大的争议，传统主流媒体尚未探索到更好的既保护内容版权又能有效放大内容影响力的途径，但一定程度上解决了信息有效到

① 张华．融合传播：重点是“传播”而非“融合”［J］，中国报业，2016（13）．

② 学习小组．习近平新闻思想的七个“新”［EB/OL］，中国青年网，http：//news. youth. cn/sz/201807/t20180710_ 11665503. htm，2018 年 7 月 20 日访问．

③ 黄信．江苏广播在入口与互动中创造媒体融合新价值［J］．中国广播，2016（12）．

达的问题。自建客户端能较好保护内容版权，也为广播有效积累用户并进行营销创造条件，但对应的持续大量的资金投入以及技术和人才支持，成为当下广播推进客户端建设的难题。

人民网研究院考察全国301个中央及省级广播频率的网络传播情况后发布了《2017年媒体融合传播指数报告》，广播电台在自有客户端建设上不断发力，中央人民广播电台、中国国际广播电台及中国大陆31家省级广播电台中，仅有1家广播电台没有音频客户端；50个广播频率建设了频率自有客户端。百强广播频率中，共有95家在微博平台上开设官方账号，平均每家拥有逾170万粉丝；在微信平台的入驻率达到100%；在搜狐、今日头条、一点资讯、腾讯、网易五家聚合新闻客户端上，每个百强广播频率平均入驻1.8个；在喜马拉雅FM、蜻蜓FM、龙卷风FM、荔枝FM、考拉FM、优听RADIO这六个音频客户端中，百强广播频率平均入驻5家，入驻全部6家音频客户端的共31家，平均每家累计订阅用户数为1.9万人。[①]

报告指出，拓展内容分发渠道容易，但深度整合内部资源，适应不同渠道的传播规律及用户习惯提供相应内容，切实提升融合传播力却很难。这在PC时代就已经显露出来，例如以下这篇搬上网站的“广播稿”[②]：

河南鹤壁修路强行毁麦苗　官员称无人敢站出解释

3月26日，省政府办公厅发出紧急通知，要求坚决防止发生毁麦事件，切实维护好农民群众利益。然而近日，鹤壁市山城区石林镇为修公路强行征用耕地，并动用推土机大面积毁坏麦苗。河南台记者管昕报道：

（哭腔压混）全指着这吃钱了，一星儿地都没了。

在鹤壁市山城区石林镇范家坟村一组的庄稼地里，一位姓郭的村民指着自家长势很好的麦田，心疼得泣不成声。

（出录音）这地打了粮食就能顾住嘴顾住家，挣不来钱有粮食吃。有粮

① 人民网.2017广播频率网络传播百强榜发布：交通频率为百强主力自建客户端不断发力［EB/OL］，http：//media.people.com.cn/GB/n1/2018/0404/c14677－29906769.html.

② 大河网.鹤壁石林镇为修路强行毁麦苗一亩地补1300包30年［EB/OL］.http：//news.dahe.cn/2012/04－19/101237054.html.

食心里就不慌，粮食没有要没钱，该咋办了？

如今，这位姓郭的村民家被征用的6亩良田已停止灌溉，村里负责人告诉她说，迟早要毁掉，不会再发放灌溉补贴。记者在现场看到，这片庄稼地到处一片狼藉，在郭秀英家的田地旁边，很多绿油油的麦苗已被推毁，田里还可以清晰地看到推土机的车轮印。据村民介绍，征地的时候，村里广播只是喊上级要修路占地，让赶快去自家地里看有没有征用标记，以白灰线和木棍标记为准，随后占地赔偿就开始发放了。

（出录音）

村民：占一亩地，给1300块钱，包30年。

记者：老百姓都愿意吧？

村民：不愿意也没法。

记：跟你们签合同了是吧？

村民：没签，那麦子长的好得了的了，就连麦子推了。

范家坟村一位姓张的村干部告诉记者，这次征地共占用范家坟130亩耕地，加上临近几个村的耕地，共要占去近200亩。

（出录音）

张：笼统说是150亩地，正式占个人的是130亩。没办法，我能当家？

记：还有其他村的地没有？

张：占着多的了。有邻村石百泉、东石林。

是什么单位修路毁麦，征地手续是否合法？两天来，记者一直在鹤壁市山城区人民政府，想办法联系有关负责人，始终没人肯出面接受采访。据知情人介绍，对于毁麦事件，区里相关部门和领导正在相互推诿，没人敢站出来解释。在记者和山城区委宣传部副部长赵海涛的对话中，或许能找到一些答案：

（出录音）

记者：毁苗的事情，是不是政府行为？

赵：那肯定不是咱那个啥，咋说了吧……

记：是乡政府的行为吗？

赵：那肯定是跟乡里有联系，作为区里面不会那个啥……

记：工程是不是咱区里的工程？

赵：那倒是区里面的工程，但是为啥这样做，我还没有清楚。我觉得这个事没必要这样，但是叫谁站出来谁都不愿意站。

有关情况我们还将持续关注。

类似广播播出稿原封不动上网的现象，从一个方面反映了广播推进融合传播的困境，一方面，广播已经意识到融合传播的必要性，纷纷开疆拓土；但是另一方面，融合发展很快就遭遇实际的问题与困难，新媒体对应的是新技术，新技术的发展日新月异，而传统广播与新技术却有着较大的差距，借用平台尚且可以应付裕如，但是一旦遇到要自建平台进行技术操作的时候，技术、技能的短板很快就暴露出来。于是在风风火火上马技术项目、搭建客户端后，很快就力不从心、难以为继。诚如报告所言："媒体融合绝对不仅是传统媒体在各个终端上的渠道拓展，不是各个渠道的简单相加，而需要媒体内部甚至媒体之间的深度相融，只有紧跟传播技术前沿，遵循网络规律，建立起适合互联网特别是移动互联网传播的生产流程及体制机制，根据不同平台的传播规律及用户接受习惯生产优质内容、进行有效传播，才能够广泛触达媒体的目标用户，实现各平台传播力的最大化，进而提升媒体融合传播力。"①

融合传播也引发了传播后端对效果评估的变革。浙江城市之声在微信平台上线"全民开赞"功能，建立了节目实时评价体系。听众在收听调频节目的同时，如果喜欢此刻的节目和主持人就可以立即"点赞"，甚至可以"打赏"；而如果觉得正在播出的节目不好，可以点击"打脸"，数据会当即提交呈现，节目是否受欢迎、哪些段落存在问题，一目了然，为分析受众行为、调整节目内容与形态、考核主持人及节目提供了最为直观的数据支撑。"以'移动互联网+'模式发展的电台业务，从单一平台的线性播出，扩展为音视图文全天候且不受疆域限制的点播点看、社媒分享，触达面更广，给予不同接收偏好的受众更多个性化的触媒选择。""如今衡量传播效果，要看收听

---

① 《2017 媒体融合传播指数报告发布：融合渠道日趋完善　传播效力有待提升》，http://media.people.com.cn/n1/2018/0402/c14677-29901624.html.

率、点听、点看、点赞、评论、转引、转发等综合指标。”[①] 所以，融合传播对广播从业者的技能提出了更高的要求，单一平台的能手需要成为全能选手。

（二）从广播声音记者到全媒体广播记者的转变

2013 年 8 月 19 日，习近平在全国宣传思想工作会议上发表重要讲话时指出：“要解决好‘本领恐慌’问题，真正成为运用现代传媒新手段新方法的行家里手。”融合传播对采编播流程带来了挑战。长期以来广播的专业化发展路径培养了广播记者鲜明的专业特性。而在媒体融合背景下，媒体界限被打破，从业人员的专业区分也被打破，需要的是能够运用全媒体手段进行融合传播的全媒人才。传统广播从业者也要学会镜头语言与网络语言。

新媒体新闻实践，颠覆了传统媒体工作者的思维和状态。广播记者从来没有像今天这样武装到牙齿，不仅仅是设备的更新换代，而且要十八般兵器样样精通。“采访的时候，基本上是左手拿着采访机，右手端着单反相机，腰上还别着一个 70—200mm 的‘大白’，肩上还挎着一台摄像机，随时切换角色。”[②] 在近年的全国两会报道中，采访技能要求与提升更加明显，原本从事单一录音报道的记者，也可成为电视台的出镜记者、网站的图文记者，可同时发回文字稿件、静态图片、录音、录像。2017 年全国两会，河南人民广播电台新闻广播推出 H5 作品，以“河南代表团”为第一人称设置朋友圈，把河南代表团的代表委员作为朋友圈好友，将记者采访到的代表委员的建议和感受用文字加表情的风格，通过朋友圈留言和评论的形式呈献给受众，收到了刷屏的效果。“一种内容，多种表现”，这些新特征说明了媒体融合的理念已经深入人心，新媒体的兴起给新闻采访技能提供了融合的机遇，很多融合创新已经进入比较深的阶段。

二、基于互联网产品逻辑的广播内容研发

传统媒体主动迎合新媒体发展趋势，借助新技术策划生产融合内容产品，提升品牌影响力，赢得用户认可，在激烈的媒体市场竞争中占据一席之地。

融合内容新形态发展迅速，生产模式创新升级，内容的互动性增强。中

---

① 王璐合．让广播天更高地更阔［J］，中国新闻出版广电报，2017. 7. 17.
② 《我的广播年华》编委会．我的广播年华［C］，北京：人民出版社，2017.

国国际广播电台推出以有声新闻与音频互动为核心的新闻社交应用平台“环球资讯+”，开辟“边看边聊”直播通道，实现用户互动。2017年全国两会期间，中央人民广播电台推出了《央广主播朋友圈里都有啥?》《@你央广主播王小艺的朋友圈又更新啦》等场景视频H5，通过微信公众号、微信群、朋友圈广泛传播。用户点击链接进入后，犹如进入了真正的微信朋友圈一样，在一个全屏模拟朋友圈的画面中，具有高颜值、磁性声音的央广主播王小艺就站在朋友圈的右下角，通过肢体动作（滑动朋友圈、点击）和口播解读一条条朋友圈信息。虽然不是用户亲自点击，但是王小艺点击朋友圈图片的放大效果、点击朋友圈视频的播放效果，与用户自己的点击感受完全相同，没有丝毫违和感。这种集合了广播的声音特点、视频和图片的可视特点、虚拟现实的场景特点的作品立即就抓住了用户的眼球和心理感觉，首期H5推出后点击量就超过100万，成为广播融合产品的爆款。

（一）广播节目的产品化

传统的广播节目是按时间段划分、依时间顺序线性播出的。线性播出就意味着广播节目的稍纵即逝，无法重复收听，无法追溯内容，广播由此变得神秘，却无法适应多元传播时代的需求，这一点一直被听众所诟病，尽管直播流依然是广播生存和发展的根本，也是最具竞争力的杀手锏、最有商业价值。广播节目开始了融合传播，借由多种渠道和方式让内容变得更有价值，不仅可以复听，还可以重新剪辑加工，配以图文甚至视频，精致包装后重新“上市”，这就是节目的产品化，可以在诸多平台发布。广播内容生产从来没有像今天这样千头万绪而又五彩斑斓，内容与产品的结合也恰恰说明了广播从业者生产理念的创新与变革，不再只是针对广播一个平台输出内容，而是强化内容的分发功能，需要在不同的平台上呈现，扩大内容的覆盖面和影响力。所以，从内容的策划开始，就进入了一种面向多个平台发布的局面，这就使得内容生产者要照顾到不同平台的传播方式和受众特征，让内容具备多种功能和特质。

广播节目真正成为音频产品，基于网络用户碎片化、移动化、知识化内容需求，适配不同场景，在不同的平台上能够方便地被检索与收听，内容价值就会倍增。上海广播电视台东方广播中心提出短音频战略，他们认为，一档传统广播播出的节目能够剪辑出两个或者三个短音频产品，就意味着这档传统节目是经过精心设计的，否则它很难拿出一个哪怕只有一分钟或者是五分钟的音频爆点。这实际上就产生了对传统节目质量品质提升的一个评价标准与尺度。剪辑广播节目音频之外，还面向移动互联网专门生产适合不同人群、不同用户的有针对性的短音频产品，这就是从节目生产到产品拉动的一个新的转变。

（二）图文音视频融合产品日趋成熟

传统意义上的广播内容生产更多关注声音的呈现，所以在声音的采录上花费更多的精力，广播记者试图通过丰富的音响展示要表达的内容和意图。中央人民广播电台社教节目中心副主任靳雷在谈到一篇关于少林寺的广播特写时说：“当作品的结尾处，山门打开的时候，外边街道上车水马龙的声音扑面而来，和此前构造的寺庙里的清静形成巨大的反差，把我自己的灵魂都震慑到了！声音，以不可思议的能量携生动的画面呈现在我的脑海里！原来，这才是广播的力量。”对完美声音的追求成为广播从业者的职业自觉与敬业体现。

“传统广播深挖自身优势，呼应移动互联网传播需求，打造以声音为核心的新型产品，是主流媒体彰显社会责任、提高舆论引导水平、弘扬传承中华优秀传统文化、加强全媒体人才队伍建设的需要，是增强主流媒体传播力、引导力、影响力、公信力的战略举措。”[①] 传统广播是音频制作的专业团队，不仅拥有一流的专业音频制作设备，而且拥有众多的专业力量以及一直以来传播经典、传承文明的有效方法手段，向声音特色的互联网化产品进军，传统广播具有的强大优势不言而喻，也使得声音产品系列化、规模化生产成为可能。江苏广播立足本土，推出具有广播标识的融媒体内容产品《听见江苏》。赞美江苏景、江苏人的诗词美文经由主持人朗诵，融合优美的江苏地方音乐，在江苏广播各频率、“荔枝新闻”客户端、“大蓝鲸”客户端上线后反响热烈；同时创新推出“听苏韵，品乡音，猜城市”H5 系列声音产品，首期“听戏曲猜城市”一经推出，参与量迅速突破 10 万；后期陆续推出的

① 常珩．刍议广播声音产品化的发展路径［J］，中国广播，2017（6）．

“听诗词猜城市”“听民歌猜城市”等均受到欢迎。

传统广播剧在移动互联时代又展现了新的风采。著名剧作家曹禺先生曾这样评论广播剧：“广播剧最大的好处是给听者很大的想象余地，不见反而比看见了更有回味、更有情趣。”中央人民广播电台《遇见海昏侯》，首创“口述新闻+历史广播剧”的方式，用新闻报道呈现考古重大发现，通过广播剧还原历史事件，逾越了时空和广播线性传播的限制。北京广播《寻找刁爱青》，以一个案件为线索，打破传统广播剧模式，依托网络平台及其交互性点燃听众的参与热情，依照听众给予的各种反馈进行续集制作，造成追剧和共同编剧效应，这种创新样态使受众不仅是收听者，同时转化为节目制作的参与者，创作者称它为“众筹破案剧”。

广播的互联网化产品的生产逻辑是通过打造个性化的产品、提供有温度的服务、展示人格化的魅力，激活声音，激活声音背后的“人”，从而连接人与人的精神世界，打通声音到达人心的最后一公里。近年来，广播的互联网化产品在数量与质量上均有了极大突破，广播根据自身声音特点在媒体融合进程中纷纷找准着力点，创新技术应用，不断优化形式，做到产品有内容，内容有意思，融合传播的影响越来越大。但爆款难得，常态不易，要“形成互联网化产品的规模化生产和集聚能力”① 的融合目标还有很长的路要走。

三、激发广播内容创新的经营拓展融合

正是新媒体的兴起，使得传统的广播广告经营迅速迭代升级，单一的广告发布形式无法满足客户多维度市场反馈的需求，融合型的宣传与推广营销正日益受到青睐。

传统的广播地推活动也日益受到客户青睐。丰富多彩、形式多样且互动热烈的推广活动集客能力强，为客户的营销带来直接促进作用，因而，广播的品牌推广与经营拓展合体，听众迅速转变为用户。

广播节目与广告内容的融合。融合传播时代，广播需要稳固并扩大市场份额，不仅仅要与同业市场竞争，还要与异业市场争夺。因为，市场导向、

① 黄信．从“相加”到“相融”：江苏广播媒体融合实践和探索［J］，中国广播电视学刊，2016（6）．

结果导向的广告客户在新的媒体环境与格局下变得异常的“刁钻”，媒体进入了买方市场，要想获得客户更多的广告投放，就需要足够能够打动客户的产品以及相应的市场影响力，还要转化为足够的带客能力，给客户带来实际收益。加强广告与节目之间的深度融合，通过内容植入软性广告、广告节目化等形式实现品牌连带效应，能够很好地增投带动效应，促进了广播广告经营的转型。

节目与广告的融合实际上是品牌捆绑、公信力背书，潜移默化地增强用户对品牌的信任感。无形中，广播这种权威媒体机构，成了客户品牌的背书机构。在媒体市场竞争激烈的当下，传统媒体公信力或信任度异军突起，显示出厚积薄发的长足发展优势。欧洲广播联盟（European Broadcasting Union）一项名为“Trust in Media 2017”的研究显示，欧洲受众普遍更加信任广播和电视。其中，广播是最受信赖的媒介形式，得到了59%的欧盟民众的信任；在过去的五年里，广播和电视这两种媒介形式的信任度在欧洲均继续保持增长态势。从媒体的核心要素——公信力方面看，受众仍旧更信赖传统媒体。[①]另一份调查报告也佐证了这一点。2018年1月，总部位于美国的全球最大公关公司爱德曼国际公关公司（Edelman）发布了2018年全球信任度调查报告（Edelman Trust Barometer）。报告显示，过去一年中人们对社交媒体的信任度不断下降，对传统媒体和纯在线媒体的支持率及信任度却不断增长。根据最新数据，公众对所谓传统媒体（包括广播公司和出版商在内）的信任度增长了13个百分点，达到61%，创出了2012年以来的新高。[②]

广播等传统主流媒体的强信任度优势恰恰成为客户营销的重要载体，嫁接或捆绑这种信任度，也能带来广告产品的溢价，营销功效明显。但这其实是一把“双刃剑”，成则多赢，败则两害。如“e租宝”案件中，e租宝曾登陆央视的黄金广告时段，并赞助多个卫视节目、投放大量地铁广告、公交广告、高铁广告等，对媒体公信力的滥用让受众承受重大损失，足见主流媒体的背书对受众的影响。2018年5月31日，中央广播电视总台央广旗下电商

① 微信公众号“广电时评”2017年8月2日文章：《观察丨媒体公信力，最受信赖的还是广播电视》。

② 澎湃新闻．美国公关巨头年度报告：中国民众对政府信任度蝉联全球第一［EB/OL］，https：//www.thepaper.cn/newsDetail_forward_1976454，2018年6月28日访问。

购物平台“央广商城”正式上线，微信公众号“中国之声”的宣传页面中，赫然出现“有了央广的背书，质量、品牌和效用自然更有保障”这样的营销话语，着实让人捏了把汗。

上海广播“广告节目化、节目产品化”的创新实践进一步促成了收听市场与客户市场的融合，从而实现“平台聚合、内容聚合、人群聚合”这三大聚合。动感101除了将品牌、产品软性地融入节目内容中，更加注重品牌背后所希望传达给消费群体的价值观与情感，所以，在动感101的电波中，听不到生硬的广告，只有饱含着创作与巧思的内容，品牌和节目产生奇妙的化学反应。上海交通广播举办为期三天的“穿越上海”活动，引起上海市民极大的关注，广告客户参与度高、听众喜欢，营造了多方共赢的局面，广告非但没有给节目增添负担，反而给节目带来趣味。

这种融合也直接促成了人员的融合，广告经营人员与内容生产人员之间形成了新的组合体。上海广播从聚合营销出发孕育出一个孵化机制，诞生Workshop（工作坊）。Workshop汇集了专业的广播节目生产人员、策划总监、销售经理等，打破了创意、业务与品牌客户三者之间的壁垒，团队的迅速反应成为了销售最强有力的后盾，形成了一条有机运转的流畅链条，为广告主提供一揽子营销解决方案，如第一财经广播响应环保号召在正月初一、初五零时播放爆竹声的创意，5个半小时内Workshop就实现了广告销售。

北京广播为经营融合设立广告专员，负责研究节目形态、节目构成，为客户设想如何将产品与节目融合。江苏广播营销人员与主持人密切联动，主持人参与营销创意并直面客户，营销人员介入节目改版与创新，设计营销窗口。双方不再是各自为战的“两张皮”，而是成为利益共同体，好的内容带来好的营销，营销又反过来促进内容生产。从另一个方面来说，营销的深度融合也为内容策划生产注入了新的元素，“两耳不闻窗外事”的闭门造车式生产方式已经不能适应当下的媒体融合现状，只有真正融为一体才能获得发展的力量。主持人在关心节目收听率的同时，开始关注节目时段内吸纳的广告量。因为广告吸纳量的多少直接和其绩效薪酬挂钩，也能带来更大的品牌关注度，带来节目品牌的溢价，抬升主持人的价值与市场号召力。江苏广播制定了节目吸纳广告奖励办法，直接促进了节目人员与营销人员的深度对接和融合。而主持人工作室的成立，又强化了主持人配合广告营销的积极性和主动性。主持人成为独立制作人，在制度框架内直面市场，一手发动受众，一手拉动客户。江苏广播《快乐上班路》节目主持人阿東在这方面探索得更远，作为阿東工作室的负责人，他在主持好节目、打磨并推广好内容产品之余，深耕、发掘、联络和维系粉丝，了解粉丝需求，订制专属产品，整合营销，有效地促进更多有潜力的粉丝向客户转变，其他的粉丝自觉成为用户，客户—粉丝—用户，这一良性生态的形成影响力变现、广告创收增量创造了机会与条件。①

融合看上去很美，但也有风险。北京广播认为，软性广告需要控制在一定量内，否则对节目伤害较大。2015 年，北京广播节目软性植入广告占比 10% 以上。在价格策略上，软性植入广告也用新的价值体系，用常规广告秒长乘以系数：2.5、2.0、1.5，每天节目播出时间段不同，系数也有所区别，只要能够达到企业宣传的效果，客户通常可以接受。②

经营拓展的融合还体现在放大广播价值与优势，进行产业经营布局上。中央三台均已成立独立公司整合媒体优质资源，运营新媒体业务。各省台都在加快推进新媒体的市场化运作，大多数省台都建立了新媒体公司，加快推进媒体融合发展。上海广播在孵化出“阿基米德”客户端的基础上，推动其公司化发展，由东方广播与阿基米德团队合资成立公司，有效推动了阿基米德整合全台音频广播资源，实现快速发展。一些融合型经营项目的开展，也给业界带来启发。山东广播电视台的“广电淘”项目，已经把目光放在了电商以及 O2O 销售入口和搭建整合平台上。用户可以通过客户端实现一边听节目，一边查看产品详细信息并进行在线购买。该项目还专门打造了商品管理后台，可以实现产品管理、订单管理、代金券管理、广告业务管理、商家和团购业务管理等多种功能，将传统广播广告和电商紧密结合。南京广播电视集团“在南京”客户端则是积极打造本地生活圈，通过资源整合等方式，参与到体育、会展、旅游、艺术品、餐饮、沐浴等多种行业的发展之中，形成了独具特色的媒体融合局面，实现了“看新闻、听广播、享优惠、逛社区”等多种功能，探索“平台 + 产业”的融合模式，已覆盖江苏、湖南、福建、

① 涂有权．江苏广播划小“责任田”推新机制［J］．中国广播，2017（5）．

② 北京人民广播电台广告经营中心主任郑金诗在 2016 年 CSM 广播客户会上的发言．

河南、河北、山西、浙江、安徽、广西、海南、黑龙江等省，因地制宜帮助多个城市电台推进媒体融合工作。

第三节　广播工作方式的融合

当前广播媒体的融合工作方式在纵向生产流程上日渐成熟。基于融合传播的新闻报道，改变了过去由于不同介质割裂、不同部门管理造成的支离破碎的局面。全新的互联网式策、采、编、播一体化流程，形成了全媒体新闻资源 24 小时采集发布机制。广播和新媒体“你就是我，我就是你”。采编人员成为全媒人才，既做广播，也做新媒体；内容生产多媒体化，同时采集文字、图片、音频、视频等各类素材；面向不同的渠道、不同的用户制作不同形式的内容，这些内容产品沿着各自既定的渠道运行，从而保证一件新闻产品的复次、多介质、全方位传播。广播工作方式的融合是广播媒体从业者组织生产层面的一种融合创新，涉及管理和体制问题。

一、流程再造颠覆广播传统工作方式

流程再造是决定传统媒体能否真正实现媒体融合的关键所在。多元、包容、开放的内容生产流程与一体化、扁平化、项目制的生产组织体系建立并逐步完善，相应的全媒体管理考核机制也在探索构建。

早在 2015 年 7 月，中央人民广播电台建立了“中国广播云采编平台”，打破不同部门间资源隔绝的壁垒，覆盖了央广网、中国之声、地方记者中心等 52 个机构，通过多内容的整台、一键发布，打造了“大编辑”模式的内容生产流程。2017 年全国两会期间，央广网、中国之声合署作战：中国之声的前方记者与编辑团队主要负责新闻的前端采集，央广网的编辑团队负责音视频制作、央广新闻与“中国广播”客户端以及微博、微信各大平台的传播及外部平台推广；央广网与中国之声各自成立节目协调组，进行整体把控和日常协调，由此形成了策划、采集、编辑、发布、传播的全流程生产。在发布方面，“央广新闻”与“中国广播”客户端，以及央广网与中国之声的官

方微博、微信平台对产出的微视频产品、品牌栏目、评论、H5交互产品进行分重点传播与二次创作，再“反哺”到广播节目中，形成新媒体创新生产的闭环。中国国际广播电台组建多媒体新闻制作平台，形成兼顾国际国内的新闻信息采集、制作、发布、交换、展示机制。

上海广播电视台全流程广播融媒体平台@Radio融媒体生产平台集采编播为一体，包括采集器、智能热线、易播、快编、移动采访等功能。江苏广播自主开发“微播云”跨媒体交互运营平台以及“大蓝鲸”客户端，融合了传统广播播出特点和互联网移动化、社交化特点，整合广播主持人、节目团队、导播力量，策划话题、场景，在内容、活动和营销三个维度打通传统广播和移动互联网用户的连接，形成全媒体、全即时、全互动的立体传播格局。湖北台建设融媒体新闻中心，探索建立“前方全媒体采访+后方中央厨房式整合生产”的新闻生产流程，实现新闻资源的融合运作。

一体化的组织架构逐步完善，原有的媒体与媒体间、媒体内部部门与部门间的界限被打破，在一些重点项目的打造上，广播机构加大了对资源使用的整合力度，如在重点主题报道上、突发事件报道上、重点宣传项目上等，普遍采取自上而下打通部门壁垒、开展有效横向整合的方式。

下文主要从跨部门的宣传报道、内容制作、营销，以及媒体资源整合等角度入手，探讨广播工作方式融合的具体现状。

二、跨部门的宣传报道模式

中央人民广播电台“中国广播云采编平台”有效连接全国广播电台从业人员和新闻采写资源，把四级办广播的资源分散劣势变成集聚优势，在台式机、笔记本、平板电脑、智能手机等多终端上实现了报题、选题、素材编辑、文稿撰写和审核的多元统一管理，形成了多部门协调运营、联合作战的融媒体新闻生产流程，实现了重大宣传报道“网台一体、网台联动”的深度融合。

2016年，湖北省第五轮强降水之际，7月15日7时30分至10时30分，湖北广播电视台10套广播频率并机推出2016湖北广播防汛救灾应急直播《众志成城　迎战暴雨》，长江云、“腾讯新闻”客户端、“阿基米德”客户端同步推出视频以及图文直播，实现了全频率、全方位、全媒体的大融合生动实践。内蒙古广播电视台在“中国旅游日”策划特别节目——《风情内蒙古》，5 套广播频率 5 个小时并机直播；2016 年 8 月奥运期间，广东广播新闻中心 + 九大频率相互联动，以广播、图文、视频、直播等多种报道形式，打造全新的奥运资讯平台、互动平台，为公众提供新鲜多元的奥运视角，带来轻松有趣、真实互动的奥运体验。跨部门宣传资源的整合有效放大了新闻报道的影响。

三、跨部门的内容制作模式

2016 年北京电台推出的“非遗时光”大型报道，采用了跨部门合作机制，整合多个专业广播的优质生产力量，以项目团队的形式打造精品。“非遗时光”报道采取一次采集，梯次开发的模式，不仅实现了多产品、多平台分发，还进行了品牌内容 IP 化的尝试，深度挖掘内容的文化价值和经济价值。通过音频、视频、图片、多媒体等多种形式相结合，呈现北京独特的历史文化魅力。

四、跨部门的营销模式

在媒体全序列竞争的背景下，广播充分发挥了“小快灵”的特点，面向市场速谋速动，迅速决策并快速整合力量，日益显示出不可比拟的竞争力。江苏广播创新“横着打”营销实践，2017 年 7 月，策划推出了“你好，横店——江苏广播影视旅游嘉年华”项目，通过旗下 8 套频率及其官方微信正式宣传，仅一天时间就招募了 1400 多名听众报名参加远距离跨省旅游，并以此为基础成功完成二次招商，江苏广播二十余位主持人还在横店影视城开展了一场别开生面的听众见面会。“你好，横店”旅游项目展现了江苏广播在融合传播、整合营销、协同创新、系统保障上的新探索，充分发挥了整合型与融合型平台的号召力，更重要的意义在于，尽管单个频率/部门都是独立成本核算的责任主体，但是在面向市场时，能够横向联合起来，整合核心资源，发挥整合效应。

五、强势媒体资源整合传播工作方式

江苏广播拥有多档亲子类广播节目，分布在各个频率，交通广播的《家委会》、音乐广播的《燕子家长会》、文艺广播的《小星星》、健康广播的《亲亲宝贝》等节目在各自平台上都聚集了大量忠实的粉丝。为更好地开发亲子类活动，扩大在亲子人群中的影响，促进教育、培训、童玩等领域的广告营销，2018 年，江苏广播亲子类节目自发打通部门壁垒，成立“亲子战队”，统筹运作亲子类内容生产、活动推广与项目运营，集约化内容生产，在更大平台上释放能量，获得收益。在儿童节之际创新打造“咪你豆”童玩音乐节，明星主持人与小朋友们一起演出，市场反响强烈，吸引到众多品牌的合作。

第四节 广播技术的融合

技术的融合是媒体融合的底层代码。内容融合、平台融合、营销融合等都需以技术融合为前提，融合的环境要以部门之间互相开放、资源共享、合作紧密为前提，对有碍于生产流程畅通的原有职能分配进行重新部署。创建新媒体终端，同时辅之以互动评论交流区，提升用户黏性，提高内容的传播力和影响力。大力支持并推动专业技术研发队伍的建设，重视全媒人才培养。“小快灵”的广播凭借与移动互联网天然的相通点，快速跟进新技术，借用新媒体平台，打通渠道，强化影响。

一、制播技术的融合

技术创新走多远，媒体融合就能走多远。江苏广播创意开发“微播云”跨媒体交互运营平台，推出“大蓝鲸”客户端，在集成传统广播直播流的基础上，开发直播互动、视频直播、音视频节目、社交及服务等多种功能，把互动、主持人和移动这三个要素组织起来，在内容、活动和营销三个维度上打通传统广播和移动互联网用户的连接，打造“互动社交客厅”。用户使用文字、图片、语音和微视频等多种形式，通过广播直播节目的官方话题帖、盖楼帖、问答帖、对抗帖等多种手段与主持人及时互动；在节目社区和大咖社群进行多向持续互动；通过视频直播功能，与媒体发布式直播和自媒体

“网红”式直播进行互动。这种以人为核心的“互动社交客厅”，基于传统广播现实体系转型的需求，紧扣传统广播与互联网传播的内在关系，挖掘人际互动社交需求的价值，探索从声音出发，实现跨平台、跨地域、跨领域的融合传播和整合营销，寻求传统广播融合转型的新机遇，让广播“老战士”在新的传播生态中延续旺盛的生命力和成长力。“微播云”系统还搭建用户平台与用户数据库，在法律允许范围内获取用户信息与互动反馈，及时了解用户心理与需求，提高内容适配性，形成内容生产、传播、反馈、营销的环路。

上海广播@ Radio 广播全媒体制播平台，同样是紧紧抓住技术创新这一“牛鼻子”，前方记者可以随时随地采集资讯并上传到云端，后方编辑主持人可以随时随地调阅编辑素材并播出。通过该系统，主持人还可以实时与在微博、微信、“阿基米德”客户端等新媒体平台上的用户进行互动，而听众\用户所提供的图、文或音频可通过便捷安全的通道被直播节目所采用。“阿基米德”基于最新的技术开发平台，聚拢城市兴趣部落，实现广告的精准智能投放，为传统广播构建了新的商业模式，助推传统广播向新媒体转型。

二、广播终端技术融合

广播也在智能硬件开发领域发力。福建省广播影视集团的“广电 + 车联网”产业项目，从云后视镜产品切入市场，搭载了与传统电台交互系统，通过人工智能的语音互动，可以跟电台实现节目的交互，智能硬件及后台为广播提供全新的交互模式和一整套大数据采集和分析系统，让听众在开车时与电台的交互模式不再局限于手机。这款硬件于 2017 年 9 月进入中国移动公司的物联网产品库，通过与中国移动的合作，在短短 3 个月时间里，仅福建市场就占领了近 3 万辆汽车的车联网入口。“广电车联网项目，是应势而生，既适应了新时期市场竞争和客户需求的新形势、新变化，又实现了广电媒体在思维方式、技术渠道等方面与新兴媒体的广泛深度融合。”① 目前，该项目已经落地广东、浙江、江苏、福建、贵州、陕西、河北、内蒙古、甘肃、湖北、山东等省。

---

① 驾享会．省广电集团赴福信富通考察广电车联网项目［EB/OL］．搜狐财经，https：//www.sohu.com/a/165652606_ 702212，2018 年 6 月 28 日访问．

三、广播与人工智能硬件

在人工智能的新闻实践中，许多媒体已经利用人工智能进行财经新闻、体育新闻的标准化文本写作，并高效地向不同受众分发不同类型的内容，提高了媒体从业者的工作效率，让媒体工作变得简单。未来新闻生产的变革将转向人机分工与协同模式，人工智能专注于数据新闻产品，而新闻记者则向有灵感、有创意、有深度、有温度的知识产品、智力产品领域发力。

依托人工智能技术开发的智能音箱给广播发展带来新的空间。互联网公司布局音频领域，纷纷推出智能音箱产品，亚马逊 Echo、谷歌 Home、苹果 Homepod、微软 Invoke 智能音箱，因为拥有更自然的对话体验、更多元的场景应用，也已成为新闻媒体看重的内容分发新出口。国内智能音箱行业同步风起云涌，以音频为主业务的互联网音频平台考拉 FM、喜马拉雅 FM、优听 Radio、听听 FM 等也抢先入局，各大互联网巨头，如阿里巴巴、腾讯、小米、京东纷纷抢滩登陆，占领各个声音场景。广播由此受到影响，一个积极的表现是听广播的用户多了，居家收听的比重上升。美国国家公共电台联合市场调研机构爱迪生研究进行的调查显示，70% 的智能音箱用户购买设备后，听了更多的音频。从收听内容来看，65% 的人选择听音乐，28% 的人选择听新闻和脱口秀，20% 的人选择听播客，18% 的人选择听有声书。美国国家公共电台首席执行官雅尔・莫恩对此表示，智能音箱不只提供了收听的平台，使用智能音箱听广播的人确实越来越多了。① 专家们也快速认识到了这一点，覃信刚提出：智能音箱似乎为广播而生，但广播如何运用，也需要研究，另外，我们应有自己的技术队伍，从而迎头赶上。②

广播的声音特色与优势在媒体融合时代得到放大与张扬。“从音频传播的特性出发，借助这一优势，做无限的融合和展望。”③ 广播媒体一方面推进深度融合发展，另一方面进一步强化声音特色，增强声音魅力，赢得差别优势。

---

① 尹琨编译. 智能音箱是广播的新风口吗？中国新闻出版广电报，2017. 12. 27：07.

② 覃信刚在 2018（第五届）中国媒体创新论坛上的演讲：永不掉队：广播的昨天、今天和明天。

③ 孟伟在 2018 年 3 月 28 日第 24 届中广联合会交通宣传委员会年会暨全国交通广播总监工作会议上的主题演讲。

四、广播与人工智能的应用开发

毫无疑问，人工智能正在促使传统的媒体运作方式改变，“移动互联、人工智能等新技术将会为广播带来更多的传播渠道和发展机会，在知识付费、IP 经济兴起的时代背景下，声音大有可为、广播人大有可为，我们会获得更大的创新舞台，我们理所当然的应该有更多的职业自信、广播自信。”①

微软人工智能机器人小冰不但具有智商，还具有情商，除了自带源自搜索引擎和社交网络的大数据，还具备数据计算、数据分析能力，这让机器人写作在技术上水到渠成。同时，辅以自然语言交互能力，小冰不仅能成为一个专业记者，还能成为一名称职的主持人，与真实主持人一起创作，为广播创新发展带来无限可能，是“一种面向未来的有益尝试”。

小冰已经与北京青年广播 FM98.2、湖南音乐之声（893 汽车音乐电台）以及江苏广播金陵之声 FM99.7 等建立了合作关系，与主持人一起搭档主持节目，吸引了受众关注。小冰在北京青年广播职场广播秀《更职前》节目中，担当第二主持人的角色，与人类主持人互动分析职场小白的职场经历，对小白在职场中遇到的问题还有一些困惑展开讨论。在节目中，小冰不仅仅做介绍，给节目做总结、做结语，还与主持人和 HR 专家互捧互怼，引发听众好奇。小冰在湖南音乐之声（893 汽车音乐电台）《万能的朋友圈》节目中与听众创新互动；在江苏广播金陵之声 FM99.7《997 脑壳秀》节目中与主持人一问一答。

广播探索与新技术的结合一直没有停止过。2017 年 12 月 18 日，湖南广播与科大讯飞共建“AI + 广播新技术”联合实验室，利用语音及人工智能交互、云计算、大数据等技术推动广播媒体的创新、转型、发展，通过共同研发 AI 技术在音频传播领域中的新应用，改造广播传统生产模式，让新技术为广播发展赋能。湖南广播还在智慧广播方面开展了对外合作。2018 年 3 月 28 日，湖南广播和电子科技大学签约共建“智慧广播技术研究”联合实验室，围绕广播受众大数据研究及应用、广播新媒体技术创新等，基于科学的数据分析和受众研究，建立数据模型，为广播节目和互联网音频产品的生产和传

---

① 阎晓明在 2017 全球华语广播网年度会议上的致辞。

播提供数据服务，共同推动大数据在广播媒体的落地应用。人工智能新技术的研究与应用，必将促进广播融合发展取得新的突破。

第五节　广播管理体制的融合

融合不单纯只是传播技术的革新或者传播手段的刷新，更是管理的创新。任何一样新事物的出现，都会给管理提出新的课题，如何有效激励与促进创新，如何统筹新旧动能协调发挥作用，如何对创新行为进行评测，以及如何科学合理地推动落后动能的淘汰或升级，等等，管理必须跟上节奏，以确保创新的正向价值。一手抓融合，一手抓管理，促进观念和理念的更新、体制和机制的创新。

一、国家管理层面的政策导向

加强对于整个媒介生态的管理。要始终坚持党管媒体原则，按照积极推进、科学发展、规范管理、确保导向的要求，进一步建立健全科学有效的媒体管理体制，破除制约融合发展的体制机制壁垒，努力提高管理的科学化水平；党和国家推进媒体融合，发展新媒体，必须和传统媒体坚持一个标准、一把尺子、一条底线，网上网下统一管理和规范，认真落实意识形态工作责任制，坚持正确的舆论导向，不断加强阵地管理。

互联网是意识形态工作的主阵地、最前沿。近年来，相关部门坚持网上网下统一导向、统一标准、统一尺度，出台一系列制度措施，加强网络视听、网络文学等新媒体新业态管理，将日常监管和专项治理相结合、行政管理和行业自律相结合，增加管理力量配备，严格落实“传统媒体、传统平台不能传播的网上同样不能传播”的要求，营造清朗的网络空间。

二、媒体管理层面的顶层设计

加强领导和协调，构建专门的融合发展决策和指挥机构，强化融合发展，将媒体融合发展作为重中之重。中央人民广播电台组建央广传媒，整合传统媒体与新兴媒体一同运营；中国国际广播电台组建媒体融合工作管委会，负责全台媒体融合发展规划及协作；湖北台也先后成立了“媒体融合发展委员会”“媒体融合内容编辑委员会”。

江苏广播推动广播在新形势下常态化、全方位、深层次、开放性融合发展，牵引体制机制改革创新，着眼总体目标，探索灰色管理，实现管理体系的协同。通过加强协同、形成合力和默契来保障任务落实和创新发展。升级传统运营模式，柔化固有组织架构，推进融合管理，相关负责人既各负其责，主动工作，做好条块管理；又要强化大局意识，以整体利益为重，以核心利益为导向，有意识地模糊传统管理边界，在业务上交叉协同，形成宽容与妥协的和谐关系，养成相互间会商会办的习惯，建立必要的专题会商会办机制，尽可能做到统筹调动资源和组织实施，达成管理融合的自觉。①

三、机构协同层面的执行力

推进媒体融合，不是媒体单位内部一个或几个部门的工作，而是整个媒体单位的整体战略，是一次深入骨髓的前所未有的变革，是对既有运行体系的升级迭代，是颠覆性发展。因此，相应地调整媒体单位的体制机制包括组织形态等，打破媒体内部既有利益格局，按照移动互联网的规律布局并匹配资源，让资金、技术、人才向移动互联网方向倾斜。通过合理的利益机制，调动、激发采编播人员的积极性、主动性、创造性也正成为当务之急。

四、人才激励机制的保驾护航

当前，传统媒体推动融合、发展移动新媒体，在人才方面存在两大劣势，一是总量不足，二是结构不合理。这就需要激活存量人才、引进关键的增量人才。习近平在网信工作座谈会上指出，要不拘一格降人才，解放思想，慧眼识才，爱才惜才。对待特殊人才要有特殊政策，不要求全责备，不要论资排辈，不要都用一把尺子衡量。要建立灵活的人才激励机制，让做出贡献的人才有成就感、获得感。要构建具有全球竞争力的人才制度体系。新华社对其 2016 年创新项目《红色气质》微电影等项目颁发创新大奖，每个项目重

① 黄信. 移动互联条件下传统广播的深度融合［J］，中国广播，2017（4）.

奖30万元，激发了人才的创新活力，为媒体深度融合树立了创新标杆。

对现有人员知识体系的更新与升级也是迫在眉睫的问题，新媒体的快速崛起让传统广播措手不及，见招拆招成为当下媒体融合的应急之举。然而要推进媒体深度融合，就需要媒体工作者进一步强化互联网思维，从长远发展的要求提升个人素质和团队战斗力。

2018年中国广视索福瑞（CSM）广播客户年会上，针对“对广播未来融合发展是什么样的视角和看法，是持乐观还是悲观态度?”（总分10分）的回答中，五位广播行业的嘉宾给出的平均分是8.4分[①]。这也反映了当下广播融合发展的现状以及广播人谨慎乐观的心理状态。

媒体融合正在向着深度与广度加速推进，广播基于媒体融合层面的改革和创新很多都是过程层面的，但是这些过程展现了新广播人坚守媒体人的职业操守，学习互联网新技术，紧随互联网新理念，为今天和未来音频媒体的发展奠定一直向前、永不掉队的坚实基础！

---

① 微信公众号“收视中国”. 融合路上：广播人的看法与办法——CSM 2018年广播客户年会嘉宾观点，2018年5月21日.

参考文献

北京人民广播电台广播发展研究中心．赢在创意广播节目创新样态与研究［M］．北京：清华大学出版社，2015.

曹璐．广播新闻理念与实务创新研究［M］．北京：中国广播影视出版社，2007.

曹璐、吴缦．广播新闻业务［M］．北京：中国传媒大学出版社，2007.

曹璐．解读广播——曹璐自选集［M］．北京：北京广播学院出版社，2004.

曹仁义．实用新闻广播学［M］．北京：中国广播电视出版社，2000.

曹可凡王群：谈话节目主持艺术［M］．上海：上海社会科学院出版社，2002.

操慧等著，中国广播文化的建构［M］．北京：中国广播影视出版社，2016.

蔡雯．新闻传播的策划与组织［M］．北京：新华出版社，2001.

蔡凯如．广播编辑与节目制作［M］．武汉：武汉大学出版社，2006.

岑运强．语言学概论［M］．北京：中国人民大学出版社，2004.

常昕．中国健康广播研究［M］．北京：知识产权出版社，2016.

陈尔泰．中国广播史考［M］．北京：中国广播电视出版社，2008.

陈力丹．精神交往论——马克思恩格斯的传播观［M］．北京：开明出版社，1993.

陈力丹．马克思主义新闻思想概论［M］．上海：复旦大学出版社，2015.

陈佑臻．现代广播实战与思考［M］．长沙：湖南师范大学出版社，2008.

陈望道．修辞学发凡［M］．上海：上海教育出版社，1979.

党生翠．网络舆论蝴蝶效应研究：从微内容到“舆论风暴”［M］．北京：中国人民大学出版社，2013.

段鹏、张君昌．融媒背景下中国广播影视发展趋势研究［M］．北京：中国传媒大学出版社，2017.

段红．中国广播产业链的构建与延伸［M］．北京：中国广播影视出版社，2016.

邓炘炘．动力与困窘：中国广播体制改革研究［M］．北京：中国经济出版社，2006.

邓炘炘、黄京华．广播频率专业化研究［M］．北京：中国传媒大学出版社，2006.

丁文奎．中国广播谈艺录［M］．北京：中国广播电视出版社，1990.

冯小龙．广播新闻原理与制作［M］．台北：正中书局，1996.

傅珊珊．广播节目运营实务［M］．北京：新华出版社，2008

郭立波、付春江．广播实用写作［M］．长春：吉林人民出版社，2014.

国家新闻出版广电总局发展研究中心．中国广播电影电视发展报告（2017）［R］．北京：中国广播电视出版社，2017.

洪贤智．广播学新论［M］．台湾：五南出版社，2003.

胡正荣、李继东．中国广播电视公共服务体系　目标与实践研究［M］．北京：中国广播影视出版社，2010.

黄升民、王兰柱、宋红梅．中国广播产业经营管理研究［M］，北京：中国广播电视出版社，2008

黄匡宇．广播电视学概论［M］．广州：暨南大学出版社，2017.

胡翼青．传播学：学科危机与范式革命［M］．北京：首都师范大学出版社，2004.

胡世良．移动互联网商业模式创新与变革［M］．北京：人民邮电出版社，2013.

金少年、张芹．创新，从听众的体验开始［M］．杭州：浙江大学出版社，2012.

姜文斌．加拿大广播政策变迁与目标研究［M］．北京：中国社会科学出版社，2017.

康荫．广播学基础［M］．北京：北京广播学院出版社，1988.

郎劲松．中国新闻政策体系研究［M］．北京：新华出版社，2003.

李沁．沉浸传播——第三媒介时代的传播范式［M］．北京：清华大学出版社，2013.

李欣．类型化广播的中国发展道路［M］．北京：人民出版社，2015.

李建刚．广播节目制作［M］．北京：高等教育出版社，2013.

李文祥．在广播记者岗位上［M］．北京：中国国际广播出版社，2013.

李娜．欧美公共广播电视危机与变迁研究［M］．北京：中国传媒大学出版社，2009.

李宜篷．广播的语言艺术［M］．北京：语文出版社，1994.

连新元．新媒体时代广播传播策略研究［M］．北京：对外经济贸易大学出版社，2012.

连新元．听觉媒介景观再造——城市广播转型研究［M］，北京：中国传媒大学出版社，2017.

梁衡．新闻原理的思考［M］．北京：人民出版社，1996.

陆定一．陆定一新闻文选［M］．北京：新华出版社，1987.

刘海明、王欢妮．中国广播批评：理论与例证［M］．北京：中国广播影视出版社，2016.

刘逸帆著．中国广播电视产业资本运营制度研究［M］．北京：中国广播影视出版社，2015.

刘斌．中国广播产业制度创新［M］．北京：中国传媒大学出版社，2005.

刘灵爽．全媒体时代央广品牌建设路径探索——以音乐节目中心为范例［M］．北京：中国传媒大学出版社，2016.

吕云芳．广播广告学［M］．昆明：云南教育出版社，2005.

陆锡初．主持人节目学教程［M］．北京：中国广播电视出版社，1995.

孟伟．声音传播——多媒介传播时代的广播听觉文本［M］．北京：中国传媒大学出版社，2006. 孟伟．移动互联时代的中国广播影响力——广西电台广播现象研究［M］．北京：中国广播影视出版社，2015.

孟伟．互联网＋时代音频媒体产业重构原理［M］．北京：中国广播影视出版社，2015.

孟伟等．广播内容传播——媒体融合视域下广播节目模式创新研究［M］. 北京：中国广播影视出版社，2017.

牛力．当代中国语境下的广播主持人核心竞争力研究［M］．北京：中国传媒大学出版社，2014.

聂辰席．广播电视宣传管理创新研究［M］．北京：中国广播影视出版社，2015.

潘力、杨宝林．困境与出路－新媒介生态下的中国交通广播［M］．北京：中国传媒大学出版社，2012.

覃信刚．全新闻电台的节目编排和运营［M］．昆明：云南人民出版，2014.

覃信刚．类型化电台研究［M］．北京：中国广播电视出版社，2013.

钱锋．广播栏目与广播主持［M］．广州：暨南大学出版社，2012.

上海市档案馆、北京广播学院、上海市广播电视局．旧中国的上海广播事业［M］．上海：档案出版社，1985.

申启武．广播生态与节目创新研究［M］．广州：暨南大学出版社，2008.

申启武．广播新闻学［M］．广州：暨南大学出版社．2016.

孙瑞祥．新闻传播与当代社会——一种传播社会学理论视域［M］．天津：天津社会科学院出版社，2003.

童兵．马克思主义新闻思想史稿［M］．北京：中国人民大学出版社，1989.

唐余俊．广播语言研究［M］．广州：暨南大学出版社有限公司，2015.

田聪明．一号工程：中国广播电视“村村通”开启记事［C］．北京：中国传媒大学出版社，2013.

王庚年．中国国际广播电台发展史［M］．北京：中国国际广播出版社，2011.

王求．新媒体环境下的广播战略转型［M］．北京：中国广播影视出版社，2015.

王贤波、叶帆．广播文艺节目编辑与制作［M］．广州：中山大学出版社，2015.

王国臣．广播剧创作教程［M］．北京：北京大学出版社，2016.

王雪梅．中国广播文艺理论研究［M］．北京：中国传媒大学出版社，2011.

王文科．广播新闻报道［M］．杭州：浙江大学出版社，2002.

王丽．类型化音乐广播的知与行［M］．北京：中国广播电视出版社．2011.

王颖等．纪念上海人民广播60周年老广播人口述历史［M］．上海：学林出版社，2009.

王君超．媒介批评——起源·标准·方法［M］．北京：北京广播学院，2000.

汪良．小说播讲艺术［M］．北京：北京广播学院出版社，1988.

王娜、于嘉．当代北京广播史话［M］．北京：当代中国出版社，2013.

温秋阳．中国特色应急广播研究［M］．北京：中国广播电视出版社，2015.

危羚、王萍、赵慧．广播节目编辑与制作［M］．北京：中国传媒大学出版社，2013.

危羚．广播音响报道实用教程［M］．北京：中国传媒大学出版社，2018.

魏伟．国际广播电视体育史［M］．北京：中国广播电视出版社．2012.

吴声．超级IP互联网新物种方法论［M］．北京：中信出版社，2016.

吴郁．谈话的魅力［M］．北京：中国广播影视出版社，2007.

吴红雨．交通即沟通：中国交通广播的社会价值［M］．浙江大学出版社，2016.10

肖峰．广播新闻业务教程［M］．武汉：武汉大学出版社，2010.

徐宝璜．新闻学［M］．北京：中国人民大学出版社，1994.

徐明卿．广播文艺的文化生成与变迁［M］．北京：中国广播影视出版社，2016.

徐泓．北京交通广播解析［M］．北京：北京大学出版社，2003.

杨璐．中国广播经典案例剖析："云南广播现象"解读［M］．北京：中国广播影视出版社，2016.

杨飙、蔡尚伟．媒体竞争论［M］．成都：四川民族出版社，2011.

杨波．中央人民广播电台简史［M］．北京：中国广播电视出版社.2010.

杨再礼．广播技术基础概论［M］．北京：电子科技大学出版社，2014.

尹华．广播情缘：吉林人民广播电台70周年纪念文集［C］．长春：吉林人民出版社，2015.

于忠广．社会转型与对农广播［M］．北京：中国广播电视出版社，2009.

姚争．新兴媒体竞合下的中国广播［M］．北京：中国广播影视出版社，2014.

喻国明．新闻传播的大数据时代［M］．北京：中国人民大学出版社，2014.

曾婕．广播影视语言传播与社会影响力研究［M］．武汉：湖北人民出版社，2014.

张君昌．北广讲坛：中国广播电视创优报告［M］．北京：中国国际广播出版社，2008.

张凤铸．中国广播文艺学［M］．北京：北京广播学院出版社，2000.

张凤铸、关玲．中国当代广播电视文艺学［M］．北京：中国传媒大学出版社，2016.

张志军．广播新闻策划手记［M］．北京：中国广播电视出版社，2006.

张勉之．广播漫笔［M］．北京：北京出版社，1998.

张前．王次昭．音乐美学基础［M］．北京：人民音乐出版.1992.

翟国选．双重属性下的现代广播宣传管理［M］．北京：当代中国出版社，2012.

张隆栋、傅显明．外国新闻事业史简编［M］．北京：中国人民大学出版社，1994.

张玉川、林林著．广播受众心理与行为分析［M］．北京：中国广播影视出版社，2016.

张春华．美国广播电视体制变迁研究——从“公众委托模式”到“市场模式”［M］．北京：社会科学文献出版社，2015.

张志安．新媒体与舆论：十二个关键问题［M］．北京：中国传媒大学出版社，2016.

赵玉明．中国现代广播简史（1923——1949）［M］．北京：中国广播电视出版社，1987.

赵玉明．中国解放区广播史［M］．北京：中国广播电视出版社，1992.

赵玉明．中国广播电视通史［M］．北京：中国传媒大学出版社，2006.

周小普．广播新闻与音响报道［M］．北京：中国人民大学出版社，2001.

周小普．广电传统的缔造者：美国哥伦比亚广播公司解读［M］．北京：中国社会科学出版社，2006.

郑保卫．中国共产党领导人新闻实践与新闻思想研究［M］．北京：中国人民大学出版社，2011.

郑兴东．受众心理与传媒引导［M］．北京：新华出版社，1999.

周伟．广播广告的创新营销［M］．北京：中国广播影视出版社，2013.

钟翠萍．融合之路：广东广播的实践和探索［M］．广州：暨南大学出版社，2017.

中国广播电影电视社会组织联合会．媒体融合背景下广电创新与转型升级［R］，北京：中国广播影视出版社，2015.

［美］保罗·莱文森著．新新媒介［M］．何道宽译，上海：复旦大学出版社，2014.

［美］戴维·E. 里斯（David E. Reese）、［美］林恩·S·格罗斯（Lynne S. Gross）、［美］布莱恩·格罗斯（Brian Gross），姚国强、赫铁龙、鲁洋译. 声音制作手册：概念、技术与设备［M］．北京：中国广播影视出版社，2014.

［美］黛安娜·克兰．文化生产：媒体与都市艺术［M］．赵国新译，南京：译林出版社，2001.

［英］丹尼尔·麦奎尔著．受众分析［M］．刘燕南、李颖、杨振荣译，北京：中国人民大学出版社，2006.

［法］古斯塔夫·勒庞．乌合之众——大众心理研究［M］．冯克利译，北京：中央编译出版社，2004.

［美］菲利普·迈耶（Philip Meyer）．精确新闻报道：记者应掌握的社会科学研究方法［M］．肖明译，北京：中国人民大学出版社，2015.

［澳］爱德华·汉斯立克．论音乐的美［M］．杨业治译，北京：人民音乐出版社，1982.

［德］尤尔根·哈贝马斯．交往行动理论［M］．曹卫东译，上海：上海人民出版社，2004.

［德］海德格尔．在通向语言的途中［M］．孙周兴译，北京：商务印书馆，1997.

［法］贾克·阿达利．噪音：音乐的政治经济学［M］．宋素凤等译．上海：上海人民出版社，2000.

［美］卡迈恩·加洛．黏住顾客：Foursquare 如何打造忠实客户群［M］．陈丽芳译，北京：中信出版社，2013.

［美］凯斯·桑斯坦著．网络共和国－网络社会中的民主问题［M］．黄维明译，上海：上海世纪出版集团，2003.

［英］库尔德利．媒介、社会与世界：社会理论与数字媒介实践［M］．何道宽译，上海：复旦大学出版社，2014.

［法］雷吉斯·德布雷．普通媒介学教程［M］．陈卫星、王杨（译），北京：清华大学出版社，2014.

［美］罗伯特·斯考伯、谢尔·伊斯雷尔．即将到来的场景时代［M］．赵乾坤、周宝曜译，北京：北京联合出版公司，2014.

［美］罗杰斯．传播学史：一种传记式的方法［M］．殷晓蓉译，上海译文出版社，2005.

［意］玛格赫丽塔·帕加尼．多媒体与互动数字电视——把握数字融合所创造的机会［M］．罗晓军等译，北京：人民邮电出版社，2006.

［加］马歇尔·麦克卢汉．理解媒介：论人的延伸［M］．何道宽译，南京：译林出版社，2011.

［美］尼古拉斯·卡尔．浅薄——互联网如何毒化了我们的大脑［M］．刘纯毅译，北京：中信出版社，2010.

［英］尼克·库尔德里．媒介仪式：一种批判的视角［M］．崔玺译．北京：中国人民大学出版社，2016.

［法］让·鲍德里亚．完美的罪行［M］．王为民译，北京：商务印书馆．2014.

［美］威尔伯·施拉姆．传播学概论［美］．何道宽译，北京：中国人民大学出版社，2010.

［加］斯蒂芬妮·麦克卢汉等．麦克卢汉如是说：理解我［M］．何道宽译．北京：中国人民大学出版社，2006.

［美］苏姗·朗格．感受与形式：自哲学新解发展出来的一种艺术理论［M］．高艳萍译，南京：江苏人民出版社，2013.

［英］西蒙·罗杰斯．数据新闻大趋势：释放可视化报道的力量［M］．岳跃译，北京：中国人民大学出版社，2015.

［加］哈罗德·伊尼斯．帝国与传播［M］．何道宽译，北京：中国传媒大学出版社，2015.

［美］约瑟夫·M. 朱兰、约瑟夫·A. 德费欧等．朱兰质量手册：通向卓越绩效的全面指南［M］．焦叔斌、苏强、杨坤等译，北京：中国人民大学出版社，2014.

［法］雅克·德里达．声音与现象［M］．杜小真译，北京：商务印书馆，2010.

［美］伊莱休·卡茨、保罗·F. 拉扎斯菲尔德．人际影响：个人在大众传播中的作用［M］．张宁译，北京：中国人民大学出版社，2014.

［荷］约翰·赫伊津哈．游戏的人：文化中游戏成分的研究［M］．何道宽译，广州：花城出版社，2017.

［德］威廉·冯·洪堡特．论人类语言结构的差异及其对人类精神发展的影响［M］．钱敏汝译，北京：商务印书馆，1997.

［美］约瑟夫·R. 多米尼克．大众传播动力学：数字时代的媒介［M］．蔡骐译，北京：中国人民大学出版社，2009.

Andrew Crisell，*unerstanding radio*，Second edition，Routledge，1994

Douglas, S. *Listening In: Radio and the American Imagination, from Amos 'n' Andy and Edward R. Murrow to Wolfman Jack and Howard Stern*, New york: Random House, 1999

Fowler, Roger, *Language in the news: discourse and ideology in the press*. London: Routledge, 1991

John Broadhouse. *Music Acoustics: or the Phenomena of Sound As Connected With Music*, Charleston: Forgotten Books, 2012.

Manfred Clynes. *Music, Mind and Brain——The Neurophychology of Music*, New York: Springer, 1982

Martin Shingler and Cindy Wieringa, *On air: methods and meanings of radio*, London: Arnold, 1998

McLeish, R. *Radio Production*, 3rd edn, Oxford: Focal Press, 1994

Rattigan. Dermot*Theatre of sound: radio and the dramatic imagination*Dublin: Carysfort Press, 2002

Randall Collins. Changing Conceptions in the Sociology of the Professions. In R. Torstendahl and M. Burrage, eds. *The Formation of Professions: Knowledge, State and Strategy* [M]. London: Sage. 1990

Robert McLeish. *Radio Production*, Oxford: Focal Press, 2005

Scannell, P. *Broadcast Talk*, London: Sage, 1991.

Thompson, Neil. *Communication and language: a handbook of theory and practice*. Basingstoke: Palgrave Macmillan, 2003

Wilby, P. and Conroy, A. *The Radio Handbook*. London and New York: Routledge, 199

后　记

《广播原理——一种融媒体传播的视角》完稿，在雨后的仲夏夜半。

自2002年开始，有写这样一本书的愿望。从《声音传播》《广播传播学》《广播内容传播》到这本《广播原理》，时间跨度16年，为了这个念想未敢懈怠一天。

但凡做一件很久都想做的事情，往往虎头蛇尾。想了很多，到了最后的截稿日，匆匆提笔。极不情愿。说实话还是没有想好怎么下笔，怎样落笔。

四年前，签下了这本书的出版合同。没有中国传媒大学传播研究院的出版资助，这本书不会面世这么早，衷心感谢雷跃捷教授，对广播研究、互联网音频媒体研究的理解、肯定和支持。感谢刘昶教授，一路走来，对我学术成长和研究道路的帮助和支持！感谢我的导师，尊敬的曹璐教授，把我领到广播音频媒体研究的路上，带我认识了一个媒体璀璨的世界！

感谢从北京广播学院到中国传媒大学的历任领导，谢谢你们为广播媒体搭建的传媒、传播大平台。

感谢认真负责的丽丹，有她做责编是我的荣幸。

我把最大的热情贡献给了广播和音频媒体研究，是我16年来未变的主题。这是家族性的对于工作抑或事业的顶礼膜拜传统，我只是依从性强，惯性推着走着这条路，并非有什么特别高尚的事业胸襟。感谢我的母亲郭彩云，帮我不辞劳苦照顾幼子；感谢爱人陈虎，虽自身工作繁忙劳苦，却对我的学术工作给予最大的尊重和支持。

业界与学界的切磋，是本书特色。全书写作任务和分工如下：我负责全书的章节设计、主要内容要点构想，全书统稿，写作了第一章、第二章和第四章；葛少奇写作第三章；陈慧莹写作第五章，张海涛先生贡献观点和材料；涂有权写作第六章，宋清、李秀丽亦对本章有贡献。另外，刘迪帮我查阅、整理资料，辅助我完成第一章写作；博士生李秀丽对全书的格式和注释进行了修订。特此感谢。

成书仓促，学识尚待提高，观点有不成熟之处、有谬误之处，烦请各位专家、读者朋友不吝赐教。

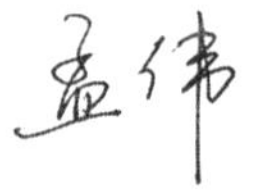

2018 年 7 月 20 日夜

于北京紫竹桥寓所